全国建设行业职业教育规划推荐教材

房地产经济学基础

(房地产类专业适用)

刘景辉 主编

中国建筑工业出版社

图书在版编目（CIP）数据

房地产经济学基础/刘景辉主编．—北京：中国建筑工业出版社，2006
全国建设行业职业教育规划推荐教材．房地产类专业适用
ISBN 978-7-112-08562-0

Ⅰ.房… Ⅱ.刘… Ⅲ.房地产经济学－专业学校－教材
Ⅳ.F293.30

中国版本图书馆 CIP 数据核字（2006）第 055946 号

本教材是根据职业教育房地产类专业的"教育标准"和"培养方案"以及职业教育规划教材"房地产经济学基础教学大纲"而编写的。

全书分9章，主要内容有：房地产经济学概述、房地产产权、地租与区位理论、城市土地使用制度、房地产市场、价格、投资、融资、宏观调控等。

本书可作为高职、中职房地产专业教材，房地产行业从业人员岗位培训和自学用书。

责任编辑：张　晶
责任设计：董建平
责任校对：关　健　张　虹

全国建设行业职业教育规划推荐教材
房地产经济学基础
（房地产类专业适用）

刘景辉　主编
邓　宇　主审

*

中国建筑工业出版社出版、发行（北京西郊百万庄）
各地新华书店、建筑书店经销
北京密云红光制版公司制版
北京建筑工业印刷厂印刷

*

开本：787×1092毫米　1/16　印张：14$\frac{3}{4}$　字数：354千字
2006年8月第一版　　2012年1月第四次印刷
定价：**21.00**元
ISBN 978-7-112-08562-0
（15226）

版权所有　翻印必究
如有印装质量问题，可寄本社退换
（邮政编码 100037）

教材编审委员会名单

(按姓氏笔画排序)

王立霞　叶庶骏　刘　力　刘　胜　刘景辉
何汉强　吴　刚　张怡朋　张　鸣　苏铁岳
汤　斌　张翠菊　邵怀宇　周建华　黄晨光
温小明　彭后生　游建宁

前　言

随着我国社会主义市场经济的迅速发展，房地产业日益显示出其社会生产和居民生活两方面不可缺少的双重功能，在国民经济中发挥着基础产业的重要导向作用。工业化和城市化进程的加快，住宅建设需求量的不断增加，使房地产业呈现出强劲的发展势头。

房地产经济学是研究房地产经济运动规律及房地产资源配置效率的一门学科。房地产经济的健康发展离不开理论的指导，在房地产经济运行过程中出现的新情况、新问题更需要进行大量的理论探讨和研究，因此，房地产经济学在整个房地产学科中处于先导和基础地位。

本教材是根据职业教育房地产类专业的"教育标准"和"培养方案"以及职业教育规划教材的"房地产经济学基础教学大纲"编写的。

本教材共分9章，内容包括房地产经济学概述，房地产产权，地租与区位理论，城市土地使用制度，房地产市场，房地产价格，房地产投资，房地产融资和房地产宏观调控。在编写中，强调以学科基本概念、基本原理、基本方法为基础，以人、房地产关系协调为主线，以培养学生的素质和发展为核心；从职业院校学生的特点出发，立足挖掘潜能，启迪心智，开发自我认识和自我提高的途径；体现时代需求和特色，理论联系实际，强调房地产经济的应用，加强学生的理性思维，并兼顾学生的接受能力；力求体系完整，内容全面，举证贴切，语言精炼，通俗易懂。

本教材由宁夏建设职业技术学院刘景辉副教授主编，由宁夏大学邓宇副教授、经济学硕士主审。第一、三章由刘景辉编写；第二章由宁夏建设职业技术学院孙建萍编写；第四章由宁夏建设职业技术学院常福华编写；第五章由宁夏建设职业技术学院吴军编写；第六、九章由宁夏建设职业技术学院刘燕玲编写；第七章由宁夏建设职业技术学院吕淑萍编写；第八章由宁夏建设职业技术学院王芳编写。全教材由刘景辉统稿、修改并定稿。

在编写过程中参考了有关专家、学者的书籍和论文等，在此表示真诚的谢意。

本教材难免有疏漏之处，敬请同行及广大读者批评指正。

目 录

第一章　房地产经济学概述 ··· 1
　　第一节　房地产的基本概念 ·· 1
　　第二节　房地产经济学的研究对象 ·· 8
　　第三节　房地产属性特征 ·· 10
　　第四节　土地属性特征 ··· 11
　　复习思考题 ·· 13
第二章　房地产产权 ·· 14
　　第一节　房地产产权概述 ·· 14
　　第二节　城市房屋权属管理 ··· 17
　　第三节　住房制度 ·· 22
　　复习思考题 ·· 27
第三章　地租与区位理论 ·· 28
　　第一节　地租的概念 ··· 28
　　第二节　地租理论 ·· 29
　　第三节　城市土地价格 ·· 44
　　第四节　土地区位理论 ·· 53
　　复习思考题 ·· 62
第四章　城市土地使用制度 ·· 63
　　第一节　土地所有权和土地使用权及使用权出让制度 ············· 63
　　第二节　城市土地使用权转让、出租、抵押 ························ 80
　　第三节　土地使用权划拨 ·· 84
　　第四节　土地市场交易合同的管理 ······································ 87
　　复习思考题 ·· 91
第五章　房地产市场 ·· 92
　　第一节　房地产市场体系 ·· 92
　　第二节　房地产市场的供求理论分析 ··································· 99
　　第三节　房地产市场的运行 ·· 110
　　第四节　我国房地产市场的发展 ·· 113
　　复习思考题 ·· 119
第六章　房地产价格 ·· 120
　　第一节　房地产价格的特点与类型 ····································· 120
　　第二节　房地产价格的形成 ·· 123
　　第三节　房地产理论价格的构成 ·· 128
　　第四节　房地产定价 ··· 132

复习思考题 …………………………………………………………… 141
第七章　房地产投资 ……………………………………………………… 142
　第一节　房地产投资概述 ………………………………………………… 142
　第二节　房地产投资方案比较与选择 …………………………………… 151
　第三节　房地产投资风险 ………………………………………………… 166
　第四节　房地产投资决策与可行性分析 ………………………………… 173
　　复习思考题 …………………………………………………………… 179

第八章　房地产融资 ……………………………………………………… 181
　第一节　房地产融资概述 ………………………………………………… 181
　第二节　房地产融资的风险分析 ………………………………………… 186
　第三节　房地产融资决策 ………………………………………………… 188
　　复习思考题 …………………………………………………………… 200

第九章　房地产宏观调控 ………………………………………………… 202
　第一节　房地产业在国民经济中的地位和作用 ………………………… 202
　第二节　房地产经济宏观调控的必要性和目标 ………………………… 208
　第三节　房地产宏观调控的主要手段 …………………………………… 211
　　复习思考题 …………………………………………………………… 214

附录　复利因子 …………………………………………………………… 215
参考文献 …………………………………………………………………… 227

第一章 房地产经济学概述

房地产经济学是一门研究房地产经济运行规律及其表现形式的学科，也是一门研究房地产资源配置效率的学科。房地产业是国民经济的重要组成部分，它的经济运行既要符合国民经济共同的运行规律，又有其特殊性。揭示房地产经济运行规律的特殊性，不论对于房地产开发企业的经营，还是对政府部门管理以及提高经济效益、社会效益和环境效益，都具有十分重要的意义。通过本章的学习，主要掌握房地产及房地产业的概念，房地产经济学研究的对象，房地产属性特征和土地属性特征，以达到对房地产经济学有一个基本的认识。

第一节 房地产的基本概念

一、房地产的含义

在理论上，房地产是房产和地产两个概念的合称。在不同的社会形态中，房地产始终是人类赖以生存和生产的基本条件，是一切经济活动的载体和基础。在实际经济生活中，房产和地产是不可分割的，是紧紧地结合在一起的。因此，人们习惯上把房产和地产统称为房地产。

1. 房产的概念

房产是指个人或者团体保有所有权的房屋连同保有使用权的地基以及依托于房屋、地基物质实体上的权益。

2. 地产的概念

地产则是指土地和固着其上不可分割的部分所共同形成的物质实体，以及依托于物质实体上的权益。

二者之间的关系表现为：房产是建立在土地上的附着于土地并与土地连为一体的；房价与地价也总是结合在一起的；任何形式的房产交易，必然同时伴随着土地使用权的转移。而房产与地产的差异性又体现为：地产可脱离房产而独立存在，而房产则无法脱离土地而单独存在；作为自然资源的土地，特别是生地、荒地是不用计提折旧的，而房屋则有折旧；地产的价格直接由地租规律支配，而纯粹的房产价值则由商品价值规律支配。

3. 房地产的概念

关于"房地产"的概念虽然有着各种不同的认识和说法，但是，普遍认为"房地产"有广义和狭义两种解释。根据国家建设部 2003 年 3 月批准的中华人民共和国行业标准《房地产业基本术语标准》（JGJ/T 30—2003 J 251—2003）中的解释，我们把狭义的房地产定义为：是指可开发的土地及其地上定着物、建筑物，包括物质实体和依托于物质实体上的权益。这一解释强调了房地产是物质实体与权益的结合，是说两者密不可分的。物质实体（或自然形态）是指一般的土地、房屋及与之相关的其他设施和建筑物等；它是权益的载体，也是一切经济活动的物质基础。从经济形态上看，房地产是一种重要的资产，总是在一定的社会关系中存在并表现为生产力的组成部分。因此，房地产不仅仅表现为一种物，更表现为一种权利，或者是人们拥有的财产权利。房地产的财产权有着丰富的内涵和不同的权属状态，如所有权、使用权、抵押权、占有权等。房地产的各种经济活动的实质就是其权益（也称产权）的运行过程。当投资者购买一宗土地或完整意义的房地产时，购买的不是房地产本身，不能把购买的对象运往某处，而购买到的是一定的产权。由此可见从经济学的角度分析房地产含义有着比其自然属性更为广泛的内涵，因此说，房地产不仅包括土地和土地上的建筑物、附着物，而且还包括由此衍生的权利与义务关系。广义的房地产是指除了上述内容以外，还包括诸如水、矿藏、森林等自然资源。

学习房地产还会涉及到不动产的概念。一般来说，"房地产"和"不动产"在中国大陆可以通用。在中国民法理论和民事立法中，就对房地产一词使用了不动产的概念，如《中华人民共和国担保法》第92条规定："本法所称不动产是指土地以及房屋、林木等地上附着物"。中华人民共和国行业标准《房地产业基本术语标准》对不动产的概念解释为："依自然性质或法律规定不可移动的土地、土地定着物、与土地尚未脱离的土地生成物、因自然或者人力添附于土地并且不能分离的其他物。包括物质实体和依托于物质实体上的权益"。在各国的民法中，一般将财产分为动产和不动产，并且都明确规定了不动产的范围。在中国的台湾地区更倾向用"不动产"的说法，而且，在台湾地区的"不动产"概念中，"定着在土地之上的建筑物、构筑物和其他附属物"及"树木"等统称为"改良物"。当然，台湾地区也有用"房地产"一词的情况，只是与"不动产"相比，房地产不包括"树木"。在中国的香港地区习惯上把土地与房产统称为"地产"，如称房地产业为地产业、房地产商为地产商等。因为在香港人的眼中，只有土地是永恒存在的，地上物则可以拆除和重建。同时香港地区通常也把房地产、地产、物业、楼宇等几个词混用。需要说明的是，无论是在中国大陆还是在香港地区、台湾地区还是其他国家对"房地产"和"不动产"以及"物业"的概念是有一些差别的，但是就总体来说可以看成是同一事物的不同称谓，我们应该取众家之长，努力探索中国特色的房地产理论。

二、房地产存在的形态

房地产虽然包括土地和建筑物两大部分，但并不意味着只有土地与建筑物在空间上成为统一体时才称为房地产。单纯的土地或单纯的建筑物均属于房地产，都是房地产的一种存在形态。归纳起来，房地产存在下列三种形态：

1. 土地

土地是指地球表层的陆地部分及其以上或以下一定幅度空间范围内的全部环境要素，以及人类社会生产、生活活动作用于空间的某些结果所组成的自然经济综合体。它是人类社会赖以生存的物质条件，是一切生产和生活的源泉。土地最简单的情形是一块无建筑物的空地，这块空地既可以是没有任何投入的土地，也可以是经过了人们的一定投入，如进行了土地平整、敷设了地下管线，修筑了道路的土地。另一种常见的情形是地上已有部分建筑物或附着物，但往往无视其建筑物或附着物的存在，把土地设想为无建筑的空地。

2. 建筑物

建筑物是指直接供人们进行生产、生活或其他活动的场所，是经人工建造而成，由建筑材料，构配件和设备（如给排水、采暖、燃气、照明、空调、消防、电梯、通讯等）组成的整体物，是建筑施工生产活动的最终成果。包括房屋和构筑物两大类。其中房屋是供人们生产、居住或者作其他用途的建筑物的总称。分为住宅和非住宅建筑物两部分。构筑物是指房屋以外的建筑物，人们一般不直接在其内进行生产和生活活动，如烟囱、水塔、水井、道路、隧道、桥梁和水坝等。建筑物虽然必须建造在大地上，在实物形态上与土地连为一体，但它有很大的独立性，在许多情况下可以把它单独作为一种资产看待。

3．房地

房地是指土地与建筑物这两种实物形态合为一体的统称，体现了房地产的完整实物形态。

三、房地产的分类

对房地产进行分类的标准很多，用不同的分类标准会导致不同的分类结果。

（一）按房地产用途分类

（1）居住类房地产：主要是指各种为居住使用的房地产，包括普通住宅、高档住宅、别墅、廉租房和经济适用房。

（2）商业类房地产：主要包括商场、超级市场、购物中心、商业店铺和批发市场等。

（3）旅游类房地产：主要包括各种宾馆、饭店、酒店、旅店、招待所和度假村等。

（4）餐饮类房地产：主要包括酒楼、美食城、餐馆、快餐馆、火锅城和烧烤店等。

（5）金融用房地产：主要包括银行、储蓄所、信用社、信托社、证券公司、保险公司和财务公司等。

（6）信息用房地产：主要包括邮电、电讯和信息产业等。

（7）办公用房地产：主要包括商务写字楼和各种办公楼等。

（8）娱乐用房地产：主要包括影剧院、游乐场、娱乐城、夜总会、公园和高尔夫球场等。

（9）工业和仓储房地产：主要包括各类工厂、车间、手工作坊、发电厂、仓库和油库等。

（10）农业用房地产：主要包括农地、菜地、农场、林场、牧场和果园等。

（11）特殊用房地产：主要包括机场、车站、码头、学校、医院、市场和体育、科研、社会福利、涉外、宗教用房地产以及绿化、墓地等。

（12）军用房地产：包括部队用的各种房屋和构筑物等。

（13）综合房地产：指具有两种或两种以上用途的房地产。

（二）按房地产实物分类

1．按所处的区位和地段不同分为：

（1）城市中心；

（2）城市边缘；

（3）城市郊区；

（4）农林等房地产。

2．按建筑结构不同分为：

(1) 钢结构；

(2) 钢筋混凝土结构；

(3) 混合结构；

(4) 砖（石）结构；

(5) 木结构；

(6) 其他结构的房屋建筑等。

3. 按建筑层数划分，以住宅为例分为：

(1) 低层建筑（1~3层）；

(2) 多层建筑（4~6层）；

(3) 小高层建筑（7~9层）；

(4) 高层建筑（住宅≥10层，公共建筑≥24m）；

(5) 超高层建筑（住宅≥30层，公共建筑>100m）。

4. 按建筑物的建设和建筑标准分为：

(1) 高级豪华；

(2) 中等标准；

(3) 普通标准。

5. 按建筑物的新旧程度分为：

(1) 新建造；

(2) 旧有用房；

(3) 危险用房等。

(三) 按房地产开发程度分类

(1) 生地：指完成土地征用、未经开发、不可直接作为建筑用地的农用地或荒地等土地。

(2) 毛地：指在城市旧区范围内，尚未经过拆迁、安置、补偿等土地开发过程，不具备基本建设条件的土地。

(3) 熟地：指经过土地开发，具备基本建设条件的土地。

(4) 在建工程：指正在建设尚未竣工投入使用的建设项目。

(5) 现房（含土地）：是指地上建筑物已建成，可直接使用的房地产，它可能是新的，也可能是旧的或经过装修改造的。

(四) 按房地产的权属关系分类

(1) 国有房产：指归国家所有的房产，包括由政府接管、国家经租、收购、新建以及由国有单位用自筹资金建设或购买的房产。对其进一步划分，还可以分为：①直管房；②自管房；③军房等。

(2) 集体所有房产：指城市集体所有制单位所有的房产，即集体所有制单位投资建造、购买的房产。

(3) 私有房产：指私人所有的房产，包括中国公民、外国公民以及中国公民投资的私营企业所投资建造、购买的房产。

(4) 联合企业房产：指不同所有制性质的单位之间共同组成新的法人型经济实体所投资建造、购买的房产。

(5) 股份制公司房产：指股份制公司投资建造、购买的房产。

(6) 港、澳、台投资的房产：指我国的香港、澳门、台湾地区投资者以合资、合作或独资形式在祖国大陆举办的企业所投资建造或购买的房产。

(7) 海外房产：指外商投资企业、外国政府、社会团体、国际性机构所投资建造或购买的房产等。

（五）按房地产开发经营内容分类

1. 建筑地块

指与房地产开发与经营活动相关的那部分土地，它有具体的地号、面积、形态、四至、用途等。建筑地块的构成状况包括：①住宅用地；②商业金融用地；③工业仓储用地；④市政用地；⑤公共建筑用地；⑥交通用地；⑦特殊用地；⑧水域用地；⑨农用地；⑩其他用地等。

随着城市化进程的加快，以及经营城市理念的提出，建筑地块的含义已发生了较大的变化。表现为：第一，建筑地块不仅是房地产企业直接开发和经营的对象，而且也是城市各类房屋建筑不可缺少的基础载体。同时它还是房地产企业产品主体，即房屋的直接的物质构成部分；第二，建筑地块是城市经济形成和发展的物质基础和制约因素，是促进城市经济繁荣和现代化的重要因素；第三，建筑地块的商品化经营，如面向社会公开挂牌拍卖，还是国家和地方财政和市政建设的重要资金来源，保证政府为社会提供更多的公共产品。因此，它也是调整城市经济结构和提高城市土地使用效益的重要经济杠杆。

2. 房屋

房地产企业开发建设过程中形成的最终产品，是房地产经营活动的主体对象。房屋商品具有不动产的性质，一般由基础、墙体、门窗、梁柱和屋面以及水、暖、电、卫设备等组成。

3. 房地产服务

指房地产企业在其开发建设和经营管理过程中，为人们提供的一系列经营性服务活动的总和。房地产服务活动贯穿于房地产企业全部经济活动过程的始终。既包括开发前的服务，也包括售后的服务，如决策咨询、营销策划、中介服务、拆迁安置、买卖租赁、换房服务以及房屋修缮、房屋装饰等各种物业管理服务。

四、房地产业的含义

1. 房地产业的一般概念

根据中华人民共和国行业标准《房地产业基本术语标准》的解释，房地产业是指从事房地产投资、开发、经营、管理和服务的产业。从中我们不难看出投资和开发是基础，经营是投资和开发的产品得以实现的手段，而管理和服务是开发和经营顺利进行的保证。

房地产业作为国民经济中的独立的产业部门，与其他产业部门一样，在其生产和再生产过程中也要经过生产、分配、交换和消费四个环节。其中，房地产生产，就是对土地进行开发和再开发，对房屋进行开发、建设、维修等生产活动；房地产分配，就是依据国家经济制度和经济体制确定的分配原则和分配方式，把房地产品分配到国民经济各个部门和居民之间；房地产流通，就是房地产品在市场上形成的各种交易活动，即对房地产品出售、租赁和抵押等经营活动，通过房地产市场，实现房地产资源优化配置和房地产价格与价值，满足企业和居民的生产、生活需求；房地产消费，就是用户在使用房地产品中，房地产经营管理部门还要为消费者提供房屋维修、管理和其他服务，即对物业负责区域内共同利益进行维护的物业管理活动。因此，房地产业主要的经济活动领域包括：土地开发和再开发、地产经营、房屋开发、房产经营、房地产中介服务、物业管理服务、房地产金融服务等。

2. 房地产业的划分

房地产业是国民经济产业体系中有机的构成部门。按照国民经济产业分类或性质的划分，房地产业属于第三产业。由于房地产业与建筑业有着密切的关系，人们往往把房地产业和建筑业混为一谈，其实是不对的，建筑业属于第二产业。

改革开放以来，由于城市土地使用制度的改革、住房制度的改革以及城市建设管理体制的改革，房地产逐步纳入了市场经济的轨道，我国对三大产业的划分自20世纪80年代至21世纪初经过了多次调整和完善，到2003年5月，国家统计局颁布了新的《三次产业划分规定》，该规定把三次产业划分为：

第一产业，包括农、林、牧、渔业。

第二产业，包括采矿业、制造业、电力、燃气及水的生产和供应业、建筑业。

第三产业，包括除第一、二产业以外的其他行业，具体包括：交通运输、仓储和邮政业；信息传输、计算机服务和软件业；批发和零售业；住宿和餐饮业；金融业；房地产业；租赁和商务服务业；科学研究，技术服务和地质勘察业；水利、环境和公共设施管理业；居民服务和其他服务业；教育、卫生、社会保障和社会福利业；文化、体育和娱乐业；共同管理和社会组织，国际组织等。

总之，房地产业作为独立的产业部门，是由房地产投资、开发、建设、经营、管理、消费和服务等各个环节或过程的经济活动，各类房地产经济组织和经纪人以及各类房地产的管理人员、技术人员和职工队伍构成的巨大的产业体系。

3. 房地产业的基本特点

充分认识房地产业的特点，将有助于深入研究房地产业经济运行的规律，也有利于更好地促进房地产业健康、稳定的发展。

（1）房地产业是一个先导性、基础性的行业

房地产业能拉动经济的增长，推动现代化城市的开发建设，它的健康发展对整个国民经济的发展起着先导和推动的作用。房地产提供的商品和劳务兼有生活资料和生产资料的双重属性。一方面，它作为人们生产的基本要素满足人们住的要求，为人们安居乐业创造条件；另一方面，它又作为社会生产的基本要素贯穿社会生产和再生产的各个环节，由此可见，房地产具有基础产业的特征。

（2）房地产业是一个具有高度综合性和高度关联性的行业

房地产业的综合性体现在它是横跨生产、流通和消费领域的产业部门。它以流通领域为主，但又参与房地产生产的决策、组织、管理，还兼有部分生产职能，如勘察、设计、规划和土地开发等；它虽然不直接属于消费，但又与消费过程紧紧结合交叉在一起，在消费过程中承担维修、保养、装饰等生产任务，提供售后维修和各项物业管理服务。因此，房地产的经济活动存在于前期准备阶段、开发经营阶段、销售消费阶段的全过程。正是由于房地产具有生产、流通过程长，消费过程更长的特点，决定了房地产业具有高度的综合

性。

房地产业的关联性体现在它联系着涉及国民经济方方面面的产业部门。它不仅涉及到建筑业、建材业、金融业、制造业、冶金、化工、机械、电子、仪表、通讯等生产资料生产部门，而且还涉及到家用电器、家具等民用工业以及旅游、园林、运输业、商业、其他服务业等。

（3）房地产业是一个高投资、高风险的行业

房地产业的经济活动过程，是一个大量资金的运作过程，一个房地产开发项目，少则需投资数百万元，多则需数亿甚至十几亿元，并需要一个较长的周期才能全部收回，与其他一般产业相比，是一个高投资的行业。由于房地产业投资数量大，投资周期长，土地资源的相对稀缺性及变现性差，往往出现市场价格波动，供求变化大，所以，房地产业在具有较高投资回报率的同时，也面临着确定性较差的问题，是一个高风险的行业。

（4）房地产业是一个区域差异大，级差收益明显的行业

在我国现阶段，生产力的区域发展十分不平衡，存在着地区之间的差距，行业之间的差距，城乡之间的差距等，由此必然导致各地社会经济发展和人们生活水平存在着巨大差异，而且这种差异将会随着地区经济发展变化处于一个不断的变动和发展之中，是一种动态的过程。这将进一步导致各区域对房地产商品需求的分化，从而使得房地产业的布局、结构、规模、发展速度在各个区域呈现不同的特征，使房地产的发展带有明显的区域特点。房地产业自身的这种区域特点，决定了各个地区房地产价格、房地产业及房地产投资者、经营者的收益状况存在着较大的区别，形成显著的房地产的级差收益。例如：发达的大城市的土地价格和售房价格与落后的中小城市的土地价格和售房价格是根本不同的，两者之间的收益也存在着巨大的差异。因此，经济越发达，市场越活跃，房地产级差收益越明显。

（5）房地产业易受政策因素影响，是一个与法律制度紧密相关的行业

由于房地产业在社会经济活动中的重要性，各级政府一般都对房地产市场十分关注，为了不断调整房地产业在开发、经营、交易及使用过程中法律关系和经济利益关系，经常会有新的政策或措施出台和实施，再加上房地产自身的特点，使得房地产经济不可避免地会受到相关政策调整所带来的影响。在土地供给政策方面，如2004年4月国务院办公厅为制止乱占滥用土地，防止突击批地，抑制一些行业、地区固定资产投资过快增长，特印发了《关于深入开展土地市场治理整顿严格土地管理的紧急通知》，治理整顿期间，全国暂停审批农用地转非农建设用地；在住房政策方面，如2005年4月24日在上海召开的全国部分城市房地产形势座谈会上，国务院确定把抑制房价过快上涨作为全年宏观调控的主要任务。同年5月11日，国务院转发建设部等七部委《关于作好稳定住房价格的通知》，确定一个中心是打击炒作房价，一手抓规范市场，一手抓加强保障的措施；在金融信贷政策方面，如2004年4月初，国务院召开常务工作会议，面对固定资产投资过热，采取了一系列的宏观调控措施，中行提高了金融机构存款准备金率；国务院采取了提高钢铁、水泥、电解铝、房地产开发投资项目的资本金比例；同年10月29日起上调金融机构存贷款基准利率，以一年期贷款利率为例，由原来的5.31%调整为5.58%。同年12月中央经济工作会议确定从2005年起实行7年的积极财政政策为稳健的财政政策，全面紧缩银根。另外在财政税收政策、行业投资政策等都会给房地产业带来不可预见的影响。因此，房地

产要求有完备的法律、法规，以规范协调各经济主体之间的权利义务关系，从而保证和促进房地产业的健康发展。

五、房地产业与房地产、建筑业、住宅业的关系

1. 房地产业与房地产的关系

房地产业与房地产两者之间既有联系又有区别。从联系上看，房地产是房地产业的基础，房地产业投资建设和经营管理以及服务的对象是房地产。因此，没有房地产，也就没有房地产业。从区别上看，房地产表现为一种财产形式及在此基础上的各种权益，而房地产业则是一个具有社会属性的运行机制，是由生产环节、流通环节和服务环节三方面所组成的一种经济活动。

2. 房地产业与建筑业的关系

房地产业与建筑业两者之间也存在着密切联系和实质性的区别。从联系上看，二者是相互渗透和交叉的，这是由于它们的实施对象和经营对象都是房地产，即不动产，所以，在日常经济活动中，房地产业和建筑业通常作为建设中的甲方和乙方，形成发包方和承包方的合作关系，另外，两者相互交叉经营的现象，也是较普遍的。从区别上看，建筑业是直接从事房屋生产和其他建筑物的建造、改造、装修、安装等的物质生产部门，属于第二产业。而房地产业则是从事房地产的投资、开发、经营、管理和服务的产业，主要在流通领域活动，属于第三产业。因此它们在经营内容、经营方式和产业归属等方面，都有明显的区别。

3. 房地产业与住宅业的关系

住宅业是指以生产和经营住宅或住宅区为最终产品的产业，主要包括：住宅区的规划和住宅的建筑设计；住宅构成要素的开发与生产；住宅（区）的建造、维修与改造；住宅（区）的销售、经营和管理等。

从房地产业与住宅业的联系来看，住宅是房地产的重要组成部分和表现形式；从产业内涵来看，住宅业是从属于房地产业的。

房地产业与住宅业的区别主要表现在：

（1）两者的侧重点和范围不同

住宅业主要是侧重以住宅建设（生产）、流通、消费、服务为主要经济活动内容的产业，而房地产业则是侧重于包括住宅在内的各类房屋及承载房屋的土地开发、流通、消费、服务等活动的产业；住宅业的范围要比房地产业小得多。

（2）两者应用的背景和条件不同

房地产业是随着房地产在国民经济发展中日益呈现的重要性，形成于1992年土地有偿使用。住宅业则是随着住宅制度改革的不断深化以及扩大内需的要求，将住宅作为新的经济增长点，针对住宅建设、住宅市场问题等于1996年7月提出来的。

第二节 房地产经济学的研究对象

房地产经济理论是随着房地产业的不断发展而逐步形成的，它来源于房地产经济活动的实践，经归纳和抽象后，上升到理论，又反过来指导房地产的经济活动，在我国是一门

新兴的应用性学科。

一、房地产经济学的学科性质

房地产经济学与其他经济学科之间既存在着共性，又有其特性，主要表现为：

1. 房地产经济学是一门部门经济学

房地产经济学通过对房地经济活动的抽象和总结形成了相对独立的理论体系，是一门相对独立的经济学科，在学科性质上属于部门经济学范畴，它与农业经济学、工业经济学、建筑经济学、商业经济学等部门经济学处于并列的地位。

2. 房地产经济学是一门应用性经济学科

房地产经济学既是理论性学科，也是一门应用性很强的经济学科，它也是房地产经营管理、房地产金融、房地产价格评估以及房地产营销等学科的理论基础。

房地产经济学以马克思主义政治经济、毛泽东思想、邓小平理论作为基本理论基础。同时借鉴和运用了发达的资本主义国家多年来积累的有关房地产经济活动中的经验，需要了解和把握地租理论、区位理论、产权理论、投资理论、市场供求理论以及价格理论等知识。它的相关学科会涉及到土地经济学、城市经济学和住宅经济学等。

二、房地产经济学的研究对象

对房地产经济学的研究对象，很多教科书上有着不同的解释，在这里就不一一赘述。我们认为：房地产经济学是一门研究房地产经济运行规律及房地产资源配置效率的学科。

房地产经济学的基本任务是运用经济学及其相关学科的有关理论，对涉及房地产经济的各个主要方面进行理论分析和探讨，研究一个国家的房地产业在生产、交换、分配、消费等领域的经济活动、表现形式和运行机制，阐述房地产经济的基本理论；同时，土地是有限的稀缺资源，开发建造房屋也需要很大的投入，而人们对房地产商品的需求则是无限的，随着经济的发展和个人收入水平的提高，要求不断改善住房条件。所以，如何充分利用和合理配置房地产资源，以满足人们对住房的不同需求，也是房地产经济学所需探讨和研究的主要内容。

因此，研究房地产经济运行规律与研究房地产资源配置效率是一致的，二者的辩证统一共同构成房地产经济学研究的对象。从而实现促进生产力发展、改善人民生活水平、建设全面小康社会的目标。

三、学习房地产经济学的意义

进入 21 世纪以后，中国将面临新的发展机遇，经济的全球化和经济增长的加快，将使房地产业得到进一步的发展，因此，学习房地产经济学对今后的工作实践有着重要的意义。

1. 有助于从理论上认识和把握房地产业经济运动的实质及其运行规律

我国的房地产业和房地产经济发展的时间还不长，正处在发展过程中，不成熟的理论是与不成熟的实践相应适的。由于房地产业本身的特性较复杂，这就需要专门研究其运行规律，把握其运动的实质。

2. 有助于科学地分析和解释现实经济生活中房地产经济运动的现象

在现实经济生活中，由于受到各种因素的影响，房地产经济运动现象是错综复杂的，会使人们提出各种各样的看法，如房地产的泡沫问题、房价问题、地价问题等，对此必须给予科学的解释，从而从理论的高度理解和分析房地产经济运行中出现的各种现象。

3. 有效地指导房地产经济活动，不断提高经济效益、社会效益和环境效益

学习房地产经济学这门学科，能使房地产在投资、开发、经营等重大问题上，系统地运用房地产经济规律办事，提高决策的准确性，减少盲目性，降低风险性。提高房地产企业的经济效益，并促进社会效益和环境效益的提高和改善。

第三节 房地产属性特征

正确地认识房地产的属性特征，对于我们把握房地产经济的运行规律，加强对房地产业的管理，促进房地产业的健康稳定发展有着重要的意义。它的属性特征包括自然特征、经济特征和社会制度特征等，就一般而言，具体表现为以下几方面：

一、位置的固定性

由于土地是自然生成物，它在地球上的位置是固定的，而建筑物又是在固定的土地上建造的，这就使得房地产实体不可移动，从而决定了任何一种房地产只能就地开发、就地消费。房地产位置的固定性对房地产商品有一定的影响：

（1）位置的固定性决定了房地产的异质性。从时间、地点和空间来看，世界上没有两个完全相同的房地产实体。每一宗房地产在其位置、规模、形状、地质条件、气候条件及人文特征等方面，会显示出程度不同的差别。

（2）位置的固定性，决定了房地产交易是以产权为交易标的，即在房地产市场上可以流转的是与房地产标的相关的各种权利，而不是房地产实体本身。

（3）位置的固定性，使得区位成为影响房地产价格的重要因素，每一宗房地产因所处的地理位置不同而具有不同的经济价值。

二、效用的长期性

房地产商品一般都具备长期耐久使用的自然属性。就土地而言，它在地球表面的空间位置是永存的，具有不可毁灭性和永续性，其效用可以通过开发和再开发得到长期的使用。建筑物在正常情况下，其寿命可达数十年，多则上百年，不同的建筑结构都有其不同的经济使用年限的要求，所以，我们提出了"百年大计，质量第一"的目标。房地产效用的长期性可以给其拥有者带来持续不断的利益。

三、价值的保值增值性

房地产的保值增值性是指因其具有效用的长期性，不仅可以在较长的一段时间里保存其价值，而且随着时间的推移，还会不断地增值。一般来说，引起房地产增值的原因主要有：

1. 有效需求增加

一个地区的居民收入增加、人口增长、居住水平的改善、城市化进程的提高，会加剧

房地产供求矛盾，从而引起房地产市场价格的上涨。

2．通货膨胀的影响

通货膨胀是在价值符号流通条件下，由于货币供给过度而引起的货币贬值、物价上涨的现象，因此，通货膨胀必然反映为物价上涨。

3．外部经济环境的改善

如开发建设的物业小区公共设备齐全、环境优美、交通便利、孩子上学方便、就医便捷、商业繁华等。

4．对建筑物本身进行的投资改造

如室内外的装修改造、更换或增加设备等。

在正确理解房地产的保值增值的同时，我们也要认识到，价值的保值增值在总体趋势上呈现一种波浪式上升，但并不排除在一段时间内，会随着社会经济的发展波动、周围环境的恶化、建筑物功能的落后，房地产价值会出现降低，甚至会出现连续下降的现象。

四、权利的可分割性

房地产的产权包括占有权、使用权、受益权和处置权等。在必要及法律许可的情况下，这些权利可以分别出售或转让给不同的生产者和消费者。

五、权益的流动性

房地产权益的流动性是指房地产商品兑换成现金的能力。一般来说，流动性越强，其变现能力就越强。而房地产权益的流动性是较差的，主要原因是：

（1）房地产价值量大，交易双方在决策上都持十分慎重的态度。

（2）房地产的不可移动性，使得每宗房地产发生交易的次数较少。

（3）当购置房地产是用于出租时，其投资需要在很长时间内才能收回。

六、需求的普遍性

房地产具有生活资料和生产资料的双重性质。从生活资料方面来看，人类生存的基本条件是衣、食、住、行，房屋满足了人类"住"的需求，同时为"行"提供基础设施保证，具有生存资料的特征；建筑结构坚固、布局合理、造型美观、装修雅致、设备齐全的房屋，使人们感到舒适、轻松、方便，从而具有享受资料的特征；房地产还为人们提供工作、学习、娱乐、社交的场所和环境，因而具有发展资料的特征。从生产资料方面来看，房屋和土地是人类进行生产和再生产的工作条件，房地产作为一种生产要素投入，是人类社会进行生产经营活动不可缺少的，所以，房地产的需求具有普遍性。

第四节 土地属性特征

1982年，第五届全国人大第五次会议通过的《中华人民共和国宪法》规定："城市的土地属于国家所有"。1988年，第七届全国人大第一次会议通过的《中华人民共和国宪法修正案》中，增加了"土地使用权可以依照法律规定转让"。在这次会议上通过的《政府工作报告》中明确地提出了："发展房地产市场，实行土地使用权的有偿转让"。1990年5月，国务院颁布并实施《中华人民共和国城市国有土地使用权出让和转让暂行条例》。1995年1月，全国人大颁布了《中华人民共和国城市房地产管理法》，1999年1月，全国人大颁布了《中华人民共和国土地管理法》，都明确规定了国家依法实行国有土地有偿使用制度。这些重大的国家立法和行政法规的实施，为土地的有偿使用提供了法律依据。土地的属性是指土地本身所具有的自然属性和土地的社会属性。本节就城市土地的属性特征阐述如下：

一、土地的自然属性特征

1. 土地资源的稀缺性

土地是非人力所创造的自然资源，只能开发和再开发，不能再生。随着人类社会的发展，特别是房地产业的不断发展，对土地的开发和利用率越高，土地资源就愈稀缺。

2. 土地使用价值的永续性

土地的使用价值一般不会折减丧失，会随着时间的延续产生新的使用价值，可以永续利用。并随着人类劳动的连续投入而不断发挥它的性能。

3. 土地面积的有限性

土地是由土、气候、地貌、地质、生物和水文、水文地质等因素构成的自然综合体。地球表面的70%为海洋，所以人类生存的地球土地面积是有限的。

4. 土地资源的不可移动性

土地是真正的不动产，它具有位置的固定性，即不可能移动，不能随着土地产权的流动而改变其空间的位置。

5. 土地使用的广泛性

土地为人类生存、栖息繁衍、发展提供了必不可少的空间，人类的一切活动都必须依附于土地。

二、土地的社会属性特征

1. 土地所有权的垄断性

土地所有权是指土地所有人在法律规定范围内占有、使用和处理其土地，并从土地上获得合法收益的权利，它受国家法律保护。由于土地是一种有限的稀缺资源，在一定的历史发展阶段，人类可以将其当作社会财富加以垄断，形成一定历史发展阶段上的土地所有权，即地产权。土地一旦与人的劳动相结合，就是创造财富的源泉。所以有人说，土地是财富之母，劳动是财富之父，垄断了土地，就垄断了创造财富的重要源泉。

2. 土地的可改良性

人类可以通过对土地投入一定的物化劳动和活劳动，改变土地的物理性质、化学结构，地形外貌等。如不能生长农作物的盐碱性土壤通过物理和化学处理后可以改变为可耕土壤；松弱的土质经过物理和化学手段等合理处理可以提高地基的承载力，经过三通一平（即路通、水通、电通、场地平整），土地为房地产开发及建筑施工提供建筑场地，为建筑工程的正式开工创造条件，因而土地具有可改良性。

复 习 思 考 题

1. 房地产的含义是什么？
2. 按房地产的用途和开发程度划分，房地产有哪些类型？
3. 如何认识房地产业的含义及其基本特点？
4. 房地产经济学研究的对象与学科性质是什么？
5. 房地产属性特征有哪些？
6. 土地属性特征有哪些？

第二章 房地产产权

产权理论是房地产经济学理论体系中的核心部分之一,城市房屋权属管理是利用法律和行政手段,来确认产权,是房地产行政管理的基础与核心,而住房制度从根本上决定房地产产权和影响房地产业的发展。通过本章学习,掌握房地产产权的概念,房地产产权在我国的应用,规范我国城市房屋权属管理,熟悉我国住房制度改革及经济适用住房的基本知识。

第一节 房地产产权概述

一、房地产产权的概念

1. 房地产产权的概念

产权是现代经济社会中经常涉及的概念,不同的学术专著对其解释也各不相同。这里所说的产权取其在经济学中的涵义,即财产的所有权,是指存在或设定在一切客体之中或之上的完全的权利,财产所有者在法律范围内,享有对其财产的占有、使用、收益和处分的权利。

房地产产权则是产权概念在房地产领域的具体化。房地产顾名思义包括房产和地产,我国《宪法》规定:城市的土地属于国家所有,农村和城市郊区的土地,除由法律规定属于国家所有的以外,属于集体所有,所以,可供进行房地产开发经营的土地所有权归国家所有,个人只有使用权。因此,房地产产权即房屋所有权和土地使用权的综合,泛指房屋所有人对其房屋享有占有、使用、收益和处分的权利,以及排除他人非法妨害的权利。占有权是指产权人在事实上对自己的房屋享有的控制和支配的权利;使用权是指权利人对其房屋按照房地产的性质和功能加以利用;收益权是指权利人按照法律的规定,有权在履行权利义务的关系中获得益处;处分权则是指在法律允许的条件下,产权人有权根据自己的意愿处置房地产。房和地是房地产产权的物质载体,两者有着密不可分的关系,房产转移时,要附带其下的土地使用权的转移,同样,土地使用权转移,也离不开其上房屋所有权的变更。

2. 产权的界定

由于产权是存在于产权主体和客体之间的一种特殊的权利(相对于房地产来说,产权主体是指拥有产权的国家政府,企事业单位或个人,客体则指房地产中的房屋和土地),其主体和客体的多变性,导致产权界线的不确定性,而严格意义的所有权是确定的,是一定法律允许范围内的至高无上的权利,于是古往今来,人们为获得财产的所有权而不断人为地去改变它的产权,即通过拥有产权的方式。

尽管人们为获得财产的产权付出了不懈的努力,但随着经济的发展和市场体系的不断扩大,产权界线越来越复杂,不确定性越来越高,要想获得相对精确的确定结果。所需的资料和成本也随之增加,传统的产权界定方式有如下几种:

(1) 习俗界定方式

这是一种适应于生产力水平低下、对财产的占有欲较弱、道德束缚起主要维护作用的原始社会的产权界定方式。原始社会是最初的农业社会，土地作为第一生产力，人们已意识到它的重要性，人为地去划清本部落或氏族土地的边界，本着"先占为主"、"井水不犯河水"等习俗来约束自己和他人，由于当时财产关系简单，这种习俗的界限维系着当时的原始社会。

(2) 暴力界定方式

随着社会的发展，物质财富越来越丰富，人们对财产的占有欲已非道德标准所能约束，于是在人类进入奴隶社会以后，经常会发生一些以扩大土地边界为目的的暴力战争。战争的高频性，导致当时所谓财产的产权也随之变化，人们越是担心自己财产的安全性，越是想发动武力去捍卫它，所以在当时，战争是多发的，产权的归属是极其不稳定的。

(3) 国家界定方式

社会的发展使国家这个概念在人们的心目中越来越清晰，作用也越来越大，国家界定产权是指政府依靠国家强制力用行政的手段来确定某些范围财产权利主体的产权边界。在产权界定过程中，国家的介入，是历史的进步，从一定程度上保障了产权主体的利益，减少了许多不必要武力战争的爆发，进而减少了社会的不安全因素。但随着社会生产力的发展，产权关系越来越复杂，政府依靠国家强制力的界定已远不能与复杂的产权结构相适应，表现出极大的高误差性，而且随着产权主体的增长化，客体的复杂化，纠纷也纷纷涌入产权市场，政府已明显表现出与其界定权力的不适应性。

(4) 市场界定方式

随着经济的发展，市场的调节功能在经济活动中发挥的作用越来越大，于是人们自主决策、公平交易，根据市场行情自主选择最能实现自己所拥有财产价值的交易方式，这种出于自愿基础上的市场界定方式既符合市场发展规律，又满足了人们对利润的需求，在产权界定过程中起到了举足轻重的作用。

以上几种产权界定方式是随着时间的发展、社会制度的转变而逐渐演变下来的，每一种界定方式都与当时的社会时代背景相适应，在当时的社会形态下，都起到了一定的积极作用。然而，在现代市场经济条件下，产权关系更为复杂，对产权的边界要求也更为严格，以往任何一种方式都与现在复杂市场关系不相适应，于是，市场经济迫使现代人总结了以往界定方式的优点，并赋予法律的色彩，使其在惯例的条件下更富有强制性，形成了法律界定的方式。法律界定是将源于习俗和市场的行之有效的通行界定惯例用法律的形式固定下来，以约束产权主体不得随意违犯惯例，或免除产权主体一方对另一方道德上的忧虑。它要求产权主体不得随意违犯惯例，解决了其他产权界定方式所无法解决的问题，同时也减少了市场成本和界定费用，稳定了市场秩序，是适应当今市场经济发展的一种较为有效的界定方式。

二、我国房地产产权的应用

在我国房地产产权体系中，房地产所有权和抵押权占相当大的比重，是在产权关系中出现较为频繁的两种权利。

(一) 房地产所有权

1. 房地产所有权的含义

由于我国城镇土地所有权归国家所有，个人只能依法取得土地的使用权，所以在我国的房地产产权体系中，房地产所有权只包括房屋的所有权。

房屋所有权是指房屋所有人对房屋所享有的占有、使用、收益和处分的权利。它是一种典型的物权，具有不动产所有权的完整特性，在其权利实现的过程中，表现出了物权的绝对性和排他性，在宪法的规定中，这种绝对性和排他性受到了法律的保护。

2. 所有权在我国房地产业的应用

房屋所有权是财产权的一种，根据权利主体的不同，房屋所有权的下面几种形式在我国广泛存在。

（1）国有房屋所有权

即全民所有制房屋所有权，权利主体是代表全民的国家，其权能主要根据统一领导分级管理的原则，按国家有关规定授权于有关部门承担相应的义务，且在任何情况下，处分国有房屋所有权必须经国家主管机关特别批准，并征得当地房产管理部门的同意。

（2）集体房屋所有权

即集体企事业单位对归其自有的房产享有的所有权。其权利人是企事业单位本身而非单位中的某个个体，属于自管公房的范畴。

（3）私人房产所有权

即房屋是由个人、家庭、数人共有或私营企业拥有的房产所有权，私人房产包括住宅和私营生产经营用房。随着住房商品化的发展，私有房产所有权在整个房产所有权中所占的比重越来越大，这种趋势符合商品经济发展的规律，是社会发展的必然结果。

房屋所有权在我国的存在形式还有外商投资企业和外商房屋所有权、农村房屋所有权和宗教等其他团体享有的房屋所有权等形式。

（二）房地产抵押权

1. 房地产抵押权的含义

房地产抵押是指抵押人以其合法的房地产以不转移占有的方式向抵押权人提供债务履行担保的行为，因此而形成的法律关系称为房地产抵押法律关系，其中提供房地产作担保的债务人或第三人称为房地产抵押人，接受房地产抵押以担保自己债权实现的债权人为房地产抵押权人。

在我国，房地产抵押是随着土地改革制度的不断完善和房地产业的不断发展而产生的一种特殊的房地产权利用方式。为规范房地产抵押市场，我国相继出台了《城镇国有土地使用权出让和转让暂行条例》、《城市房地产管理法》等规范性文件，加速了我国房地产抵押行为逐步走向理性化、规范化的步伐。

2. 房地产抵押的特征

房地产抵押除具有一般不动产的抵押性质外，还由于其标的物房地产的特殊性，具有其本身的特征：

（1）房地产抵押标的物复杂

房地产抵押的标的物可以是土地及其上的房屋的使用权，也可以是单独的土地使用权，还可以是土地使用权中的出让或划拨权利的一种。

（2）房地产抵押不转移对抵押财产的占有

与动产抵押不同的是，以不动产作为标的物的房地产抵押不转移财产人的占有权，在抵押关系成立后，抵押人同样可以依据合同规定享有对其财产的开发、利用和经营的权利。

(3) 房地产抵押属于要式合同行为

抵押双方通过签订书面正式合同作为抵押关系成立的开始，合同中要明确对抵押标的物进行描述，并且明确指出主体双方的权利和义务，作为双方在合同关系结束之前的行动规则。

3．房地产抵押权的特征及实现条件

(1) 房地产抵押权的特征

在房地产抵押关系成立以后，若债务人到期不能清偿债务，债权人有权依法对抵押的房地产进行折价或拍卖，并从所得的价款中优先受偿，债权人依法享有的这种权利即为房地产抵押权。房地产抵押权的特征如下：

①抵押人在财产抵押的过程中不转移其对财产的依法处分权。

②抵押权人通常是特指法律允许从事贷款业务的金融机构，无论在国内还是国外，住房抵押贷款广泛被金融界所接受，成为金融界对外融通资金的主要渠道之一，它不但解决了居民住房难的问题，同时分解了银行等机构的融资风险，对房地产业乃至金融业都起到了举足轻重的积极作用。

③抵押标的物必须是符合法律规范要求的房地产。可以作为标的物的房地产有：抵押人所有的房屋和其他地上附属物；抵押人依法享有处分权的国有土地使用权；抵押人依法承包并经发包方同意抵押的荒山、荒沟、荒丘等其他的土地使用权；乡镇企业的厂房等建筑物。

(2) 抵押权实现的条件

我国《城镇国有土地使用权出让和转让暂行条例》中规定："抵押人到期未能履行债务或者在抵押合同期间宣告解散、破产的，抵押权人有权依照国家法律、法规和抵押合同的规定处分抵押财产"。《担保法》规定，债务履行期届满抵押权人未受偿的，可以与抵押人协议以抵押物折价或者拍卖、变卖该抵押房地产所得的价款受偿；协议不成的，抵押权人可以向人民法院提起诉讼。从以上法规可以看出，抵押权的实现依赖于抵押合同执行情况，只有当合同中规定的假定事实出现时，抵押权方可实现。个人购房抵押贷款是指借款人或第三人以所购住房作为抵押物的一种贷款。这种贷款形式不但可以增强城镇居民对住房的有效需求，又具有债权安全可靠、面广量大等优点，已成为商业银行发展的新领域。在房地产经济中，个人购房抵押贷款充分体现了房地产这种特殊的商品所具有的抵押功能的特殊性，成为一种广泛被中低收入家庭和金融贷款机构接受的一种特殊方式，具有其他贷款方式所无法比拟的优点。

房屋所有权和抵押权是房地产产权体系中的核心权利，在现在的经济社会中广泛存在并大量被应用，有关地役权、地上权等权能在我国房产产权体系中应用不是很广泛，这里不作一一介绍。

第二节 城市房屋权属管理

房地产权属登记管理在我国具有较久的历史。建国开始，中央人民政府就规定在城市开展房屋产权的登记和核发产权证书的工作，颁布了有关的办法、规章。随着改革开放政策的推行和社会主义法制的加强，房产的权属登记管理得到加强。1981年，原国家城市建设总局召开了"房地产产权产籍产业管理工作会议"，会后下发了《关于加强城市（镇）房地产产权产籍管理工作的通知》。1985年经国务院领导同志批准，原城乡建设环境保护部和国家统计局组织开展了我国城市房屋普查，查清了我国城市房屋的基本情况。在此基础上，1987年又组织开展了全国城市房屋所有权总登记，同时颁布了《房屋所有权登记暂行办法》。为巩固总登记成果，规范和提高房产产权产籍工作，1990年建设部以第7号令颁布了《城市房屋产权产籍管理暂行办法》，我国的房屋产权管理工作逐步走上健康发展的轨道。

近年来，房地产作为生产要素和重要的生活资料进入市场，以及住房制度改革、住房商品化等的推进，房地产权属和权属管理的重要性日益显现，也越来越为人们所重视。

一、城市房屋权属管理的概念

城市房屋权属管理就是用法律和行政的手段对房地产进行登记，审查确认产权，核发权属证书，办理权属的移转变更，调解产权纠纷，监督规范权利人的行为，建立准确、完整的产籍档案资料等等，从而建立正常的产权管理秩序，更好地保护权利人的合法权益。

二、城市房屋权属管理的意义

1. 加强城市房屋权属管理

房地产权属管理是房地产行政管理的基础和核心，准确完整的产籍档案是进行房地产管理，培育完善房地产市场，进行城市建设和管理的重要资料。由于房地产是不动产，具有价值量大、使用时间长、不可移动等特点。作为个人所有的房产，其价值量远远大于一般的财产和消费品，占个人财产的很大比例。在长时间的使用过程中，房产的产权可能转移，甚至数易其手。因此，对房产的保护不同于对其他财产的保护，需要由政府以权属登记的办法确定其权利归属。权属登记的实质就是以政府的声誉和行政行为来保证某一房产权利的归属，使权利人能依此而获得国家法律的保护。因此，尽管各国的政治、社会制度不同，但都规定了房地产的权属登记或注册制度。

2. 维护房地产市场秩序

房地产交易的实质是房地产产权的有价转移。房地产的市场行为是建立在产权的基础上的，无论是房地产的买卖、交换、租赁和抵押，或者是现代经济发展产生的资产重组，招商引资，都要求以明晰的产权关系和权威的权属证书为保证。所以，要把搞好产权管理作为培育和完善房地产市场的基础工作来抓好。

3. 保障房屋权利人的合法权益

房屋权利人的合法权益是指权利人依法对自己的房产享有的占有、使用、收益和处分的权利。这种权益，只有在权利人向政府房地产产权登记机关进行登记并领有产权证书之后才正式明确，并受国家法律保护。

三、房屋权属登记

1. 房屋权属登记的概念

房屋权属登记，是指房地产主管部门代表政府对房屋所有权以及由上述权力产生的抵押权、典权等房屋他项权利进行登记，并确认产权归属的行为。

房屋权属登记是一种政府行为，是政府的房地产主管部门而不是别的其他部门对房屋所有权，或在所有权上设定的抵押权、典权等他项权利进行登记并确认产权的行为。房地产行政主管部门是权属登记管理的主体。所有权、他项权是登记的对象、客体。

所谓房屋权利人（以下简称权利人），是指依法享有房屋所有权和该房屋占用范围内的土地使用权、房地产他项权利的法人，其他组织和自然人。

所谓房屋权利申请人（以下简称申请人），是指已获得了房屋并提出房屋登记申请，但尚未取得房屋所有权证书的法人、其他组织和自然人。

房屋权利人的概念界定表明，他可能是法人、其他组织和自然人。他依法享有了房屋的所有权及其占用土地的使用权，或者他项权。他是房地产权利的主体。法人是指依法成立并能以自己的名义行使权利并承担义务的组织，如公司、社团等。

其他组织是指非法人的组织、社团。

自然人是指人在法律上的称谓。他与"法人"互为对称。

房屋权利申请人的概念界定表明，他已经获得了房屋并正在申请登记，但未取得房屋的所有权，他还未能成为房屋的权利人。申请人也可能是法人、其他组织和自然人。

2. 房屋权属登记制度

国家实行房屋所有权登记发证制度。

（1）申请人应当按照国家规定到房屋所在地的人民政府房地产行政主管部门（以下简称登记机关）申请房屋权属登记，领取房屋权属证书。

房屋登记发证制度是国家规定的制度。申请人申请权属登记，领取房屋权属证书是每个申请人应履行的法律责任，也是维护自己合法权益的最好方法。由于房地产是不动产，我国实行属地管理。因此，申请人应当到房屋所在地申请登记和领证。

（2）房屋权属证书是权利人依法拥有房屋所有权并对房屋行使占有、使用、收益和处分的惟一合法凭证，依法登记的房屋权利受国家法律的保护。

房屋的所有权一般讲，即是房屋的产权。所有权的内容包括占有、使用、收益和处分的职能。

占有是指对房屋的实际控制和支配；使用是指按照房屋的性能和用途加以利用；收益是指房屋权利人有权获得自己房产所产生的利益，如出租房屋收取租金等；处分是指在法律范围内，按照自己的意志对自己的房产进行处置。

由于我国实行房屋所有权登记发证制度，房屋权属证书是这一制度的具体体现。它是经过政府房地产行政机关审查确认后发给权利人的法律性凭证，政府用其声誉和行政行为来证明和保证它的真实性和合法性，其他任何证明、材料都不具有这样的权威性，所以它是惟一合法凭证。

我国《宪法》规定：国家保护社会主义的公有财产，保护公民合法收入、储蓄、房屋和其他合法财产的所有权。国家对依法登记的房屋的法律保护体现在：

（1）确认产权：当房屋所有权发生争议时，当事人可以请求行政、仲裁、法院依法确认产权。由于房地产登记机关和法院确认产权的原则是一致的，领有房屋权属证书的房产产权便可明确判定，未领权属证书的，法院依法调解、判决后，当事人则可凭调解或判决书申请产权登记。

（2）恢复原状：房屋因遭到非法侵害损坏时，该房屋的所有权人有权诉请法院，责令肇事人进行修复，恢复原状。

（3）排除妨碍：房屋因他人的不法行为而影响产权人行使其所有权时，产权人有权诉请法院责令他人排除妨碍。如堵塞通道、影响房屋安全等等。

（4）赔偿损失：房屋因他人侵害而灭失或损坏又不能修复时，产权人有权诉请法院责令他人赔偿损失。

对国有房产实行特殊的保护：一是返还被非法占有的国有房产，不受时效的限制；二是不受非法占有人善意占有的限制，也不管占有人是否知情，是直接取得或是几经转手，国家均有权追索返还或要求赔偿；三是对所有权不明的房产，或者国家与他人对所有权发生争议，一时又无法确定时，推定该项房产为国家所有。但是，当发现确凿的产权人时，则应撤销这种推定，依法将房产归还给产权人，以保护产权人的合法权益。

3. 房屋权属登记的原则

房屋权属登记应当遵循房屋所有权和该房屋占用范围内的土地使用权权利主体一致的原则。

《城市房地产管理法》对房屋的定义是："房屋，是指土地上的房屋等建筑物及构筑物。"并在第三十一条规定："房地产转让、抵押时，房屋的所有权和该房屋占用范围内的土地使用权同时转让、抵押。"因为，房地产是有机的整体，房屋是建在土地上的，土地是房屋的载体，这是房地产的自然属性；房、地价互相包容（马克思说：地价隐没在房价之中）的市场行为同时进行，这是房地产的经济属性。因此，不能人为地把房地产当成房产加地产。作为房地产的权利主体即房屋的所有权人及该房屋占用土地的使用权人，必须是同一人，也就是权利主体一致。否则房地产的经济、民事活动将无法进行。所以房屋所有权和其占用的土地使用权权力主体一致是权属登记必须遵循的原则。

四、房屋权属登记的种类

房屋权属登记分为以下六类：即总登记、初始登记、转移登记、变更登记、他项权利登记和注销登记。分别介绍如下：

1. 总登记也叫静态登记，是在一定行政区域和一定时间内进行房屋权属登记。

进行总登记是因为没有建立完整的产籍或原有的产籍年久失管或其他原因造成散失、混乱，必须全面清理房屋产权，整理产籍，建立新的产权管理秩序。

2. 初始登记是指新建房屋申请人，或原有但未进行过登记的房屋申请人原始取得所有权而进行的登记。

新建的房屋，申请人应当在房屋竣工后的三个月内向登记机关申请房屋所有权初始登记，并应当提交用地证明文件或者土地使用权证、建设用地规划许可证、建设工程规划许可证、施工许可证、房屋竣工验收资料以及其他有关的证明文件。集体土地上的房屋转为国有土地上的房屋，申请人应当自事实发生之日起三十日内向登记机关提交用地证明等文件，申请房屋所有权初始登记。

3. 转移登记是指房屋权利人因交易、赠与等原因发生转移而进行的登记。

因房屋买卖、交换、赠与、继承、划拨、转让、分割、合并、裁决等原因致使其权属发生转移的，当事人应当自事实发生之日起三十日内申请转移登记。

申请转移登记，权利人应当提交房屋权属证书以及相关的合同、协议、证明等文件。

（1）房屋买卖是指房地产权利人将房产交付给买受人所有，后者接受该房产并支付约定价款的行为。房屋买卖应当提交房屋所有权证、土地使用权证、买卖合同、契税证明以及其他相关材料。

（2）房屋交换是指当事人双方以各自的房产互相交换的行为。房屋交换合同属于有偿的双务合同。房产买卖合同的权利、义务关系除法律另有规定外，同样适用于房产交换。在房产的交换中，每一方交付的房产都要为对方所有，因此都应当对所转移的房产权利负担保责任。如有找付对方一定差价时，则货币买卖部分适用买卖价款的规定。房屋交换应当提交双方的房屋所有权证、土地使用权证、交换协议、契税证明以及其他相关材料。

（3）房屋赠与是指赠与人把自己的或有处分权的房屋无偿地给予受赠人的行为。赠与需要双方意愿一致，所以赠与是一种合同关系。赠与合同是一种实践合同，即赠与人交付房产并依法办理产权登记后才能生效。房屋赠与应当提交房屋所有权证、土地使用权证、赠与合同、契税证明以及其他相关材料。

（4）房屋继承是指按法律规定的程序，把被继承人的遗产房屋转归继承人所有的一种法律行为。遗产房屋继承的形式有法定继承、遗嘱继承、代位继承、转继承、遗赠等。继承人、受遗赠人应当分别提交被继承人死亡证明、权属证明书、公证书、遗产分割协议书或法院的判决书、调解书、原房屋所有权证、原土地使用权证、同一顺序放弃继承权的弃权书、遗嘱或遗嘱证明。

（5）房屋划拨是指国家或者上级部门、企业等将所有的房产划归某单位或者所属下级单位、企业所有的行为。国家已禁止单位、部门之间财产，包括房产无偿划拨。房屋划拨应当提交房屋所有权证、土地使用权证、划拨有关文件、资料等。

（6）房屋转让是指房地产权利人通过买卖赠与或者其他合法方式将房产转移给他人的行为。这里的转让是指因土地使用权买卖、赠与等发生房屋所有权同时转移的行为。房屋转让应当提交转让行为相关的各种证明文件。

（7）房屋分割是指共有房产依法分割为各自的房产的行为。如合伙企业的散伙析产、法人分立析产、兄弟姐妹分家析产等。房屋分割应当提交原所有权证、土地使用权证、企业法人析产的批准文件、协议、资料、契税证明等、家庭析产的协议、房产分割单、契税证明等。

（8）房屋合并是指房产权利人通过企业兼并、合资经营、以房价入股等方式将自己的房产转移到新的或者另一企业法人单位的行为。房屋合并应当提交原有房屋所有权证、土地使用权证、主管部门批准文件、合同协议，以及相关的权属证明、资料等。

（9）房屋裁决是指仲裁机关、人民法院对房产的产权归属所作的裁断、判决。房屋裁决应当提交仲裁裁决书、法院判决书等。

4. 变更登记是指房屋权利人因法定名称改变，或者房屋状况发生变化而进行的登记。

5. 他项权利是指设定抵押、典权等他项权利而进行的登记。

6. 注销登记是指房屋权利因房屋或土地灭失，土地使用年限届满，他项权利终止、权利主体灭失等而进行的登记。

有下列情形之一者，登记机关应当做出不予登记的决定：

(1) 属于违章建筑的；
(2) 属于临时建筑的；
(3) 法律、法规规定的其他情形。

违章建筑是指没有经过规划、建设主管部门依据规划法、建筑法取得规划用地许可证、建筑工程规划许可证、施工许可证建成的房屋，或虽领有这些证件，但未按批准规划、设计施工建成的房屋，都属于违章建筑。

临时建筑是指经过规划、建设主管部门批准领有临时建设许可证的房屋。它是在短期内临时使用，必须拆除的房屋。

第三节 住房制度

住房制度与房地产业的发展息息相关。住宅是人们生活的最基本生活资料之一，同时，在现代社会中，住宅也成为一种文化，一种消费潮流的象征，从一个国家或一个地区的住宅消费水平上，就可以直接看出该国或该地区的房地产业发展状况，进而联系到其经济的发展水平和速度。

一、我国原有的住房制度

我国原有的住房制度是随着计划经济体制的确立而逐步形成的，在计划经济时期，国家和企事业单位是住房建设投资的主体，其建设基金来源于国家财政和企业福利基金，且这种投资是无回报的，属于纯粹的财政性支出，住户对此只享有居住的权利，而不履行建房管房的义务，其享有住房权利的依据为职工的工龄、厂龄、家庭人口结构等，与其对工厂乃至社会的贡献毫不相干，这种酬劳不成比例的分配方式从某种程度上限制了职工工作的积极性。而且，公有住房不准进入市场买卖流通，使用者只交纳较少的租金，不能从根本上弥补国家或企事业单位所承担的维修和管理成本，其差额部分成为国家和企事业单位支出的一部分。从这种住房状况可以看出，当时的住房消费是一种纯粹的福利性消费，住房管理部门只负责分房、修房、而不考虑其经济意义。

这种与劳动量脱轨的福利分房制度，在抑制工人工作积极性的同时，又为形成不良的住房消费观念埋下伏笔，为以权谋房等不正之风提供了温床，企事业单位的负担日益加重，资金恶性循环，住房问题成为国家和企事业单位要解决的首要问题，在这种情况下，住房制度改革已迫在眉睫。

二、我国住房制度改革的历程

旧的住房制度已与社会经济的发展表现出严重的不适应性，我国政府已经意识到房改的必要性，试图找到一种与当时经济发展相适应的制度，进而减轻国家和企事业单位的负担。

1．售房试验阶段

从1979年开始我国进入房改初期，政府试图以新建住房成本价出售的方式，回收建房成本，而原有公房过低的租金使得"买房不如租房"，原本应是1:8的租售比在当时降到1:2300，成为房改的巨大绊脚石。1982年初期，在总结前两年试点失败经验的基础上，采取"三三三"补贴式住房制度，其原则是个人负担成本价的 1/3，职工单位和地方政府各负担 1/3，虽然个人负担部分有所下降，与当时职工的工资水平基本相符，但这种方式并没有从根本上弄清住房难以出售的真正原因，较低的租售比仍然是住房商品化无法跨越的障碍，售房试验阶段到 1985 年底以失败而告终。

2. 提租补贴试点阶段

从前一阶段改革失败的经验中，房改有关负责人已意识到低租金的弊端。1987 年，国务院住房制度改革领导小组决定把"提租补贴"作为本次房改的重点。此次试点遵循的基本原则为在调节公房租金的同时，适当增加住公房职工的工资。这种方式从某种程度上促进了职工购房的积极性，对推进住房商品化起到了一定的作用，但是由于单位房多房少不等，房少的单位就不能从所提的租金中收回所补的工资，有出无进的资金流动方式使有些单位难以承受，1988 年年中，提租补贴制度因难于推广而走向尾声。

3. 优惠售房阶段

两次失败的教训启示人们，旧的住房制度中的资金流向存在严重问题：①当工资中住房消费被扣除时，并不是每个被扣除住房消费工资的职工都得到了这部分钱的再分配；②当职工以货币形式取得住房消费补贴时，这部分货币并没有因其购房、租房而得到回收。

随着认识的不断深化，"优惠售房"成为下一步房改的原则，"优惠售房"的主要特点：①为提高住房自有率，以出售公房给租户，鼓励和组织职工购买新建住宅的方式把住房所有权下放到个人；②通过价格优惠的方式鼓励职工购房，并根据房屋特点和个人所处的环境给以不同的价格优惠；③改变出租公房的房租标准，为刺激其购房，对租公房产不但不补贴，反而增加房租；④出售公房回收的资金，连同政府和单位原有住房建设基金，纳入住房资金内，扩大住房建设，促进住宅再生产的良性循环。制度实施的过程中，许多企事业单位为迅速摆脱住房管治包袱，纷纷以较低的价格出售公有住房，以至于造成个人手中的资金不能有效的回收，而国有资产却大量流失的局面，1989 年初优惠售房制度被中央的禁令强行遏制。

4. 多种措施并举阶段

此阶段房改的基本思想是通过提高租金，促进售房，通过回收资金促进建房，以此形成住宅建设、流通的良性循环。其具体的实施原则为租、售、建并举，以提租为重点，实行"多提少补"或"小步提租不补贴"的制度。

在这一阶段，出现了几种切实可行的且流传至今的购房建房的方案，如住房抵押贷款解决了居民购房资金困难的问题，公积金制度缓解了住房建设资金来源不足的危机，集资合作建房，也成为中小城市房改的主要形式。

随着经济的发展，社会市场消费水平在不断提高，这一方案表现出其发展的弊端：①小步提租不能弥补因物价上涨而造成了房建成本的上涨；②大步提租又超出了国家政府、企事业单位及个人的承受能力。此外，以出售公房作为盘活市场的方式又被一些人曲解，成为 1993 年底突击售房的导火索。多种措施并举制度最终被国家一纸禁令所止。

5. 房改深化阶段

中国共产党十四届三中全会提出了建设有中国特色的社会主义市场经济理论，它标志着房改理论研究和实践进入了深化阶段，并逐步向住房的社会化、商品化过渡。这个时期，房改基本原则为：坚持在国家统一政策目标的指导下，实行各地方分别决策，因地制宜、量力而行；坚持国家、单位和个人合理负担；坚持新房新制度、老房老办法，平稳过渡，综合配套。

改革的过程就是多方矛盾不断磨合的过程，在改革的过程中不允许忽略任何一方的利益要求，否则改革将难以继续进行下去，直到多方利益得到相对均衡的实现，改革才能够因成功而落下帷幕。

三、住房制度改革中的产权关系

经过近二十年的不断探索不断磨合，房改工作终在1998年迈出了实质性的一步。在改革中，房屋的产权关系发生实质性的变化，国有房产逐步下放到个人，成功地完成了产权的平稳过渡。

从总体来看，改革后，我国房地产产权可分为两大类：①购买市场上的商品房，拥有土地使用权及其上房屋所有权，属于完全产权；②拥有土地使用权和房屋所有权中的部分权利，称之为不完全产权。根据取得方式的不同又可分为以下几种形式：

（1）福利性产权：指单位为摆脱房产管理的包袱，而将其公有房以较低的象征性价格转让给职工，所有权人只享有单位集体的房屋所有权，不得自由转让。

（2）有限产权：指以单位补贴或低于成本价购买的方式获得的产权，这种房产，在一定程度条件下可以进入市场进行流通。

（3）部分产权：指居民以成本价获得房屋产权，而没有得到房屋所占有的土地使用权。

（4）共有产权：指公私集资共同购建的住房，产权共有，个人享有长期使用权，而交易受限。

从以上几种不完全产权的概念中可以看出，不完全产权与完全产权之间存在着很大的差异：

（1）权利主体不同：对于不完全产权而言，其出让主体只能是国家、集体或单位，受让主体只限于本单位职工、中低收入者以及住房困难者；而完全产权的出让主体和受让主体都是自由人。

（2）权利客体不同：不完全产权中的住房面积受国家政策和单位分房条件的影响，主体没有选择的空间；而完全产权的住房，面积各异，其差异通过房价来体现。

（3）所有权的内容不同：不完全产权中的住房，其权能是相对的，一般只要求产权人及其家庭使用，原则上不允许利用不完全产权房取得收益，而完全产权人充分享有对其房屋的占有、使用、收益和处分的权利。

经济的发展加速了住房商品化的进程，不完全产权是历史遗留下来的产物，它的大量存在与时代的发展极不适应，随着时间的流逝，其在产权体系中的比重将逐步减小。

四、经济适用住房

发展经济适用住房应当坚持"在国家宏观政策指导下，各地区因地制宜、分别决策"的原则，由市、县人民政府根据当地经济社会发展水平、居民住房状况和收入水平等因素，合理确定经济适用住房的政策目标、建设标准、供应范围和供应对象等，并负责组织实施。

1. 经济适用住房的概念

经济适用住房，是指政府提供政策优惠，限定建设标准、供应对象和销售价格，具有保障性质的政策性商品住房。

经济适用住房开发建设应当按照政府组织协调、企业市场运作的原则，实行项目法人招标，参与招标的房地产开发企业必须具有相应资质、资本金、良好的开发业绩和社会信誉。

2. 经济适用住房的标准

经济适用住房要严格控制在中小套型，中套住房面积控制在 $80m^2$ 左右，小套住房面积控制在 $60m^2$ 左右。市、县人民政府可根据本地区居民的收入和居住水平等因素，合理确定经济适用住房的户型面积和各种户型的比例，并严格进行管理。

经济适用住房的规划设计应当坚持标准适度、功能齐全、经济适用、便利节能的原则，并结合全面建设小康社会的目标，优选规划设计方案；经济适用住房建设必须严格执行国家有关技术规范和标准，积极推广应用先进、成熟、适用的新技术、新工艺、新材料、新设备，提高建设水平。

经济适用住房建设单位对其开发建设的经济适用住房工程质量负最终责任。

建设单位应当向买受人出具《住宅质量保证书》和《使用说明书》，并承担保修责任。

3. 经济适用住房的购买

购买经济适用住房实行申请、审批和公示制度。

符合下列条件的家庭可以申请购买或承租一套经济适用住房：

（1）有当地城镇户口（含符合当地安置条件的军队人员）或市、县人民政府确定的供应对象；

（2）无房或现住房面积低于市、县人民政府规定标准的住房困难家庭；

（3）家庭收入符合市、县人民政府划定的收入线标准；

（4）市、县人民政府规定的其他条件。

符合条件的家庭，可以持核准文件选购一套与核准面积相对应的经济适用住房。购买面积原则上不得超过核准面积。购买面积在核准面积以内的，按核准的价格购买；购买面积超过核准面积的部分，不得享受政府优惠，由购房人补交差价。超面积部分差价款的处理办法，由市、县人民政府制定并公布。

居民个人购买经济适用住房后，应当按照规定办理权属登记。房屋、土地登记部门在办理权属登记时，应当分别注明经济适用住房、划拨土地。

4. 经济适用住房的出售

经济适用住房在取得房屋所有权证和土地使用证一定年限后，方可按市场价上市出售；出售时，应当按照届时同地段普通商品住房与经济适用住房差价的一定比例向政府交纳收益。具体年限和比例由市、县人民政府确定。

已购公有住房和经济适用住房所有权人要求将已购公有住房和经济适用住房上市出售的，应当向房屋所在地的县级以上人民政府房地产行政主管部门提出申请，并提交下列材料：

（1）职工已购公有住房和经济适用住房上市出售申请表；

(2) 房屋所有权证书、土地使用权证书或者房地产权证书；
(3) 身份证及户籍证明或者其他有效身份证件；
(4) 同住成年人同意上市出售的书面意见；
(5) 个人拥有部分产权的住房，还应当提供原产权单位在同等条件下保留或者放弃优先购买权的书面意见。

买卖当事人在办理完毕交易过户手续之日起三十日内，应当向房地产行政主管部门申请办理房屋所有权转移登记手续，并凭变更后的房屋所有权证书向同级人民政府土地行政主管部门申请土地使用权变更登记手续。

五、住房制度改革的目标

住房制度改革的目标是建立与社会主义市场经济体制相适应的新的城镇住房制度，实现住房商品化、社会化，加快住房建设，改善居住条件，满足城镇居民不断增长的住房需求。

社会主义市场经济体制的建立，要求各项制度与之相适应。住房制度改革是我国经济体制改革的重要组成部分，而住房的商品化、社会化则是改革后的住房制度的核心，原有的住房制度是计划经济遗留的产物，具有明显的计划经济的弊端，与现在市场经济背道而驰，所以改革的基本目标为实现住房商品化、社会化，按经济规律分配、经营和管理，实现各个环节的高效化。

社会主义生产的根本目的是充分满足人民日益增长的物质文化生活的需要，而住房需要是四大基本需要之一，为了从根本上改善居民住房难的问题，要把加快住房建设、改善居住条件、满足城镇居民不断增长的住房要求作为住房制度改革的最终目标。

经过住房制度改革，解除了旧的经济体制对我国住宅业发展的束缚：①使得购房者能够利用手里所沉积的剩余资本去购买自己想要的房子，有很大的选择空间；②住宅业的发展带动房地产业的发展，使大量的住宅以商品的身份走向市场，为我国的国民经济创造了新的增长点。

六、我国住房制度的现状及发展

从1998住房改革推出停止福利分房，全面实行住房商品化、社会化以来，基本上完成了对原有公房产权的合理下放，实现了居者有其房的构想，使国家和企事业单位摆脱了建房管房的负担，从而更有精力从事国家宏观管理或本行业职责；其次，住宅作为人们生活的必需品走入市场，繁荣了我国的经济，带动了相关产业的发展，并为大量富余劳动力解决了就业问题，成为第三产业中一个最具有实际意义的发展性产业。

从我国城市住宅业发展的现状来看，城市领域有向郊区扩展的趋势，郊区的大片耕地随着城市的发展，面积将逐渐减小，这与保护耕地的宗旨极不相符。其次，住房商品化，使大量的住宅建筑涌向市场，购房者选择的空间加大，要求与日俱增，这虽然没有违背消费原理，但一部分预购房产者持币观望，总是希望能找到更适合自己的房子，在这种心理驱使下，出现了大量空置房和无房户共存的尴尬局面。当然，产生无房户的原因不仅此一点，但保护耕地、限制城市扩大化、盘活现有积压空置房是国家必须解决的当务之急的问题。

当然，房改结束到现在，住房已成为每一个家庭所要面对的问题，所以，房地产市场是一个涉及到每一位城镇居民的全国性大市场，每一个遗留问题的解决，每一个政策的落实，都不是一朝一夕的事，而要经过全国人民为之共同的努力。经济的快速发展要求国家的经济体制与之相适应，虽然房改已经取得了阶段性的成果，但房改的深化和制度的不断改进则是一项长期艰巨的任务。

复 习 思 考 题

1. 简述产权的概念及其界定方式。
2. 什么是房地产抵押权？它是如何实现的？
3. 什么是房屋所有权？在我国的存在形式有哪几种？
4. 什么是城市房屋权属管理？
5. 为什么要进行城市房屋权属管理？
6. 什么是房屋权属登记？它分为哪几类？
7. 什么是经济适用住房？
8. 经济适用住房的购买应具备哪些条件？
9. 经济适用住房如何出售？

第三章 地租与区位理论

地租理论与区位理论是房地产经济的理论基础。这是因为房地产价格是房地产经济学的核心,而房地产价格的关键是地价,地价的实质在于地租,而地租特别是级差地租的产生又与土地的等级差别即区位有关。由于地租理论可以帮助人们了解土地资源和资产的重要性及房地产产权,可以解释土地资源在多种用途之间的竞争与配置,而房地产开发项目的选址实质上是对土地区位的选择。所以了解地租理论与区位理论,对房地产经济学其他内容的学习是非常必要的。通过本章的学习,掌握地租和区位的基本概念和基本理论,能用学过的知识分析解决理论和实践中遇到的基本问题。

第一节 地租的概念

一、地租的含义

在日常生活中,一般人认为"租"是因为使用他人的物品(如汽车、房屋、服装等)而支付给所有人的代价或报酬,而从经济学的角度看,通常认为"租"是指所有的生产要素在生产过程中获得的超过成本的报酬。无论在任何社会制度下,只要存在着土地所有者和土地使用者,并且二者处于一种分离的状态,就有产生地租的经济基础。

所谓地租是指土地使用者为租用土地而支付给土地所有者的租金,是土地所有权在经济上的实现形式。一切形式的地租都是以土地所有权的存在为前提的,不同形式的土地所有权,产生不同形式的地租。

地租是一个历史范畴,在不同的社会形态下,由于土地所有权性质的不同,地租体现的社会生产关系不一样,因而有封建地租、资本主义地租和社会主义地租的区别。在封建社会,地租是封建地主依靠土地所有权从租地农民那里获取的地租。它体现封建地主对农民的剥削关系。在资本主义社会,地租反映的是租地资本家或租地农场主为了获得土地使用权,而交纳给土地所有者的,超过平均利润的那部分剩余价值,不再是直接生产者的全部剩余物。在社会主义社会也同样存在地租,社会主义社会的地租是国家土地所有权或集体土地所有权在经济上的实现形式;是实行土地有偿使用,调节土地利益关系、合理配置土地资源的重要经济手段,反映了社会主义市场经济条件下,土地所有者和使用者之间的经济关系。

二、地租的形式

在不同的社会形态下,生产力发展的水平不一样,不同时代社会经济发展,产生了三种不同的地租形式:劳役地租、实物地租和货币地租。

1. 劳役地租

是指农民或土地租用者以劳役的形式作为所租用土地的地租,是对劳动者无偿劳动的直接占有,与劳动者的剩余劳动是一致的,其本质是农民或土地租用者的无偿剩余劳动。这种地租形式多发生在封建社会。

2. 实物地租

是指以一定数量的实物作为租用土地的租金,如交纳一定数量的粮食、家禽及其他农副产品等,不是对劳动时间的直接占有,而是在农民过去生产物的自然形态上进行的剥削。这种地租形式也多发生在封建社会。

3. 货币地租

是指以货币的形式所交纳的地租,是在自然经济开始解体,商品经济有了一定发展之后产生的。这种地租形式在现代商品经济社会下的资本主义社会和社会主义社会多被使用。

三、学习地租理论的现实意义

学习地租理论特别是马克思主义的地租理论,对于社会主义市场经济理论的完善,优化土地资源配置,促进房地产业的发展有着积极的现实意义。

1. 地租理论为正视和研究社会主义地租的存在提供了理论根据

地租理论表明,只要土地所有权存在,就必然存在地租。因为土地所有权在经济上的实现就决定了地租的存在。土地所有权就是获取地租的权利。在我国虽然废除了土地私有制,实行了土地公有制,但依然存在土地所有权。城市土地属于国家所有,农村和城市郊区的土地,除由法规规定属于国家所有的部分以外,都属于农民集体所有。社会主义土地公有制中的国家土地所有权和农民集体土地所有权的存在和土地的有偿使用,决定了社会主义地租的存在,并且土地有优劣不同的等级,相应地就存在级差地租和绝对地租。

2. 地租理论为有偿使用土地和有效管理土地提供了理论根据

地租理论表明,土地的所有权和使用经营权相分离,土地必然有偿使用。这就为有效管理土地提供了重要的经济手段。占用土地者就要支付土地使用费,即地租。占用的土地越多,支付地租越多,促使多占用土地者,或者减少多占用的土地,或者有效地使用土地,从而达到合理地节约使用土地,提高土地使用的经济效益。

3. 地租理论为研究我国发展地产市场提供了理论根据

地租理论表明,地租资本化使土地具有价格,可以买卖土地的所有权和使用权。在我国,土地是公有的,虽然土地所有权一般不能进入市场买卖(也有特殊例外,比如国家征用农民集体的土地,实质上是土地所有权的买卖),但土地使用权依法转让普遍存在。这就需要发展地产市场。农村土地使用的承包、转包和向专业户集中;城市企业对其土地使用权的转让;进入我国的外国资本的独资经营、中外合资经营、中外合作经营对土地的使用等等,都要求发展土地使用权市场,便于土地使用权转让。

第二节 地 租 理 论

一、西方经济学的地租理论

我们通常所说的西方经济学,有广义和狭义之分。广义上的西方经济学,是对西方国家除马克思主义经济学之外的所有经济理论和学说的一个总称。狭义的西方经济学，则是从理论经济学的角度，指西方国家经济学界有关资本主义市场经济的实证和规范的经济理论。一般所说的西方经济学往往是狭义的概念。西方经济学是以资本主义市场经济为研究对象的，特别强调这一市场经济机制是资本主义国家的基本经济制度。在认识、研究资本主义市场经济的过程中，也即西方经济学的发展过程中，一直存在着经济自由主义与国家干预主义的争论。

西方经济学的基本方法可以从两个方面去认识。一是从方法论意义上来看的方法，即个人主义方法论与集体主义方法论。大多数西方经济学家是采用个人主义方法论的。二是从建立理论、提出观点、即立论的方法来看，西方经济学家有两种基本方法，实证分析的方法和规范分析的方法。实证方法强调对事实的确认，回答"是什么"的问题；而规范方法则强调价值判断，回答"应该是什么"的问题。

西方经济学家是从人们需要的无限性与资源稀缺性的矛盾出发，定义经济学的，资源就是生产过程所投入的生产要素。在一定时间和空间下，在既定的技术水平下，由这些生产要素所构成的资源，与人们需要的无限性，多样性相比，是稀缺的。人们在经济生活中所面对的绝大多数都是经济物品，而不是自由物品。因此，无论从个人来说，还是从整个社会来说，都面临着强有力的资源约束。这就提出了选择的要求，提高效率，优化资源配置的要求。

经济学要研究的基本问题有四个：①生产什么和生产多少；②怎样生产；③为谁生产；④谁作出决策，以什么程序作出决策。无论是关于选择的科学也好，关于决策的科学也好，它们实际都是围绕稀缺资源的使用和配置而发生的。因此，西方经济学家把经济学定义为：一门研究人们如何配置和使用相对稀缺的资源来满足最大化需求的社会科学。

人类进入资本主义时代以后，地租成为社会经济生活中日益重要而普遍的现象。在经济学发展的历史过程中，许多经济学家在资本主义制度发展的早期就开始对地租问题作过深入的研究。

地租理论在西方资本主义社会经历了一个产生和发展的过程，可以大致分为古典政治经济学的地租理论、庸俗政治经济学的地租理论和现代西方经济学的的地租理论等三个阶段。下面就这三个阶段的主要代表人物、基本观点等分别介绍如下：

1. 古典政治经济学的地租理论

威廉·配第（William Petty，1623—1678）是古典政治经济学的奠基人。他在名著《赋税论》中首次提出了地租。他认为地租是土地上生产的农作物所得的剩余收益，即一个人从他的收获中，扣除了自己的种子、自己的食用、为换取衣服及其他必需品而给予别人的部分之后，剩下的谷物就是这块土地真正的地租。配第把分配完而"剩下的谷物"看做是"真正的地租"，把地租和剩余价值等同起来，将地租说成是全部剩余价值。级差地租的概念最初是由配第提出来的。他指出了由于土壤肥沃程度和耕作技术水平的差异，生产地距市场远近的不同，将导致不同的地租、地价。配第对地租理论作出了极其重要的贡献。

法国重农学派的代表人物安·罗伯尔·杜尔哥（R.J.Turgot，1727—1781），在1766年出版的《关于财富的形成和分配的考察》一书中指出，在农业生产中之所以能使劳动者所生产出来的产品数量，扣除为自己进行劳动力再生产所必需的数量之后还有剩余，是有一种特殊的自然生产力存在，是自然恩赐的"纯产品"。这种"纯产品"是由农业劳动者用自己的劳动向土地取得的财富，但始终被土地所有者占有，这就是地租。土地所有者之所以能占有这一"纯产品"（地租），是由于他们拥有法律保护的土地私有权。杜尔哥初步揭示了地租与土地所有权的关系。

亚当·斯密（Adam Smith，1723—1790）在经济学说的发展史上，最早系统地研究了地租，是资产阶级古典政治经济学最优秀的代表人物之一。他在1776年出版的《国民财富的性质和原因的研究》（通常简称《国富论》）一书中，把资本主义社会的居民分为工人阶级、资产阶级和地主阶级，相应的基本收入为工资、利润和地租。他认为地租是"作为使用土地的代价"。这个代价是产品或产品价格超过补偿预付资本和普通利润的余额，其来源是工人的无偿劳动，是"一种垄断价格"。这些观点无疑都是正确的。在此，亚当·斯密实际上已肯定了绝对地租的存在，只是尚未明确提出绝对地租的概念。

大卫·李嘉图（David Ricardo，1772—1823）是资产阶级古典政治经济学的代表和理论完成者，把地租同劳动时间决定价值量直接联系在一起，并对级差地租理论做出了突出的贡献。他在1817年出版的《政治经济学与赋税原理》一书中集中地阐述了他的地租理论。他对地租范畴进行了界定，区分了一般意义上的地租和经济学意义上的地租。认为一般意义上的地租实际是租金，是农场主每年实际付给土地所有者的一切，而经济学意义上的地租仅指"是为使用土地的原有和不可摧毁的生产力而付给地主那一部分的土地产品"。多付的"地租"是因为使用了其各种设备，这个多付部分不是地租，而是地主所有的资本的利润。因此，经济学上的地租很明确，是因为使用土地而付给地主的定额才是地租。在李嘉图的地租理论中，不仅考察了级差地租Ⅰ，即耕种优等土地和中等土地而获得的超额收入转化为的地租；而且考察了级差地租Ⅱ，即在同一块土地追加等量资本和劳动的生产率不同而产生的地租。

这个阶段的代表人物还有詹姆斯·安德森（James Anderson，1739—1808）是英国资产阶级经济学家；屠能（J.H.V.Thunen，1783—1850）是德国农业经济学家。他们都对地租理论及级差地租理论进行了研究，这里就不一一介绍了。

2. 庸俗政治经济学的地租理论

让·巴蒂斯特·萨伊（Jean Bptiste Say，1767—1832）是法国资产阶级庸俗政治经济学的创始人，他是从效用价值论来考察地租问题的。他认为，"所谓生产，不是创造物质，而是创造效用"，"人力所创造的不是物质而是效用"。只有当生产出来的物品具有效用时，人们才会给这种物品的价值。在这一基础上他提出了生产三要论，即劳动、资本和土地。凡生产出来的价值，都应归于劳动、资本和土地三种生产的基本要素作用的结果。按照这一理论，工资是对劳动服务的补偿，利息是对资本服务的补偿，地租就是对使用土地的补偿。

托马斯·马尔萨斯（Thomas Robert Malthus，1776—1834）是英国资产阶级庸俗政治经济学的创始人，他的地租理论反映在他1815年出版的《关于地租之性质及其进步的研究》一书中。他代表的是土地贵族的利益，认为地租是"自然对人类的赐予"，否认地租是土地所有权垄断的结果。他解释说，地租是总产品价格中扣除劳动工资和耕种投资利润后的剩余部分。这个剩余部分产生的原因：①是土地的性质（指土地的肥力），土地能生产出比维持耕种者的需要还多的生活必需品。②是土地所生产的生活必需品具有特殊的性质，由此，生活必需品在适当分配以后，就能够产生出它自身的需求。如粮食的充裕可以加强人口增长的趋势，从而形成新的需求；使粮食价格支付各种费用后还有剩余，从而形成地租。③是肥沃土地的相对稀缺性。其中土地的性质是剩余产品产生的主要原因。马尔萨斯的地租理论彻底抹煞了地租所表现的剥削关系和阶级关系。

3. 现代西方经济学的地租理论

阿尔弗雷德·马歇尔（Alfred Marshall，1842~1924）是新古典主义经济学的集大成者，他认为，土地是一种特定形式的资本，地租是由原始价值、私有价值和公有价值等三部分组成的。土地的原始价值是土地未进行过任何人类开发的自然状态下的价值；土地的私有价值是指土地所有者个人为改良土地及建造建筑物等投入的资本和劳动所带来的收入；土地的公有价值是国家建设各种基础设施，提高了土地使用效率而带来的增值。真正的地租就是土地的原始价值，是大自然赋予的收益。是土地供给和需求相互作用的结果，地租是土地的均衡价格。

保罗·安东尼·萨缪尔森（Paul A. Samuelson，1915—）是新古典学派的代表人物，他认为地租是为使用土地所付的代价，地租的量由土地的供求状况决定，由于土地供给数量是固定的，缺乏弹性的，所以地租量就完全由土地需求者之间的竞争来决定的。

雷利·巴洛维（R. Barlowe）是美国著名现代土地经济学家。在他的著作《土地资源经济学》中提出，地租可以简单地看作是一种经济剩余，即总产值或总收益减去总要素成本之后余下的那一部分，各类土地上的地租额取决于产品价格水平和成本之间的关系。

西方经济学中的地租理论有它科学的一面，我们应该加以吸收和借鉴，但是由于它撇开了地租所反映的生产关系，不能科学地阐明地租的本质和源泉。只有马克思创立的地租理论才是科学的。

二、马克思主义的地租理论

（一）马克思主义地租理论的创立与发展

马克思主义的地租理论是在批判地继承和改造资产阶级早期地租理论的基础上创立起来的。其区别于其他经济流派的主要标志是地租理论建立在劳动价值论的基础上，并紧密地联系社会生产关系——农业与土地制度进行考察。对地租理论的发展做出了重要的贡献。在不朽名著《资本论》中，马克思对地租理论进行了全面、系统的阐述，论述了资本主义生产方式下地租的基本范畴、本质及其运行规律。

马克思主要批判性的观点有：

1. 批判了地租是"自然对人类的赐予"的观点，肯定了地租的本质是土地经济关系的体现。马克思明确指出："租来自社会，而不是来自土壤。"（马克思恩格斯全集，第1卷，第2版，北京：人民出版社，1995，第187页）

2. 批判了地租造成产品价格上涨的观点，马克思指出："产品价格昂贵不是地租的原因，相反地，地租倒是产品价格昂贵的原因。"（马克思恩格斯全集，第25卷，北京，人民出版社，1995，第860页）

3. 批判了级差地租产生于土地的自然差异的观点，指出级差地租产生的根本原因是土地经营垄断，土地质量差异仅是产生级差地租的自然基础。

4. 阐明了价值和生产价格的区别，明确指出产生绝对地租的根本原因是土地所有权的垄断。

马克思主义地租理论的主要内容是：

1. 不同土地所有权下的地租性质不同

不同社会制度有不同的土地所有权形态，不同所有权形态有不同性质的地租。如封建社会制度有封建土地关系和土地所有权形态，决定了封建地租的社会性质；资本主义社会制度有资本主义土地所有权形态及资本主义性质的地租等。必须要分清不同社会性质下土地所有权形态的区别，才可能更深入地了解地租的性质。

2. 土地资本利息与地租有区别

马克思认为，土地资本"属于固定资本的范畴。为投入土地的资本以及作为生产工具的土地由此得到的改良而支付的利息，可能形成租地农场主付给土地所有者的地租的一部分，但这种地租不构成真正的地租。真正的地租是为了使用土地本身而支付的，不管这种土地是处于自然状态，还是已被开垦"。可见，土地资本的利息与真正的地租是不同的。

3. 土地租金与地租的区别

凡是交给土地所有者的货币额，通常统称为地租。其实，这个货币额应该称为租金。土地租金是契约租金，包含真正意义上的地租，还可能包含土地资本产生的利息，及一部分平均利润和工资的扣除。

4. 地租与一般剩余产品的区别

地租的实体是剩余产品，但剩余产品不等于地租。地租是剩余产品的一种特殊形式，但在量和质上，这两者都不相等。在质上，地租是超额利润的转化形式，在量上，地租只是剩余产品的一部分，并不是全部。

在资本主义农业中，存在着三个互相联系又互相对立的阶级，即土地所有者，农业资本家和雇佣工人。实际耕种土地的是雇佣工人，他们受雇于农业资本家。农业资本家为了把农业作为投资的场所，从土地所有者那里租入土地，为此，他必须在一定期限内按照契约的规定支付给土地所有者一定数量的货币额。这个货币额统称为地租。因此，资本主义地租是"土地所有权在经济上借以实现即增值价值的形式。"（《资本论》第三卷，人民出版社，1975，第698页）。

资本主义地租只能是平均利润以上的余额。农业资本家投资经营农业，同投资于其他部门一样，要求获得平均利润，否则，他就不会去经营农业。土地归土地所有者所有，任何人要使用归他所有的土地，都必须交纳一定的地租，否则，他宁愿让土地荒芜。因此，资本主义地租，是农业资本家为了获得土地使用权而交纳给土地所有者的，超过平均利润的那部分剩余价值，是农业中超额利润的转化形式，来源于农业工人的剩余劳动。它体现着土地所有者和农业资本家瓜分剩余价值的关系。这就是资本主义地租的实质。

为什么在农业部门中，农业工人所创造的剩余价值，在农业资本家获取平均利润以后，还有一个余额作为地租交给土地所有者呢？马克思通过分析资本主义地租的两种形式，即级差地租和绝对地租，从而科学地回答了这个问题。

（二）级差地租

马克思所称的级差地租是指被土地所有者占有的、由于土地等级差别所产生的超额利润。因为农业资本家在不同等级的土地上从事耕作时，耕作优等地或等级较好的土地，其劳动生产率高，个别生产价格低；而耕作劣等级时，其劳动生产率低，个别生产价格高。这样，就会使耕作优等地和等级较好土地的农业资本家获得超额利润。

1. 级差地租形成的条件和原因

(1) 级差地租形成的条件

资本主义级差地租产生的条件是土地本身条件的不同造成的土地自然力的差异。这种差异是产生级差地租的自然基础。马克思将土地的自然力差别归纳为土地肥力的差异和土地位置的不同，也就是土地所含养分、肥沃程度的差异和土地所处位置或因交通状况等不同而产生的位置差异。

农产品的社会生产价格是以较高的个别生产价格来决定的。对于一般企业的经营活动，利用土地自然条件好的企业，为占据了肥沃的土地，或与农产品市场距离比较近的土地的农业生产企业，其生产经营成本必然低，企业生产的农产品的个别生产价格就低；而利用土地自然条件差的企业，如土地肥力较差，或生产地与农产品市场距离比较远，则其生产经营成本必然高，企业生产的农产品的个别生产价格就高。这样，利用自然条件好的企业就可以获得企业生产价格的超额利润，而这个个别生产价格与社会生产价格之间的差额正是级差收益或级差地租的来源。

(2) 级差地租形成的原因

资本主义级差地租产生的原因是土地经营权的垄断，即土地经营权的垄断是超额利润转化为地租的社会经济基础。由于土地的有限性，特别是自然条件优越的土地更为有限，以及级差收益的存在，不可避免地会形成土地经营权的垄断，从而使全部投入耕种的土地所生产的农产品的社会生产价格必然由其中的劣等地的个别生产价格来决定。经营者在比劣等地优越的各级土地上，就可以按土地等级的差别，获得相应的超额利润。也就是说，土地生产力的差别只是级差地租产生的条件和自然基础，而土地经营权的垄断才是产生级差地租的原因及经济基础，且级差地租来源于超额利润，是超额利润的转化形式。

2. 级差地租的一般特点

级差地租是经营生产条件较好的土地，具有的以下几个一般特点：

(1) 级差地租与自然条件的等级相联系。它产生于垄断着一定自然力的资本的个别生产价格和社会生产价格之间的差额。差额越大，地租就越多。它不参加社会生产价格的形成，而是以这种生产价格为前提。

(2) 级差地租是同较高的生产力相联系的，是对较优土地（自然力）经营垄断的结果。由于垄断着较好自然条件的个别资本，同那些没有可能利用这种条件的资本相比，具有较高的生产率。

(3) 自然力不是超额利润的源泉，只是它的一种自然基础。良好的自然条件可以提高劳动的效率，但它本身并不创造价值。如果没有雇佣工人的劳动，再好的土地也不可能提供超额利润。超额利润转化级差地租的源泉是雇佣工人的剩余劳动。

(4) 土地所有权是使超额利润转化为级差地租的原因。土地所有权本身，对于超额利润的创造没有任何关系。即使土地是无主的，如果被资本家利用了，也会产生超额利润。因此，土地所有权"不是使这个超额利润创造出来的原因，而是使它转化为地租形式的原因。"（《资本论》第三卷，人民出版社，1975，第729页）。

(5) 地租的存在产生了土地价格。土地本身不是劳动产品，没有价值，但是，由于土地所有者可以凭借土地所有权每年获得一定数量的地租收入，因而土地可以出卖，具有价格。土地价格不外是资本化的地租。它虽然是一个不合理的范畴，但却是客观存在的，反映着资本主义的现实的经济关系。

根据级差地租形成的具体条件的不同，马克思把级差地租分为级差地租第一形式（级差地租Ⅰ）和级差地租第二形式（级差地租Ⅱ），并具体地考察了级差地租的这两种形式。

3．级差地租的第一形式（级差地租Ⅰ）

（1）形成级差地租Ⅰ的两个特殊条件

级差地租Ⅰ是由等量资本投在面积相等，但肥力不同和地理位置有差别，而具有不同生产率而形成的地租。

土地的位置是指土地距离市场的远近。它不仅包括自然地理上的绝对距离，还包括由交通运输条件等决定的相对距离。关于土地位置问题，有三点需要注意：①土地位置对殖民地来说是一个决定性的因素。土地耕作顺序就是由此决定的。新开垦的殖民地一般是先耕种沿海的土地，然后再逐步向内地发展。②土地位置和土地肥力这两个因素可以发生相反的作用。一块土地可能位置很好，但肥力很差；或肥力很好，但位置很差。这种情况说明，土地的开垦可能从好地到坏地，也可能从坏地到好地。③土地的位置是可以改变的。随着交通运输业的发展和中心城市的建立，位置差的土地可以变成位置好的土地，位置好的土地可以变成位置差的土地。并且随着社会生产的发展，一方面，由于地方市场的开辟以及先进交通工具的采用，会使土地位置上的差别缩小，另一方面，由于农业和工业的分离以及大的生产中心的形成，又会使土地的地区位置差别扩大。

土地肥力首先是指土地的自然肥力。撇开气候等因素不说，自然肥力的差别是由表层土壤物理化学结构的差别形成的。除了自然肥力外，还有人工肥力。人工肥力是人们通过对土地结构的改良而形成的。自然肥力是客观存在的。但它能利用到什么程度，则要取决于农业化学和农业机械的发展状况。因此，土地的有效肥力，不单由自然肥力决定，它还和农业劳动生产率的发展状况紧密联系在一起。它会随科学技术的进步和社会劳动生产力的提高而不断变化。

（2）级差地租Ⅰ的形成

为了说明级差地租Ⅰ的形成，马克思作了以下假定：①假定农业处于一定的发展阶段，土地的等级是按照这个发展阶段评定的。②假定投入耕种的有面积相等、肥力不同的A、B、C、D四级土地，A级是最坏土地，D级是最优土地。各级土地的投资相同，但产量不同，它们的产量分别为1、2、3、4夸特小麦。③假定各级土地的投资均为50先令并全部消耗掉，每夸特小麦的价格为60先令或3磅，平均利润率为20%。根据上述假定，可列表3-1。（编者注：夸特为英国重量单位，1夸特＝28磅＝12.700kg；先令为英国货币单位，1磅＝20先令，1先令＝12便士）

级差地租Ⅰ的形成　　　　　　　　　　　　　表3-1

土地等级	产量		预付资本（先令）	利润（先令）	平均利润（先令）	地租	
	夸特	先令				夸特	先令
A	1	60	50	10	10	—	—
B	2	120	50	70	10	1	60
C	3	180	50	130	10	2	120
D	4	240	50	190	10	3	180
合　计	10	600	—	—	—	6	360

从表 3-1 可以看到：

第一，最坏土地 A 级土地只有在能使资本家获得平均利润时，才能参加耕种，否则，它就会被淘汰。因此，农产品的社会生产价格，不是由中等生产条件或平均生产条件决定，而是由劣等生产条件决定。在这里，A 级土地产品的个别生产价格就成为起调节作用的社会生产价格。

第二，A 级土地只提供平均利润，没有超额利润，因而不形成地租。比 A 级土地好的各级土地都能获得数量不等的超额利润。如果土地属于土地所有者，这种超额利润就会转化为地租。土地越好，产量越高，超额利润就越多，所提供的地租也越多。B、C、D 各级土地提供的地租分别为 60、120、180 先令。

第三，由于农产品的社会生产价格是由最坏土地 A 级土地产品的个别生产价格决定的，因而 B、C、D 各级土地所提供的地租等于其个别利润与平均利润之间的差额，或者说，等于其产品的个别生产价格与社会生产价格之间的差额。

第四，级差地租的形成与土地投入耕种的顺序无关。无论耕种顺序是从优等地到劣等地，还是从劣等地到优等地，或是上述两种顺序交错进行，同时耕种的土地总有优劣之分，从而经营较好土地总能在平均利润以上获得一定数量的超额利润，并转化为级差地租。

上面分析的是以土地肥力差别为条件的级差地租的形成。以土地位置差别为条件的级差地租 I 的形成，情况也类似。

由于不同地块距离市场的远近不同，交通运输条件不同，因而各块土地的产品运送到市场上支出的运输费用也不同。但是，由于包含在农产品社会生产价格中的运输费用，要由位置最差的土地的产品来决定，否则，位置差的土地就会因为不能提供平均利润而退出耕种。这样，经营位置较好的土地，由于运费少，成本低，其产品的个别生产价格低于社会生产价格，就可以获得超额利润。如果土地是租入的，这种超额利润就会转化为地租，落到土地所有者手里。

4. 级差地租的第二形式（级差地租 II）

（1）级差地租 II 的形成

级差地租 II 是连续投在同一土地上的各个等量资本具有不同生产率的结果。只要它们的生产率高于决定农产品社会生产价格的劣等地投资的生产率，就会产生超额利润，形成级差地租 II。

下面，我们简要地说明级差地租 II 的形成过程。

在考察级差地租 I 时曾经假定，各为 50 先令的独立资本分别投在 A、B、C、D 四级土地上。它们由于土地肥力或位置不等而获得不等的利润。级差地租 II 的情况也相似，只不过投资方法有了变化。现在假定原来投在 A、B、C、D 四级土地上的 200 先令（即 10 镑）资本，分为四个相等的价值部分，连续投在同一块土地 D 级土地上。第一次投资的产量为 4 夸特，第二次投资的产量为 3 夸特，第三次投资的产量为 2 夸特，第四次投资的产量为 1 夸特；平均利润率为 20%。由于第四次投资的生产率与决定农产品社会生产价格的劣等地投资的生产率相同，因而只提供平均利润，没有超额利润，从而也不形成级差地租。但第一、二、三次投资的生产率均高于劣等地投资的生产率，所以分别获得 180 先令、120 先令、60 先令的超额利润，形成级差地租 II。其形成过程可用表 3-2 说明：

级差地租Ⅱ的形成 表 3-2

投资次序	投资（先令）	平均利润（先令）	产量（夸特）	个别生产价格（先令）	社会生产价格（先令）	级差地租Ⅱ 夸特	级差地租Ⅱ 先令
第一次投资	50	10	4	60	240	3	180
第二次投资	50	10	3	60	180	2	120
第三次投资	50	10	2	60	120	1	60
第四次投资	50	10	1	60	60	—	—
合　计	200	—	10	240	600	6	360

上述分析表明，就作为级差地租实体的超额利润的形成来说，级差地租Ⅱ同级差地租Ⅰ是相同的。它同样是投在土地上的各个等量资本具有不同生产率的结果，同样是由农产品的个别生产价格与社会生产价格之间的差额而产生的。可见，等量资本不论是同时投在肥力不同的土地上还是相继投在同一土地上，由于它们的产量不同，其中的一部分不会提供超额利润，其他部分则会按照它们的收益与不提供地租的投资的收益之间的差额，提供数量不同的超额利润。马克思说："资本不同价值商品部分的超额利润和不同的超额利润率，在这两种场合都是按照相同的方式形成的。地租无非是这个形成地租实体的超额利润的一种形式。"（《资本论》第三卷，人民出版社，1975，第760页）

（2）级差地租Ⅱ与级差地租Ⅰ的区别

级差地租Ⅱ与级差地租Ⅰ虽然在本质上相同，但它们之间又存在着区别。二者的区别主要表现在以下方面：

第一，投资的方法不同。在级差地租Ⅰ的场合，资本是向不同的地块扩散，它一般是与农业的粗放经营相联系的；在级差地租Ⅱ的场合，资本是向同一地块集中，它一般是与农业的集约经营相联系的。

第二，形成的具体条件不同。级差地租Ⅰ是由于投在肥力或位置存在差别的不同地块上的资本具有不同的生产率而形成的；级差地租Ⅱ则是由于连续投在同一地块上的资本具有不同生产率而形成的。

第三，超额利润转化为地租的情况不同。一般地说，由于土地肥力和位置上的差别而形成的超额利润，会全部转化为地租。因为土地肥力和位置的差别是显而易见的，所以在签订租地契约时，级差地租的量比较容易确定。但由连续投资所产生的超额利润向级差地租的转化，则会遇到困难。因为地租量是在土地出租时确定的，在租约有效期间，对土地的追加投资是由农业资本家进行的，所以由追加投资而产生的超额利润，也归资本家所有。只有在重新签订租约时，土地所有者才能通过提高地租量，把追加投资所产生的超额利润全部或部分转化为级差地租Ⅱ，装进自己的口袋里。正因为如此，农业资本家总是力争签订长期租约，而土地所有者则竭力使租期缩短。至于在重订租约时，这种超额利润究竟在多大程度上转化为级差地租Ⅱ，最终是由农业资本家和土地所有者双方斗争的结果而决定的。因此，由连续投资所产生的超额利润向级差地租Ⅱ的转化，会"限制在一方面更为狭小，另一方面更不稳定的界限内"。（《资本论》第三卷，人民出版社，1975，第760页）。说它"更为狭小"，是因为它在租约有效期内并不转化为地租，在重订租约时也不一定全部转化为地租；说它"更不稳定"，是因为在重订租约时，究竟它的多大部分会转化为地租,并无明确的具体的界限,可能是全部,也可能是其中一个或大或小的部分。可见,超额利润转化为级差地租的情况不同,是级差地租Ⅱ与级差地租Ⅰ的根本区别。

(3) 级差地租Ⅱ与级差地租Ⅰ之间的相互联系

第一,级差地租Ⅰ是级差地租Ⅱ的基础和出发点。只有在肥力和位置不同的各级土地同时耕种,或者说,在农业总资本的不同组成部分在不同质的地块上同时使用的基础上,级差地租Ⅱ才有可能产生。无论从历史上看,还是从级差地租在任何时期内的运动来看,都是如此。

从历史上看,级差地租Ⅰ是级差地租Ⅱ产生和发展的基础。在资本主义发展初期,由于资本积累较少,可垦荒地又多,生产技术和劳动工具比较落后,因而经营农业主要采取扩大耕地面积的方法,实行粗放经营。这时的级差地租,主要是第一形式。当资本主义发展到一定水平时,未耕地日益减少,已耕种的地力又大量消耗,而社会对农产品的需求却不断增加,因此,人们对农业的经营逐步从粗放经营转向集约经营,把资本连续投在同一块土地上。这时,级差地租Ⅱ逐渐成为主要形式。可见,级差地租的这两种形式在一定程度上反映了资本主义农业发展的不同阶段。

从级差地租Ⅱ的运动来看,它也是以级差地租Ⅰ为基础的。追加投资能否产生超额利润(级差地租Ⅱ的实体),产生多少,都只有在同劣等地投资的生产率的比较中才能确定。只有追加投资的生产率高于劣等地的生产率,才能产生超额利润,形成级差地租Ⅱ。高出越多,超额利润越多从而级差地租Ⅱ就越多。如果追加投资的生产率等于或低于劣等地的生产率,就不会形成级差地租Ⅱ。因此,级差地租Ⅱ在任何一定瞬间的运动,都是以级差地租Ⅰ为基础的。

第二,级差地租Ⅱ是级差地租Ⅰ的发展形式。级差地租Ⅰ是与土地的肥力和位置的差别相联系的。级差地租Ⅱ除了土地肥力和位置的差别外,还同各个资本家所拥有的资本量相联系。资本家拥有的资本量大小,对级差地租Ⅱ的形成有重要的影响。在工业中,每个部门都有一个最低限度的资本额,达不到这个最低限度,就无法从事经营。同样,每个部门又会形成一个大多数资本家拥有的超过最低限度的平均资本量。大于平均资本量的资本,表明它的生产条件好,从而可以获得超额利润;小于平均资本量的资本,连平均利润也难以获得。但是,农业部门的情况则不同。在农业中,由于农产品的社会生产价格不是由平均生产条件而是由劣等生产条件的产品的个别生产价格决定的,所以,只要拥有最低限度的资本量,就可以获得平均利润。如果资本量高于这个最低限额,就能获得超额利润;拥有的资本量越大,获得的超额利润就越多,由此而转化成的级差地租Ⅱ也越多。可见级差地租Ⅱ是级差地租Ⅰ发展了的形式。

(三) 绝对地租

所谓绝对地租,是指由土地私有权的垄断直接产生的、无论好地坏地都绝对必须交纳的地租。这里主要说明绝对地租产生的原因和形成的条件。

1. 绝对地租产生的原因

在分析级差地租时,马克思曾经假定 A 级土地不缴纳地租,事实上在资本主义条件下,由于存在土地私有权垄断,耕种任何土地都必须缴纳地租。不过这并不意味着对级差地租规律的否定。因为级差地租规律和绝对地租规律是相互独立的,为了研究的方便,才作前面的假定的。

在 A 级土地也要交纳地租的情况下，农产品就不能按照生产价格出售，而必须按照高于生产价格的价格出售。只有这样，经营 A 级土地的资本家才能在获得平均利润之后，还有余额交纳地租。假定生产价格为 P，绝对地租为 r，A 级土地的产品就要按 $P+r$ 出售。这样，各级土地在市场上的全部产品的起调节作用的市场价格，就不是资本在一切生产部门一般都会提供的那个生产价格（等于成本价格加上平均利润），而是生产价格加上地租了，不是 P，而是 $P+r$ 了。可见，绝对地租的产生，要以农产品高于生产价格的市场价格出售为前提。

农产品市场价格的这种变化，并不会使级差地租规律发生变化。因为 A 级土地的产品既然按生产价格加地租即 $=P+r$ 的价格出售，那么，B、C、D 各级土地的产品也会按照这个价格出售。这样，B、C、D 各级土地同样会产生其个别生产价格与社会生产价格之间的差额，获得数量不等的超额利润，形成级差地租。因此，在 A 级土地交纳绝对地租的场合，B、C、D 各级土地所交纳的总地租，即包括级差地租，也包括绝对地租。

作为资本家的投资对象来说，只要农产品的价格达到使资本家能够获得平均利润的水平，A 级土地就具备了投资的条件。但是，由于土地所有权的存在，仅仅具备这个条件还远远不足使 A 级土地参加耕种。土地是土地所有者的，无论土地的肥力多差，位置多坏，土地所有者也绝不会把自己的土地白白地交给别人去使用。因为地租是土地的所有权在经济上实现的形式。如果在一块土地上的投资仅仅能够提供平均利润，而没有超额利润作为地租交纳给土地所有者，这样一个前提，意味着土地所有权的废除。而土地所有权的存在，正好是对资本在土地上任意增值的一个限制。

土地所有权的垄断对级差地租和绝对地租的作用是不同的。对于级差地租来说，土地所有权的垄断，仅仅是使投资于较好土地上所产生的超额利润转化为地租，落在土地所有者手里，而与这种超额利润本身的产生没有任何关系。但是，对于绝对地租来说，情况则不同。绝对地租产生的直接原因正是土地所有权本身。只要土地所有权存在，它就要求在经济上实现自己，因而也就必然存在绝对地租。

2. 绝对地租的形成

(1) 农业资本有机构成低于社会平均资本构成是绝对地租形成的客观经济条件。只要农业资本有机构成低于社会平均资本的构成，农产品的价值就会高于其生产价格。农业资本有机构成低于社会平均资本构成，只是表明农业生产力的发展落后于工业。这样，农产品的价值就会高于它的生产价格。如果农产品按高于生产价格的价值出售，就能获得超额利润。这种超额利润就是绝对地租的来源。可见，农业资本有机构成低于社会平均资本构成，是作为绝对地租实体的超额利润形成的客观社会经济条件。

(2) 土地所有权垄断使超额利润转化为绝对地租。土地所有权的垄断限制着资本自由地投入农业部门，这个部门的剩余价值不参加利润的平均化，从而使它的产品的价值超过生产价格所产生的超额利润留在该部门，成为固定的超额利润。由于有了土地所有权的限制，农产品的市场价格必须上涨到这样的程度：使投入土地的资本不仅能够获得平均利润，而且要提供一定量的超额利润，以便支付地租，劣等地才能参加耕种。

可见，农业资本有机构成低于社会平均资本构成是作为绝对地租实体的超额利润形成的客观经济条件，而土地所有权的垄断则是使这种超额利润转化为绝对地租的原因。

3. 绝对地租量的确定

绝对地租是由农产品的价值和生产价格之间的差额转化而成的。但是，绝对地租究竟是这个差额的全部还是这个差额的一部分，则要取决于农产品的供求状况。如果社会对农产品的需求量大，市场供应比较紧张，农产品的市场价格就不仅会高于它的生产价格，而且会等于它的价值。这时，绝对地租就可能等于农产品价值和生产价格的全部差额，从而绝对地租的量就比较大。反之，如果农产品的供应情况较好，它的市场价格就降到价值以下但仍在生产价格以上。这时，绝对地租就只是农产品价值和生产价格之间的差额的一部分，从而绝对地租的量就比较小。一般地说，农产品的市场价格是在生产价格以上但在价值以下浮动的，因此，绝对地租的量通常小于农产品的价值和生产价格之间的差额。

绝对地租的量还要受农业资本有机构成变化的影响。在社会平均资本构成不变的情况下，如果农业资本有机构成降低，绝对地租的量就会增加；如果农业资本有机构成提高，绝对地租的量则会减少。如果农业资本有机构成等于或高于社会平均资本构成，农产品的价值就不会高于它的生产价格，这时，由农产品价值和生产价格的差额所转化成的绝对地租就会消失。不过，我们不能由此得出结论，认为在这种情况下就可以无代价地使用属于土地所有者的土地。事实上，只要存在土地所有权的垄断，任何人要租用土地即使是租用劣等土地，就仍然要向土地所有者交纳地租，从而绝对地租也必然存在，只是它形成的具体条件不同了。在这种场合，绝对地租不是来源于农产品的价值高于社会生产价格所形成的超额利润，而是来自高于农产品价值和生产价格的垄断价格。

需要强调指出，无论级差地租还是绝对地租，不管它们形成的具体条件如何不同，它们的来源都是雇佣工人的剩余劳动，都是由雇佣工人所生产的剩余价值的一部分转化而成的，都体现着资本家和土地所有者共同剥削雇佣工人以及资本家和土地所有者之间瓜分剩余价值的关系。

（四）垄断地租

资本主义地租除级差地租和绝对地租两种基本形式外，还存在着垄断地租。所谓垄断地租，是指由垄断价格所产生的超额利润而转化成的地租。它是资本主义地租的一种特殊形式。

为了说明垄断地租的形成，首先要把与地租相联系的两种垄断价格区分开来，弄清楚究竟是因为产品或土地本身有一个与地租无关的垄断价格存在，所以地租才由垄断价格产生，还是因为有地租存在，所以产品才按垄断价格出售。这两种垄断价格是与两种不同形式的地租联系在一起的。

一种垄断价格是由于对特殊优越的自然条件的垄断而形成的。这种垄断价格又称为真正的垄断价格。它只由购买者的购买欲望和支付能力决定，而与由生产价格或价值决定的价格无关。例如，某块具有特殊土质的葡萄园所生产的葡萄能酿制出味道特别好的葡萄酒，那么，这种葡萄酒就可以按照大大高于其价值的垄断价格出售，获得大量超额利润。如果这块土地是属于土地所有者的，那么，这种超额利润就会转化为地租，落到土地所有者手里。在这里，是垄断价格产生了地租。这种地租，马克思称之为垄断地租。由这种垄断价格而形成的超额利润，是对特殊地块经营垄断的结果，而与土地所有权的垄断无关。土地所有权只是使这个超额利润转化为垄断地租的原因。

另一种垄断价格是由于土地所有权的垄断而形成的。分析绝对地租时已经指出，由于土地所有权的垄断，形成了对土地自由投资的限制，资本家不交纳一定的地租就不能使用土地。这就使农产品的市场价格高于生产价格甚至高于价值。这种价格也是一种垄断价格。在这里,是支付地租的绝对必要性使农产品必须按照垄断价格出售,是地租产生垄断价格。显然,这种垄断价格是土地所有权垄断的结果,是由于绝对地租的存在而形成的。上述分析表明,只有消灭土地私有权并消灭任何形式的土地所有权,地租以及由地租而产生的农产品的垄断价格,才会最终消失。

三、社会主义条件下的城市地租

在社会主义条件下,虽然土地私有制已被社会主义土地公有制所取代,但仍然存在着土地所有权与使用权相分离的状态。在土地所有权与使用权相分离的条件下,就有一个土地所有权在经济上如何实现的问题。否则,土地属于国家或集体经济组织所有就会成为一句空话。这也就是说,在社会主义社会,不论是在城市,还是在农村,既不具备取消地租的可能,也不具备取消地租的必要,也就是说客观上存在着产生地租的必然性。那种简单地把地租说成是土地私有制的产物,认为随着土地私有制被社会主义土地公有制所取代就应该取消地租,实行土地无偿使用制度的做法,已被我国长期的土地无偿使用制度的实践所证明是没有根据的,同时,也是错误的。1995年1月1日起施行的《中华人民共和国城市房地产管理法》第3条规定:"国家依法实行国有土地有偿、有限期使用制度。"在我国,目前存在着两种土地制度,即城镇国有土地和农村集体土地用地制度。马克思在其著作中对城市地租论述不多,是受到条件所限。但随着社会经济的发展,城市的土地关系表现得更为活跃,对城市地租的研究也表现出更为重要的实际意义。

当然,社会主义社会的地租与资本主义社会的地租是有根本区别的。社会主义社会的地租反映的是在社会主义土地公有制条件下,国家、集体、企业和个人对超额利润的分配关系,是社会生产中的劳动者所创造的超额利润的转化形式,是社会主义条件下特定的土地关系的反映。因此,建立和完善社会主义社会的地租理论,不仅有利于地租理论的发展,而且也会完善社会主义市场经济的理论体系,优化土地资源配置,促进房地产的发展。

(一)城市地租的含义和特性

所谓城市地租是指住宅经营者或工商企业为建筑住宅、工厂、矿山、车站、码头、商店、银行、娱乐场所等,租用城市土地而交付给土地所有者的地租。社会主义的城市地租也同样存在着级差地租(级差地租Ⅰ和级差地租Ⅱ)、绝对地租和垄断地租。与农业地租相比,城市地租既有地租的共性,也具有下列特殊的性质。

1.城市地租在量上一般高于农业地租

城市土地是由农业土地转化而来的,而这种转化只有当土地所有者的收益大于其原来的收益时才会发生。城市作为周围农村的货物集散地和中心市场,处于区域的中心的重要地位,使城市土地的开发程度和集约利用程度远远高于农村土地,因此其地租水平也高于周围的农业用地。

2.区位级差地租是城市地租的主要形式

城市土地具有不同的地租形态,但对于城市土地的利用来说,土地区位起着特别重要的作用,因为土地区位影响着土地的利用功能分布、区位也影响土地使用者的选址决策和生产效益等。位置好的地段,如大城市的繁华地区、紧靠交通枢纽的土地,或是处于经济文化中心，市场容量大，获得信息等特种资源容易而且费用较低，因此，他们能大幅降低经营成本，提高效率，获得较高的超额利润。应该注意，这个位置指的是经营地块离城市中心位置的距离，这个中心指的是城市功能中心，而不是地理位置中心。如果我们以城市中心某一地块的地租作为标准地租，那么离标准地租地块的远近，将决定其地租的高低，城市中心的地租最高，离城市中心越远的地方，地租就越低。所以，与农业用地相比，城市土地地租的高低不是以肥力为主，而是以地理位置和离功能中心远近为主。

3. 商业地租是城市地租的典型形态

商业对土地位置最为敏感，作为商业地租实体的超额利润是与商业企业所在位置所决定的顾客密度及其营业额等指标成正相关的。如在中心商业区，由于消费者的多元购买行为，使彼此连接成线或成片的商业用地，对消费者具有更大吸引力。在繁华的商业街区经营商业较之零星散落的商店更易吸引消费者。这些都造成了同一城市内处于不同位置的土地具有不等的级差生产力。由此可见，商业地租的变化规律与通常我们所讲的城市地租的变化规律基本是一致的，也就是说，城市地租的决定主要是以商业地租的变化为依据的。

4. 城市土地投资的地租效应具有明显的外部性

在一般情况下，对城市建设投资的增加，特别是城市基础设施建设投资和房屋建设投资的增加，都会带来相应地租的增加，而且这种效益不仅限于投资所在的地块，还会影响和带动周围地区的发展和租金的上升，呈现出明显的正外部性。城市的发展对城市的郊区，周边的农村、小城镇都有极大的促进和带动作用。

5. 城市地租具有相当大的垄断性

城市垄断地租主要是由于占据较好位置而形成的垄断价格产生的。由于区位级差地租是城市地租的主要形式，而区位又具有不可移动性，这样就很容易通过土地所有权的垄断产生垄断地租。这种较好区位的土地一般被称为"黄金地段"，其地租要远高于其他土地，这种地段的形成是由于长时期投资积累的结果，一般这种情况比较难以改变。随着时间的变化，人口的增长，市场的繁荣、投资的增加，地租一般还会呈现不断上升的趋势。

6. 城市地租比农业地租更具积累性

城市土地与农业土地相比所需要的投资量巨大，而且城市的发展依赖于长期、不断的投资积累过程。随着对城市投资的积累，城市的功能不断完善，作用逐渐增强，地租也逐步增长。因此城市地租比农业地租更具积累性。

（二）城市级差地租

城市级差地租产生的条件与农业级差地租相同，也是土地等级不同。只是这种等级的不同主要表现为土地位置距城市中心的远近，交通是否方便，城市基础设施是否配套和完善等；城市级差地租产生的原因与农业级差地租相同，也是土地经营权的垄断。城市土地经营权具有比农业土地更强的垄断性，一旦某一地块的经营权被确定下来，在其规定的经营期内对其他的经营主体具有排他性；城市级差地租的形式也分为级差地租Ⅰ和级差地租Ⅱ，由于城市土地位置优劣不同必然产生不同的级差生产力，较优位置土地的级差生产力必然转化为超额利润。在市场经济条件下，土地所有权和使用权的垄断及分离，又必然使这种超额利润转化为城市级差地租Ⅰ。城市土地和农村土地一样可以在同一块土地上进行连续追加投资，由于每次追加投资生产率不同，形成级差生产力。在市场经济条件下，由于土地所有权和经营权垄断及分离，这种级差生产力也必然转化为级差超额利润，进而转化为城市级差地租Ⅱ。在城市建设过程中，这种连续不断的追加投资是经常发生的，而且是大量的。如城市的新城开发和旧城改造，由于开发改造前的投资较少，投资的边际收益较低，级差地租也较少，而开发改造后由于从总体规划、基础设施等多方面追加了大量的投资，使工作、学习、生活的条件和环境得到大大的改善，这些地块的价值也得到了大幅度的提升，其原因就是这个地区土地的级差地租Ⅱ增加了。由追加投资所形成的级差超额利润，在国有土地有偿出让期间，归企业所有。土地出让期满后，这部分超额利润会转化为级差地租Ⅱ，归国家所有。

（三）城市绝对地租

决定城市绝对地租是否存在的原因是土地所有权的垄断，而与土地的用途无关，在社会主义市场经济条件下，仍然存在绝对地租。由于城市土地所有权由国家垄断，任何企业、单位、个人要使用城市土地，都必须向土地的所有者交纳地租。这个由所有权的垄断而必然缴纳的地租就是城市绝对地租。

城市绝对地租的来源是垄断价格。具体来说，只要在城市土地上建的这些工厂、商店、住宅、娱乐场所或银行等为社会所必须，那么它们所生产的商品和提供的劳务的市场价格，势必高于其成本价格加平均利润，这二者之间的差额就构成城市绝对地租的来源。

城市绝对地租与农业绝对地租的共同点是：它们具有相同的实体，都是超额利润即劳动者创造的剩余劳动的一部分。而且，城市绝对地租以农业地租为基础。

城市绝对地租与农业绝对地租的不同点是：第一，提供的产业不同。城市绝对地租主要由使用城市土地的第二、三产业提供的，城市土地作为第二、三产业活动的场所、基地、立足点和空间条件使用的，它的优劣评价尺度主要是由所处的地理位置确定的。而农业绝对地租是由第一产业提供的。第二，地租量不同。城市绝对地租的量不是等于该土地作为农业用地时的绝对地租量，而是城市劣等地的绝对地租，最低应该与面积相当的可比周边农业优等地所提供的全部地租相等，即绝对地租与级差地租之和。因为作为城市边缘土地，是城市土地等级序列中的"劣等"土地，不提供级差地租，但土地使用者仍然要向土地所有者交纳地租，这个地租就是城市绝对地租。其量的低限则是作为农业优等用地时的全部地租，如果这个地租量只包含原作为农业用地时的绝对地租量，那么土地所有者就不会改变这些土地的用途，他会继续作为农业用地使用。

（四）城市垄断地租

除了上面介绍的城市级差地租和城市绝对地租以外，还存在着一种个别的、特殊的地租形式，就是城市垄断地租。城市垄断地租是指城市中由于某些特殊地块具有稀有功能带来的生产经营商品的垄断价格所形成的垄断超额利润转化来的地租。城市垄断地租产生的原因也是对土地经营权的垄断，只不过所垄断的不是一般土地的经营权，而是具有某种特殊地块的经营权。垄断地租可以看作是一种特殊的级差地租。马克思称垄断地租是一种以真正的垄断价格为基础的特殊形式的地租。由于垄断价格取决于购买者的购买欲望和支付能力，而与它的生产价格和价值没有多大关系，因此，具有这种购买欲望和支付能力的人越多，其价格就越高，垄断地租也就越多。这种垄断地租在一些城市的某些特别繁华的中心地段，由名牌名店形成的特殊地块以及由著名的旅游景点形成的特殊地块等在一定程度上是存在的。由于这些特殊地块的土地经营权被某些企业垄断，尽管这些地方的价格是垄断价格，人们出于各种考虑也乐意购买。这种垄断价格会给生产经营者带来一个可观的超额利润，由此转化成的地租就是垄断地租。

综上所述，在社会主义条件下由于存在着土地所有者和土地使用者的相分离，土地资源依然是稀缺和有限的；依然有土地经营权的垄断；也依然存在国有土地所有权和集体土地所有权的垄断。所以在社会主义条件下仍然存在着地租。级差地租是指被土地所有者占有的，由于土地等级差别所产生的超额利润。其产生的原因是土地经营权的垄断，分为级差地租Ⅰ和级差地租Ⅱ；产生的条件是土地等级的不同。

绝对地租是指由土地所有权存在所决定的不论租用什么样的土地都必须缴纳的地租。其产生的原因是土地所有权的垄断；垄断地租是指由垄断价格带来的超额利润转化而成的地租。其产生的原因是对某种特殊地块土地经营权的垄断。上述原理同样适用于社会主义条件下的城市地租。

第三节 城市土地价格

一、城市土地价格的形成

地价理论和地租理论是相互补充、密不可分的。首先从马克思的地价理论来说，价格和价值属商品经济范畴，价值的实体是劳动，交换价值是价值的表现形态。土地价格的实质是地租的资本化。具体地说，土地虽然不是劳动产品，没有价值，但却有使用价值。土地能为人类永续提供产品和服务。在土地所有权垄断的条件下，地租的占有是土地所有权借以实现的经济形式。正是因为有地租，才会产生土地价格。但这里的土地价格不是土地的购买价格，而是土地所提供的地租的购买价格，即土地价格的实质不过是按一定利率还原的地租。土地所有者凭借他对土地的所有权，可以定期获得固定的地租收入。这种情况同他有一笔资本存入银行，可以定期获得利息收入是一样的。人们买卖土地，实际上是在转化收取地租的权利。因此说，土地价格实际上是获得收取地租权利的购买价格或地租的购买价格。那么，土地价格具体是如何确定的呢？土地价格要相当于这样一笔资本，如果土地所有者把这笔资本存入银行，每年获得的利息收入相当于这块土地每年提供的地租收入。因此，土地价格取决于地租量和利息率这两个因素。用公式（3-1）表示为：

$$土地价格 = \frac{地租量}{利息率} \tag{3-1}$$

假定某块土地一年提供的地租为2000元，当银行存款的年利息率为5%，那么，这块土地的价格就等于 2000÷5% = 40000元。可见，土地价格与地租量按相同方向变化，而与利息率按相反方向变化。

既然土地价格是由地租量的多少和利息率的高低决定的，因此，土地价格可以在地租量不变的情况下因利息率的降低而上涨，也可以在利息率不变的情况下，因地租量的增加而上涨。在地租量和利息率同时变动的情况下，土地价格究竟是上涨还是下跌，则要通过对各种因素进行综合分析才能测定。通过分析可以看出，我们不能从土地价格的上涨，直接得出地租增加的结论，因为土地价格的涨落完全可以在地租不变的情况下发生。

因此，只有理解了马克思的价值理论和生产价格理论，才能理解地租的本质，来源和存在的条件；只有理解生息资本和利息，才能理解土地价格。具体地说，马克思的地租、地价理论是以科学的劳动价值论、剩余价值论和生产价格论为基础，同时又是剩余价值理论的有机组成部分。

其次，在西方经济学中对地租和地价的理论则主要采用边际分析、供求分析等数量分析的方法，其理论基础是效用价值论，生产费用论和供求论。西方经济学者认为，地租是土地生产要素对产品及其价值所作的贡献的报酬，或认为地租是一种"经济盈余"，是产品价格同工资、利息等生产费用之间的余额。而由于地租和地价一样，其存在的基础是土地的效用，即土地具有能满足人类的需求，进行各种生产和消费活动的能力。因此，从需求角度讲，地租越来越被认为是地价的基础。而地价最终还取决于土地市场的供求状况。又如"影子价格"理论认为，地价是土地资源得到合理配置的"预测价格"。它是从土地有限性出发，在一定的资源约束条件下，求出每增加一个单位土地资源可得到的最大经济效益。这种方法主要是分析土地的机会成本，选择最大效益的机会成本来确定土地价格。它一方面反映土地的劳动消耗，另一方面反映土地的稀缺程度，也就是土地的供求关系。

在社会主义条件下，土地价格的确定或进行地产评估时应该运用马克思的地租、地价理论作为主要基础，同时也要吸收运用西方经济学对地租，地价研究分析的科学合理的部分，使土地价格的分析更定量化、模型化和可操作化。通常情况下，理论上可以将房地产价格分解为土地价格和建筑物价格两部分。但是在实践中建筑物价格和土地价格是相互包含在一起的，很难将其分离开来。平时我们在购房时所说的房价其实已将地价包含在内了，并分摊到了总房价或每平方米的房价之中了。根据上述地租和土地价格关系的基本理论可知，土地价格对房地产价格有着非常重大的影响。可以说仅仅针对某一个项目而言，在一个较短的时间段内观察，似乎可以认为地价决定了房价，即地价提高，将使房价上涨，反之，地价降低，将使房价下降。但是从整个城市的地价分布和长期的发展来看，房价在两者的关系中起主导作用。也就是说，实际生活是错综复杂的，也存在低地价低地租与高房价高房租结成一体这种现象，地价决定房价是就总体趋势而言，就常态而言，并非涵盖一切。所以针对近几年来我国部分城市出现了房价上涨的情况，它与地价究竟有无关系，究竟谁带领谁涨，以谁为主，需要具体分析，切忌一概而论。

通过上述对土地价格形成的分析，得出土地价格的含义：是为购买土地而支付的用货币表示的交换价值，是土地未来地租的资本化。一般情况下，土地价格是指公开市场条件下形成的土地价格。无论是土地估价还是土地交易，其价格条件是指公开市场。事实上，在现实土地交易中，由于土地市场的特殊性，这种公开市场条件很难完全具备，这种价格也就很难形成。目前，我国以土地使用权有偿出让、转让为特征的土地交易已经成为普遍现象。然而，对地价的认识尚未在理论上形成共识，在实践中还需要进一步完善。

二、土地价格的特征及种类

（一）土地价格的特征

土地是一种特殊的商品（因为土地不是劳动产品），与一般商品价格相比有以下特征：

1. 土地价格不是土地价值的货币表现

土地本身特别是未开发的原始土地，不是劳动产品，没有价值，但却具有价格，可以买卖，为什么没有价值的土地具有价格？土地的价格又是如何决定的呢？一般商品以市场供给和需求来共同决定该商品的市场价格。然而，土地却不同。就整体上说，土地的自然供给是不能改变的,土地的经济供给在短期内变动也很小,因此,土地市场的价格就主要由土地需求决定。当城市化进程加快,房地产市场兴旺、经济建设和发展对城市土地需求量增大时,土地价格就不断上涨;相反地如果一个地区的城市人口减少,房地产市场萎缩、经济衰退时,对土地的需求量就会减少,土地价格就会下跌。

2.土地价格是土地权益价格

土地权属是指土地所有者对其拥有的土地所享有的占有、使用、收益和处分以及土地使用者对其所使用的土地所享有的利用和取得收益的权利。购买土地,因付出了代价,从而也获得了某项土地的使用权,也就可以获得某种程度的土地收益。因此,土地买卖实质上是一种财产(土地是一种资产)权利的买卖,人们购买土地是购买获得土地收益的权利。

3.土地价格有明显的地域性

由于土地位置的固定性,不可能象其他商品那样可以流动,因而造成土地市场具有明显的地域性。各地域性市场之间的土地价格很难相互影响,不能形成统一的市场均衡价格。所以,土地价格一般是在地域性市场内根据其供求关系,主要是需求关系,形成各自的市场价格。如城市中心区域的地价就明显高于城郊区域的地价;大城市的地价往往高于小城市的地价,经济发达地区的城市地价往往高于经济欠发达地区城市的地价等。

4.土地价格总体上呈上升趋势

随着社会的进步,经济的发展,人口的增加,社会对土地的需求会日益提高,土地价格有不断上升的趋势;随着城市化进程的加快,城市规模在不断扩大,城市占地面积不断向周边处延,也使得城郊土地价格不断上涨;随着科学的进步,高新技术的不断推广和使用,劳动生产率不断提高,使得工人的劳动总量在生产中比重日趋缩小,社会平均利润率下降,从而导致利息率有下降的趋势,由于地租的上升和利息率的下降,也使得土地价格总体上呈现上升的趋势。

(二)土地价格的种类

城市土地价格按不同的角度划分有不同的类型。

下面主要介绍四个方面划分的情况:

1.按土地使用权交易管理层次划分

可以将土地价格划分为基准地价,标定地价,出让底价和交易地价。

(1)基准地价

是根据土地不同的使用类别,区位及基础设施配套、土地开发情况,分别评估和测算的商业、工业、住宅等各类用地和综合土地级别的土地使用权的平均价格。基准地价评估是以城镇整体为单位进行的。

基准地价有以下特点:①基准地价是一个区域性的平均地价,它可以是级别或区段的平均地价,也可以是路段的平均地价;②基准地价是各类用地的平均地价,即是用地条件相近的区域中商业用地、住宅用地、工业用地的平均地价;③基准地价是政府在一定时期内评估的覆盖全市、全县的土地使用权价格;④基准地价是单位土地面积的地价。

基准地价的作用体现为:①宏观控制地价,反映土地市场中地价变动趋势,为投资决策等提供依据;②是国家征收土地使用税等的依据,科学、合理、公开的基准地价对科学征收土地税是非常重要的;③是政府参与土地有偿使用收益分配的依据;④是进一步评估标定地价的基础；⑤对土地利用进行引导。

(2) 标定地价

是市、县政府根据需要评估的正常土地市场中，在正常经营管理条件和政策作用下，测算的具体宗地在一定使用年限内的价格。标定地价可以以基准地价为依据，根据土地使用年限、地块大小、形状、容积率、微观区位等条件通过系数修正进行评估；也可以按市场交易资料，采用一定方法评估宗地地价。

标定定价有以下特点：①标定地价是政府评估的具体地块的地价，即宗地地价；②在一般情况下，标定地价不进行大面积的评估，只是根据土地使用权出让、转让、抵押、出租等市场交易活动或进行股份制企业资产评估时才进行评估；③标定地价也是确定土地使用权出让底价的参考和依据。

标定地价的作用体现为：①是确定土地使用权出让价格优惠程度的依据；②是企业清产核资和股份制企业中土地资产作价的标准；③是优先购买权的衡量标准；④是核定土地增值税和衡量土地使用权转移价格是否正常的标准；⑤是确定土地使用权出让价格的依据；⑥是划拨土地使用权转移，补交出让金的标准。

(3) 出让底价

是政府根据正常市场状况下宗地或地块应达到的地价水平确定的某一宗地或地块出让时的最低控制价格标准。它也是土地使用权出让时政府首先出示的待出让土地或地块的最低地价（标价）的依据和确认成交地价（或出让金）的基础。

在我国，政府垄断了一级市场上的土地供给，其出让土地的价格，将对整个土地市场产生重要影响。因此，土地使用权出让底价标准的确定，既要考虑到当前利益，又要考虑到长远利益，要为土地市场正常、有序的发展打下良好的基础。

(4) 交易地价

是土地使用权转让双方，按照一定的法律程序，在土地市场中实际达成的成交价格。

上述介绍的基准地价、标定地价、出让底价和交易地价之间，既有区别又有联系，是我国现行地价体系的必要组成部分。基准地价、标定地价和出让底价都不是地产交易市场的成交地价，但对市场交易地价起着调控的作用。它们之间存在着相互的联系关系，表现为基准地价是标定地价评估的基础，标定地价又是出让底价评估的参考和依据，出让底价是交易地价的依据。它们之间主要区别是，前者是大面积评估的区域平均地价，而后三者则是具体到宗地或地块的地价，前称宗地地价；基准地价以考虑宏观区域因素为主，标定地价、出让底价和交易地价还要考虑地价的微观区位因素；标定地价和出让底价更为接近市场地价，但不一定等于交易地价。另外，出让底价和标定地价也是有区别的，出让底价主要是根据土地出让年限、用途、地产市场行情、出让双方的心态和投机因素等确定的待出让宗地（含成片出让土地）的底价，即指土地使用权出让前政府控制的最低标价；标定地价则是根据宗地的形状、大小、容积率及其他微观区位条件，参照土地级别或地段的基准地价水平进行修正，或用其他方法评估的一定时期内的宗地的评估地价；交易地价是根据标定地价和出让底价为基础，结合市场需求情况，在转让双方自愿的情况下，达成的最终成交价格。

2. 按土地的出让方式划分

土地使用权出让，是指国家将国有土地使用权在一定年限内出让给土地使用者，由土地使用者向国家支付土地使用权出让金的行为。《中华人民共和国城市房地产管理法》第十二条规定："土地使用权出让，可以采取拍卖、招标或者双方协议的方式。商业、旅游、娱乐和豪华住宅用地，有条件的必须采取拍卖、招标方式；没有条件、不能采取拍卖、招标方式的，可以采取双方协议的方式。采取双方协议方式出让土地使用权的出让金不得低于按国家规定所确定的最低价"。因此，按照土地使用权出让的方式不同，土地价格可以分为：

（1）拍卖地价：是指采用拍卖方式出让土地的成交价；

（2）协议地价：是指采用协议方式出让土地的成交价；

（3）招标地价：是指采用招标方式出让土地的成交价。

一般说来，拍卖地价高于招标地价，招标地价高于协议地价。

3. 按土地的开发程度划分

土地使用权出让包括熟地出让和生地出让，按土地开发程度可以将地价划分为熟地价和生地价（毛地价）。

（1）熟地价

熟地是指已经完成了征地拆迁、七通一平等市政基础设施建设的地块。熟地出让地价称熟地价。

（2）生地价

生地是指未拆迁补偿和七通一平的地块，也称为毛地。生地出让地价称为生地价或者毛地价。

例如，根据1993年《北京市出让国有土地使用权基准地价的通知》提出，地价由出让金、基础设施配套建设费、土地开发及其他费用构成。出让金为土地所有者收益；毛地价由出让金、基础设施配套建设费两部分构成；熟地价包括出让金、基础设施配套建设费、土地开发及其他费用三部分构成。

4. 按地价的计算方法划分

可以划分为楼面地价和地面地价两种。

（1）楼面地价

是指单位建筑面积的土地价格，即以地价总额除以规划允许建造的总建筑面积。由于各国和地区的计量单位不同，有平方米楼面地价，每平方英尺楼面地价等。

（2）地面地价

是指单位占地面积的价格，即以地价总额除以土地总面积。

在地价评估的实际工作中，楼面地价是衡量地价水平的主要指标，与开发成本和利润直接相关。开发商一般以楼面地价来计算投资效益，因为地面地价不能反映出土地成本的高低，只有把地价分摊到每平方米建筑面积上去核算，才有可比性。

三、影响土地价格的因素

影响土地价格的因素很多、很复杂。由于地价是地租或是人类对土地投入劳动后得到的土地级差收益的资本化。因此，能够影响土地提供的地租量，影响土地投资所取得的收益及其土地还原利息率的所有因素都会直接或间接地成为影响土地价格的因素。鉴于对影响地价因素的认识角度不同，可以有许多不同的归纳方法，如有的把影响因素归纳为自然因素、社会经济因素和行政因素；也有的归纳为总体影响因素和具体影响因素，综合各种理论和学者的观点，本书将影响地价的因素归纳为一般因素、区域因素和个别因素，其中每个影响中又分为诸多的分因素和子因素等（参见图3-1）。这些因素之间都是相互作用的，而不是独立存在的。在考虑某一因素对地价的影响时，假设其他因素不变（实际上是不可能的），即使同一因素对地价的影响也是多方面的，不可能是单一的。从这个角度看将使地价上升，但从另一角度看则可能使地价下跌。因此，一般因素、区域因素和个别因素的归类也不是绝对的，其中有些分因素和子因素之间是相互渗透和交叉的，这里仅供参考。

1. 一般因素

影响地价的一般因素是指对土地价格高低及其变动具有普遍性、一般性和共同性影响的因素。这些因素对地价的影响是整体性的，覆盖面是整个地区。它们对具体地块的地价影响不明显，但它们是决定具体地块地价的基础。

一般因素主要包括行政因素、人口因素、社会因素、心理因素、国际因素和经济因素等六个分因素。

（1）行政因素

行政因素主要是指国家对土地价格的干预。国家从全社会利益和宏观经济发展角度出发，或促进土地的转移，或限制某类土地的利用等，从而达到提高土地总体利用效益的目的。这种干预，对土地价格的影响至关重大。

影响地价的行政因素主要有：土地制度、住房制度、城市规划、土地出让方式、地价政策、税收政策、交通管制和行政隶属变更等。

（2）人口因素

人口状态是最主要的社会经济因素。人口因素对地价的影响不仅有人口数量的多少，而且还与人口的素质等有关系。

影响地价的人口因素主要有：人口密度、人口素质和家庭人口构成等。

（3）社会因素

中国人历来对土地有着深切的眷恋，"有土斯有财"、"安土重迁"等传统观念更是深入人心。因此，社会发展状况和安定状况对地价有很深的影响。

影响地价的社会因素主要有：政治安定状况、社会治安程度、房地产投机、城市化进程等。

（4）心理因素

地产市场的兴衰、地产价格的涨落都与人们的心理状况有着密切的联系。人们心理上的认同感、安全感、荣耀感等都会反映在地价水平的起落上。

影响地价的心理因素主要有：购置或出售心态、欣赏品味、接近名家住宅、价值观变化等。

（5）国际因素

地产市场的发育与完善离不开国际环境的影响，随着经济全球化和中国加入WTO，给中国经济的发展带来了新的机遇，中国的发展离不开世界，世界的发展离不开中国。国际因素对地价的影响往往是通过国内的政治、经济状况的影响而间接地反映出来的。

影响地价的国际因素主要有：国际经济状况、军事冲突、政治对立状况、国际竞争等。

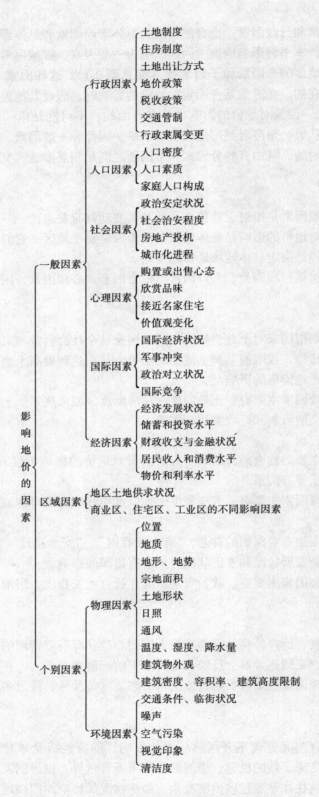

图 3-1 影响地价的因素

(6) 经济因素

中国经济情况的演变是关系到国计民生的大事，也对国际地位产生一定的影响。在政府积极加快和推进经济增长的过程中，一切民用物资均通过经济政策的影响而趋于稳定。被称为"龙头产业"的房地产业的发展将带动建材、水泥、钢铁、装饰装潢、运输、金融等相关产业的发展。同时，这些相关产业的发展也推动了房地产业的发展。经济因素对地价的涨落有直接的影响。

影响地价的经济因素主要有：经济发展状况、储蓄和投资水平、财政收支与金融状况、居民收入和消费水平、物价和利率水平等。

2. 区域因素

区域因素是指土地所在地区的特性而影响地价的因素。也就是说，土地所在地区的自然条件与社会经济、行政因素相结合所形成的地区特点所影响的地价因素。在这里，一方面要考虑土地所在地区的土地供求状况对地价的影响作用；另一方面要考虑城市土地利用功能分区内的地价的影响因素。如商业区着重于繁华程度和交通条件；工业区着重于建厂条件；住宅区则着重于居住环境和生活便利条件等。

区域因素主要包括地区土地供求状况以及商业区、住宅区、工业区的不同影响分因素等。

(1) 地区土地供求状况

从经济学的意义上讲，影响地价的最本质的因素是土地的供求状况，而从区域因素的角度看，决定某一具体地块的本质因素是该地区的土地供求状况。

所有影响土地价格的其他因素或是通过影响需求，或是通过影响供给来作用于供求状况，进而影响土地价格。所以说，土地价格的波动总是由于土地供求的不平衡所造成的。从长期来看，由于土地资源的有限性和供给的稀缺性，城市发展所带来的对土地的需求往往大于土地所能提供的有效供给，因此，从这个意义上讲，地价上涨是一个必然的趋势。

(2) 影响商业区地价的区域因素

商业区在城市中位于商店集中连片布局的地区，主要呈带状或片状分布。

影响商业区地价的区域因素主要有：街道因素、交通方便程度因素、商业区的大环境因素和规划因素等。

(3) 影响住宅区地价的区域因素

住宅区在城市中主要是呈组团式分布的。

影响住宅地价的区域因素主要有：街道因素、交通方便程度因素、社区人文环境形象因素等。

(4) 影响工业区地价的区域因素

工业区在城市中主要是以经济技术开发区分布的，应远离商业区和住宅区。

影响工业区地价的区域因素主要有：对外交通便利程度（即与外界市场或原料产地的距离等）因素和工程地质（主要是土壤的承载力和耐压力）因素等。

3. 个别因素

个别因素指对具体地块或宗地的土地价格的影响因素。个别因素与一般因素、区域因素共同作用的结果是构成具体地块或宗地的地价的基础。

个别因素主要包括物理因素和环境因素等两个分因素。

(1) 物理因素

物理因素是指地产本身的自然因素。

影响地价的物理因素主要有：位置、地质、地形、地势、宗地面积和土地形状等。此外还有日照、通风、温度、湿度、建筑外观等。

（2）环境因素

这里的环境因素是指在一定区域范围内的微观环境，而对商业用地而言，其微观环境与区域条件是统一的，都以交通、临街状况为主。因此，环境因素主要作用于与此有密切关系的住宅用地。

影响地价的环境因素（对住宅用地而言）主要有：交通条件、临街状况、噪音污染、空气污染、视觉印象和清洁度等。

四、建设用地的征用程序

建设用地，是指建造建筑物的土地。它是人们通过一定的物质投入和工程措施，使其具备专一用途的建设条件，用来进行工程营造和资源开发的土地。它是利用土地的承载力或操作空间，把土地作为生产基地、生活场所，而不是以取得生物产品为主要目的的用地。建设用地包括城乡住宅和公共设施用地，工矿用地，能源、交通、水利、通信等基础设施用地，旅游用地，军事用地等。

建设用地与农业用地相比，在土地利用的相互关系上，存在着显著的、本质的区别。建设用地是通过对土地的利用，获得生产基地、生活场所、操作空间、工程落脚点。土地利用的结果，是以土地非生态附着物，如建筑群、道路、桥梁等存在于实地上；而农业用地的利用结果是形成农产品，它依赖于土地的肥力，直接从耕地的土层中培育出来，它对土壤、气候、灌溉等条件有严格的要求。所以，土壤肥力很低的土地难以进行农业生产，但可以作为建设用地。

建设用地也不同于城市土地的概念。城市土地是一个区域概念，即城市范围内的土地，至于这个范围到底是只包括建成区，还是同时包括规划区及郊区，不同的人有不同理解。就建成区的城市土地而言，它只是建设用地的一个部分，除此之外，建设用地还包括存在于城市区域以外的交通用地，工矿用地、军事用地、水利用地等多种用地形态。城市用地是建设用地的一个重要组成部分，城市的扩展也是建设用地需求扩张的一个重要原因。

建设用地按土地利用性质分为：农业建设用地和非农业建设用地两大类；按其权属关系分为：国家建设用地和乡（镇）村建设用地；按建设项目规模分为：大型项目建设用地、中型项目建设用地和小型项目建设用地；按建用途分为：工业建设用地、民用建设用地和军事建设用地三大类；按使用期限分为：永久性建设用地和临时性建设用地。

根据我国人多地少的基本国情，以及经济建设和人民生活水平提高对建设用地的需求，搞好建设用地必须坚持以下基本原则：依法统一管理土地的原则；按土地规划、土地利用计划进行管理的原则；节约用地的原则；有偿使用的原则；公正、公平、效率的原则以及社会效益、经济效益和生态效益相统一的原则。

建设单位取得建设用地有两种方式。一种是土地有偿使用方式，包括国有土地使用权出让、国有土地租赁、国有土地使用权作价出资或者入股。另一种是土地使用权划拨方式。只有国家机关用地、军事用地、城市基础设施用地、公益事业用地、国家重点扶持的能源、交通、水利等建设项目用地，以及法律、行政法规规定的其他用地，才可以通过划拨方式取得土地使用权。

建设项目使用国有土地，征用农民集体所有的土地，应当按照以下程序办理：

（1）建设项目可行性研究阶段，建设用地单位应当向建设项目批准机关的同级人民政府土地行政主管部门提出建设项目用地预申请，土地行政主管部门应当根据土地利用总体规划、土地利用年度计划指标、土地供应政策和用地定额标准，对建设用地有关事项进行审查，出具建设项目用地预审报告书；可行性研究报告报批时，必须附具土地行政主管部门的建设项目用地预审报告书。

（2）建设项目可行性研究报告经批准后，建设用地单位应当持建设项目的有关批准文件和材料向市、县人民政府土地行政主管部门提出建设用地申请。

其中所指批准文件和材料包括：建设用地申请书，建设单位有关资质证明，建设项目可行性研究报告批复、初步设计等批准文件、勘测定界图、总平面布置图，土地行政主管部门出具的建设项目预审报告书，占用耕地的补充耕地方案。占用城市规划区内土地、地质灾害易发区内土地、林地以及涉及环境保护、消防安全等的，应当有相关行政主管部门出具的许可证或者书面审查意见。

（3）土地行政主管部门对建设项目用地进行审查，确定用地位置，核定用地面积，决定供地方式，编制建设项目用地呈报说明书，并按规定拟订有关方案。利用原有国有建设用地或者未利用地的，拟订供地方案；利用国有农用地的，拟订农用地转用方案、耕地补充方案和供地方案；征用农民集体所有的农用地的，拟订农用地转用方案、耕地补充方案、征用土地方案和供地方案；征用农民集体所有的建设用地或者未利用地的，拟订征地方案和供地方案。经本级人民政府审核同意后，上报有建设用地批准权的人民政府批准。

（4）建设项目用地经批准后，由县以上人民政府土地行政主管部门实施统一征地，向建设单位颁发建设项目用地批准书。有偿使用国有土地的，由市、县人民政府土地行政主管部门与土地使用者签订土地有偿使用合同，依法办理土地登记；划拨使用国有土地的，建设项目竣工后一个月内，建设用地单位应当向土地行政主管部门申报，土地行政主管部门对建设项目实际用地面积和权属界址进行核查，核发国有土地划拨决定书，并依法办理土地登记。

第四节 土地区位理论

一、区位理论的概念及产生与发展

在认识区位理论时，有必要先对区位的概念有所了解，从而进一步了解区位理论的产生与发展。

（一）区位的概念

关于区位的概念有狭义和广义之分。狭义的区位是指特定地块（宗地）所处的空间位置及其相邻地块间的相互关系，即"地段"一词的经济术语。广义的区位是指人类一切活动，包括经济的、文化教育的、科学卫生的一切活动以及人们的居住活动的空间布局及相互关系。本书所指的区位是狭义的概念。土地区位是进行土地利用和进行房地产投资的主要决定因素和首先需要考虑的因素。土地的区位不同或者在同一区位内因用途不同，往往会产生非常大的区位效果差异从而会带来极不相同的经济效益。如住宅用地选址实质上是对住宅区位的选择。因此，正确认识和掌握土地利用与土地区位的关系，对于挖掘土地潜能，提高土地的利用效率有着非常重要的意义。

(二) 区位理论的产生与发展

区位理论是关于人类活动地域空间组织优化的学说。这里既包括自然地理空间位置，交通地理空间位置的优化布局，又包括经济活动地域空间的组织优化。它属于区域经济学和经济地理学的重要理论之一。

区位理论最早见于18世纪的欧洲古典经济学。但系统性的研究则开始于19世纪20年代，是社会发展到一定阶段的产物。在封建社会，自然经济占主导地位，生产社会化程度低，已出现的手工业还处于自然形成的分散状态。资本主义生产方式的建立，极大地促进了社会生产力的发展，机器大工业开始出现，生产逐渐集中，现代交通运输方式的兴起，加快了社会分工和专业化的步伐。在这种历史背景下，人们愈来愈重视工业生产力的空间布局问题，区位理论就应运而生了。

1826年德国农业经济和农业地理学家屠能（J.H.V.Thunen，1783—1850）出版的《孤立国同农业和国民经济的关系》一书。该书系统地阐述了农业用地的空间分布问题。他最早提出了农业区位理论，1909年德国经济学家韦伯（Alfred Weber，1868—1958）出版了《论工业区位》一书，运用工厂区位因子分析的方法，对当时的鲁尔工业区进行了研究，奠定了现代工业区位理论的基础。1933年，德国地理学家克里斯塔勒（Waiter Christaller，1893—1969）根据聚落和市场的区位，出版了《德国南部的中心地方》一书，提出了中心地理论，并成为韦伯以后区位理论的重要组成部分。1940年德国经济学家奥古斯特·廖什（Auguest Losch，1906—1945）出版了《区位经济学》一书。他继承和发展了韦伯的工业区位理论，吸收了克里斯塔勒的中心地理论的观点，建立了以市场区域中心地为基础的市场区位理论。20世纪50年代以来，随着经济发展和分析技术进步，还有许多经济学家对区位问题进行了研究，使区位理论有了新发展，走向成熟。下面就最有代表性的早期区位理论及主要观点做简单介绍。

1. 农业区位理论

屠能在《孤立国同农业和国民经济的关系》一书中，首先作了如下假设：(1) 孤立国建立于一个面积相当大的区域内，其土地面积是一定的，而且全部作为农业用地，经营以获得尽可能高的纯收益为目的的；(2) 孤立国实行自给自足，只有一个城市，位于其中心，也是全国农产品的消费中心；(3) 孤立国周围是荒地，城市和郊区只有陆上道路相通，交通手段是马车；(4) 所有土地的肥力、气候条件、农业技术条件和农业经营者能力是相等的；(5) 市场谷价、工资、利息也是均等的；(6) 运输费用与农产品的重量以及从生产地到消费市场的距离成正比。

根据上述假设，生产某种农产品的总成本除运费这一项外，其他都是一样的，这样市场销售价格也是一样的。愈靠近市场即城市的企业其总成本就愈小，纯收益就愈大，反之则相反。在这种情况下，在什么地方种植何种农作物最为有利，完全取决于利润（E），而利润由农业生产成本（C）、农产品的市场价格（P）与把农产品运到市场上的运费（T）等三个因素决定。

这样，屠能就提出了农业区位的理论模式：

利润 = 农产品销售价 – 农业成本 – 运输费用

用符号表示：$E = P - C - T$

如果 P、C 不变，则 T 的增减直接决定 E 的大小。所以，这是单一因素即运费决定利润，从而决定在什么地方种植何种作物的区位论。这种由空间距离（运费）造成的价格差，决定了土地利用的不同类型，表现为以城市为中心向外呈同心圆状分布的六个农业耕作地带。即所谓的"屠能圈"（如图 3-2）。"屠能圈"的具体结构为：（1）第一圈（最接近中心城）为自由农作物地带，距市场最近，运费低，可生产不适于长途运输或者体积重量大，单位价值低，需及时消费和不易保存的易腐、鲜活的农产品，如蔬菜、鲜奶等；（2）第二圈为林业地带，生产需要量大、重量大，体积大等不宜长途运输的木材及柴草；（3）第三圈为集约农业地带，生产集约化程度较高的商品谷物和畜类；（4）第四圈为谷草式农业地带，生产非集约化的谷物、牧草和畜类；（5）第五圈为三年轮作制农作地带，实行粗放式的三年轮作，提供体积小、不易腐烂、易于运输的经过加工的农产品；（6）第六圈为畜牧业地带，主要用于放牧，还可实行粗放种植业。以上六圈以外的地带为荒地，由于距离市场太远，作狩猎用。

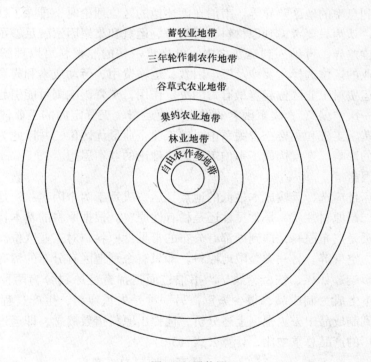

图 3-2 屠能圈

屠能的农业区位理论对土地区位理论的贡献主要体现在：

（1）提出了一种抽象化的研究方法，即在假定其他因素不变的条件下，研究单一重要因素对土地区位的影响。

（2）从级差地租出发，来论述农业集约化程度的合理地区差别，并在此基础上建立起农业分圈层，实现专业化与各圈层多种作物合理组合的理论，由此引伸出农作物的最优区位。这种研究方法不仅被广泛应用于农业，还被应用到工业甚至地区布局的研究中。

(3) 从级差地租出发，得出了在距离市场远近不同的地区应配置不同作物，采用不同的经营方式的结论，并指出随着和中心城市距离的增大，农业经营由集约变化为粗放方式。

屠能的农业区位理论的核心是农业土地的区位级差地租理论，即级差地租与到中心城市的距离成反比。但因只考虑运费因素并建立在诸多不切实际的假设上，故还存在较多局限性。

2. 工业区位理论

工业区位理论是关于工业企业合理选址的理论。韦伯的工业区位理论的主要思想是通过运输、劳动力及集聚因素相互关系的分析与计算，找出工业产品生产成本最低的点作为工业企业的理想区位。与屠能的农业区位理论不同，韦伯的工业区位理论是以现代运输方式为前提的，寻求的是在原材料和消费中心一定的情况下，工业企业的最佳分布点。韦伯在其区位理论中提出"区位因素"的概念。他的区位因素是指一个地理点上能对工业生产起积极作用和吸引作用的因素。根据区位因素的特性，可以分为自然——技术方面的区位因素，例如气候、劳动力技术水平等以及社会——文化方面的区位因素，例如居民的消费水平与习惯、利息率的地区差异等。韦伯在阐述他的区位理论时，排除了社会——文化方面的区位因素，认为只要考虑到原材料、劳动力、运费和集聚因素就足够了。至于原材料费用及其他区位差异，可纳入到运费之中，价格贵一些的原材料可以理解为运输距离远些，这样，工业的区位选择主要涉及三个因素：运输费用、劳动成本和集聚因素。

韦伯认为运费对工业区位起着最有力的决定作用，工资影响则可能引起运费定向的工业区位产生第一次"偏离"；集聚因素的引进则使运费、工资定向的工业区位产生第二次"偏离"。在运费、工资和集聚三者关系中寻求工业企业最优区位，并以此为基础，联系其他因素对区位的影响，这就构成了韦伯工业区位理论的基本思想。

(1) 运费因素

韦伯认为厂址应选择运输成本最低的地点。运费决定于两个因素：一是距离远近，与运费成正比；二是原料性质，是常见性还是稀有性原料。根据原料的基本特征，他将其分为两大类：一类是广布原料，即到处都有分布的常见性原料，对工业区位没有影响，如粮食、水、黏土、空气等。另一类是限地原料，即只有个别地区有分布的稀有性原料，对工业区位有重大影响，如煤、铁、金属矿。韦伯进而把稀有性原料分为两种：一是纯粹原料，加工后基本上成为制成品，很少失重；另一种是失重原料，生产过程中大部分损失掉，不会转换到制成品中去。根据上述分析，他提出原料指数概念，即运进工厂的稀有性原料与运出工厂的产品总重之比，计算公式（3-2）为：

$$\text{原料指数} = \frac{\text{稀有性原料总重量}}{\text{制成品总重量}} \quad (3-2)$$

由此得出三个结论：①当原料指数小于1时，即采用稀有纯粹原料，其运进工厂的物质总重量小于运出工厂产品的总重量，为节约运费，生产工厂应设在消费中心区；②当原料指数大于1时，即运进工厂的物质总重量大于运出工厂产品的总重量，如金属冶炼、食品加工等，为节省运费，生产工厂应设在稀有性原料产区附近；③当原料指数等于1时，即采用纯原料，其运进工厂的物质总重量与运出工厂产品的总重量相等，工厂既可选择原料产地，也可选择消费地或两者之间的任何一点。此外，如果有两种主要原料，而且都是稀有的失重原料，与市场位置不在一条直线上，情况比较复杂，但基本原理同上，此处不再叙述。

(2) 工资成本

假定一个工厂，从运输成本出发，选择某一区位作为理想的厂址，但发现别处的工资较低。于是需要把增加的运输成本和节约的工资对比。韦伯认为，如果每吨成本所增加的运输成本大于所节省的工资成本，不应当迁移；如果每吨成本所增加的运输成本小于所节省的工资成本，则应把厂址迁至工资较低地区。

(3) 集聚因素

当工业的集聚和分散带来的利益或节约超过离开运输成本最小或工资成本较低的位置而追加的费用，则选址由集聚因素决定。韦伯认为影响集聚经济效益有三个原因：①是由于工厂企业规模扩大所带来的大生产的经济效益或能节约的成本；②是几个工厂集中于一个地点能给各工厂带来专业化的利益。如有专门的机器修理与制造业可为各工厂服务、有专门的劳动力市场、各厂享有购买原料方面的协作与便利等利益；③是集聚因素带来了外部经济利益的增长。

韦伯在强调集聚因素的同时，也指出了分散因素的存在。若干厂集中在一个地点，一方面会使各工厂的租金增加，尤其是地租、房租都会上涨；另一方面也带来了城市的污染和环境的恶化。

总之，通过上面分析，可以得出这样一个结论：当工业的集聚或分散带来的利益或节约超过离开运输成本最小或工资成本最低的区位而追加费用时，工厂选址则可由集聚因素决定。

由于韦伯所处时代的局限性和他本人的局限性，其理论上的缺陷是在所难免的。如对成本的决定因素研究过于简单化，忽略了许多经济因素和非经济因素的影响等。但对工业区位理论的贡献是公认的。

3. 中心地理论

克里斯塔勒的中心地理论主要是指建立在人口和资源均匀分布的假设之上，并通过六边形城市空间分布模型，阐述在一定区域内城市和城市职能、规模及空间布局的学说。

任何企业的任何一种产品，总会有一个最大的销售范围，并至少要占有一定范围的市场区，也就是产品的最大销售限界。在这样一个限界内，可能达到的最大销售额就是该产品的限界值。其中，各级城市都分别在相应的市场中起着商品集散与加工中心的作用，因此，被统称为"中心地"。这种中心地可以是一个城市聚集区，也可以是一个乡镇。

克里斯塔勒认为中心地的规模与其所影响的区域的大小、人口规模，是通过对产品和劳务的需求这个环节而建立起相关关系的；运输费用是中心货物所能到达范围的重要影响因素，进而间接地对城市的规模、居民点之间的距离及空间分布等产生影响；行政职能因素也是影响乃至决定城市分布的重要因素。同时还认为城市对其周围地区所承担的各种服务职能，理论上必须最接近受益地点。根据上述分析，他从几何上推导出了六边形的城市空间分布模型。

4. 市场区位理论

廖什提出了市场区位理论。他把生产区位和市场区位结合起来，把利润原则同产品的销售范围即同市场区位联系起来，以利润来判断企业区位选择的方向。廖什认为寻找和确定正确的区位对于企业的成功和长远性的居民点的建立,对于人类的更好生存是必不可少的。他认为企业选择最优区位就是找寻最有利的生产中心、消费中心和供应地区,反过来,这种个别企业的区位选择会影响它的竞争者、购买者和供给者,从而对整个市场区位产生作用。廖什的市场区位理论,是通过对整个企业体系的考察,从总体均衡的角度揭示区位的分布和选择问题。他从最大利润原则出发,对市场价格、需求、人口分布等多种因素进行分析,提出了"市场圈"的概念,分析了区域集聚和点集聚的问题,进而指出市场圈扩大,运费增加,价格就会提高并导致销售量下降。他还提出以垄断取代韦伯的自由竞争,以最大利润代替最低成本。廖什还在假定运输条件相同、分布平均的足够的原料、均衡分布的人口、居民购物相同的条件下,分析了市场区、市场网、市场网系,指出不同区位的生产费用,不同区位的控制市场范围大小,以求得最大利润,并从理论上剖析了经济区位形成的内部机制。

二、城市土地利用的功能分区

在市场经济条件下,为了提高土地的使用效益,减少土地资源的浪费,应本着最高最佳利用土地的基本原则,为此,合理科学地确定土地利用的功能分区显得非常重要。现代城市土地利用在过去自发的基础上,通过土地利用规划进行区位选择,形成了明显的功能分区,一般分为商业区、工业区、居住区等,下面分别阐明它们各自的区位选择。

1. 商业区

商业区一般处于大城市中心、交通路口、繁华街道两侧、大型公共设施周围。商业用地在城市中一方面是联结生产和消费的纽带,另一方面是城市土地利用中经济效益最高的区域。分为中央商业区、城区商业区和街区商业区。

(1) 中央商业区

在经济比较发达的大城市或特大城市中,具有全市商业、交通和信息中心功能的区域被称为城市的中央商业区。一般说,中央商业区有如下特征:①区域内汇集的大公司及机构类型繁多。在中央商业区一般汇集有银行、保险公司、信托公司和大财务公司组成的金融机构;有大企业、大商业公司的总部;有会计、律师、咨询、经纪、市场顾问等中介服务公司。②影响范围大。在中央商业区汇集的大公司及机构影响范围一般都比较大,有一些能影响到全国,甚至全世界。③区位成本、空间成本及房地产成本高。在中央商业区,房地产区位成本或空间成本和劳动成本是最高的,而且还存在不断增加的外部经济。但是,这些大银行、大公司、大企业总机构或管理部门选择所用房地产区位时,仍然会集中到中央商业区。因为他们所处理的不是有形的商品,而是无形的商品的权力;不是处理常规性的标准化的生产或销售中的具体决策问题,而是处理非常规的非标准的方针性大问题和巨额买卖问题。这就要求选择高价的中央商业区的区位。④客流量和信息流量高度集中。在这里可以减少信息的不确定性,获得更多更全面的信息,迅速、准确地作出决策。在这里还可以获得大量的外部经济,如中央商业区各类大公司的高度集中,大大扩大了市场规模,从而可以获得大量高质量低成本的税收的、法律的、财务的和其他多方面的咨询服务,随时获得各种专家的帮助,分享交易厅、交易所等提供的种种好处。⑤基础设施和各种配套设施完善。中央商业区的交通和通讯特别方便,市政基础设施完善,还有许多现代化的包括文化娱乐设施在内的公共设施。

(2) 城区商业区

它是城市的二级商业中心,在规模和影响力方面都次于中央商业区,是城市中某一城区的商业、交通和信息中心。在中小城市中,它属于最高层次的商业区,相当于大城市中的中央商业区的地位。

(3) 街区商业区

它是城市最低一级的商业中心,其特征是以供应购买频率高的日用消费品为主,并以方便市民生活为主要功能。

2. 工业区

工业区是指从事生产加工、制造、存储等企业用地的区域。根据各种工业的特点、污染状况、占地面积等,可以分为内圈工业区、外围工业区和远郊工业区。

(1) 内圈工业区

在中央商业区外侧,主要是高档的服装、首饰、食品、印刷、精密仪表等,它们占地面积小,主要面向本城消费市场,又要求与中央商业区的企事业单位建立密切联系,及时了解市场信息并获得技术支持。

(2) 外围工业区

一般在城市周围边缘地区,这里土地面积大、地价低、交通方便,距离居住区也近。这里的工业一般是厂房大,装备有自动化生产线,机械实行平面布局,产品体积大又不能堆得过高,需要的料场、仓库大,产品多属标准化的定型产品,适于大批量生产,如以本市为销售市场的耐用品。另外是污染较轻的技术要求高的工业,包括大部分轻工业和重工业中的机械制造、金属加工业。

(3) 远郊工业区

一般是指规模大、占地很多、污染严重的工业,如冶金、炼油、化工、重型机械、发电(原子能核电厂)和造纸等工业。

3. 居住区

居住区是人们生活、休闲的场所。它一般位于中央商业区与内圈工业区之间,或内圈工业区与外圈工业区之间。一般说来工业区位与商业区位的选择更看中经济因素,而居住区的选择比较注重个人与非经济因素。随着生活水平的提高,对居住环境要求也日益提高。它要满足以下要求:一是交通便利;二是环境优雅舒适,区内无煤气厂、化工厂、石油站、无三废无噪声源;三是治安良好;四是文化教育设施齐备;五是采购、娱乐方便;六是人际交往方便。

三、决定城市土地区位的主要因素

在社会主义市场经济条件下,随着工业化和城市化的迅速发展以及房地产业的兴起,城市土地区位显得越来越重要,特别是商业用地表现出特别强烈的区位效益。因此,研究决定或形成城市土地区位的主要因素显得十分重要,概括起来主要有五个方面。

1. 自然条件和环境方面的区位因素

自然条件和环境方面的因素都是由自然形成的,因而也可称为自然区位因素。主要包括:①地形、地貌、地质、水文、气候等自然条件,如是否沿江、沿河、沿海、靠山等;②自然资源状况,如矿产资源和旅游资源等,它是形成和决定土地区位的最基本的因素。

2. 交通和通讯方面的区位因素

主要包括：①城市内部的交通和通讯；②城市对外部别的城市、地区以及国家的交通和通讯。这是关系产品生产所需要的原材料、燃料、采购、运输和产品运往市场销售的距离、时间、运费、成本、利润的大问题；也是及时准确获得经济信息、进行经营决策、开展经营活动的关键问题。因此，它是形成和决定城市土地区位的重要因素。

3. 生产、生活、社会服务等基础设施方面的区位因素

这里主要指除交通、通讯以外的其他生产、生活和社会服务等基础设施状况，如道路的质量、煤气化、电气化程度、自来水的供应量、污水污物和垃圾的排放处置能力等。这些因素一方面直接影响社会生产和生活质量的优劣和水平的高低；另一方面又影响到投资者、生产者以及消费者的决策。因此，它是形成和决定区位的又一重要因素。

4. 人口和经济集聚方面的区位因素

主要包括：①人口密度，包含常住人口、上班人口和流动人口。②经济集聚程度，即商业、银行、保险、咨询、服务业、运输、旅游等行业发展程度，尤其是大商业、大银行、大公司和集团的总部、办事处、管理处等的集中程度。这种大规模集中带来专业化和分工协作的好处；相关产业部门迅速发展的好处；各种专门人才汇集和熟练劳动力供应充裕的好处；筹资融资的方便、收集信息的好处；面对面谈判易成交的好处，等等。③居住、出行、采购、娱乐、旅游等条件状况。这既是关系市场容量的大问题，又是关系迅速获取各种经济信息、准确决策的大问题，更是关系联系、谈判、捕捉市场机会做成生意的大问题。应当看到，现代科学技术的发展，尤其是网络技术逐渐渗透到经济生活的方方面面，降低了交易费用，传统的区位效应在一定程度上弱化，不过区位因素通过成本、利润因素影响人们决策的基本原理没有改变。因此，人口和经济集聚方面的区位因素是决定土地区位的关键性因素。

5. 社会文化方面的区位因素

主要包括：①居民消费水平、结构和习惯；②居民文化道德水平、劳动力素质；③文化教育和科学研究机构发展状况。因此，社会文化方面的区位因素是形成和决定土地区位不可忽视的因素。

由于上述五个因素共同作用的结果决定了城市土地的区位。其中，第一个因素是自然区位因素，第二至第五个因素是经济区位因素，即成本、交易、费用和利润。

四、区位选择中应注意的问题

目前，我国的房地产开发企业的主要投资对象是商业用房地产和居住用房地产，由于房地产开发投资量大，回收期较长，因此，区位选择对房地产投资决策的成败有着重大影响。在选择中应注意以下几个问题：

1. 加强对影响区位环境的研究

在一个城市中，必须对影响区位的环境进行研究。这种研究的内容包括交通状况、地块的规模及形状、地貌、市政配套及区域的发展潜力等。其中交通状况的研究十分重要。交通状况与区域的发展潜力密切相关，从而也会对市场产生深远的影响。交通滞后，人们不愿去那里购房，房价也不会很高，交通一经改善，人们纷纷去那儿购房，房价也就随之上扬。此外，还包括容积率及绿化率、市场配套的完善与否等因素也会影响到区位选择的

质量。

2. 重视对住宅市场发展趋势的探讨

进入21世纪，新技术、新工艺、新材料将得到快速发展，生态环境也将得到空前的重视，人们的生产和生活方式会发生深刻的变革，进而对住宅建设的发展带来至关重要的影响。当前，住宅市场发展的趋势是：①住宅形式的个性化。注重保护个人隐私空间与强调开放个人生活空间并行，如朋友式夫妻家庭住宅、开放式住宅、自助式住宅。②住宅消费的分类化。以下消费群体会成为住宅产品的主要客户："城市主流消费群"；"IT"一族；"H阶层"；文化层次较高的，欲老有所养的老年人；危旧房改造时持币观望的待拆迁户等。③住宅设计的无障碍化。老年人和残疾人对住宅有特殊的要求，应根据他们的年龄和生理特征，进行无障碍化的住宅设计。④住宅环境的生态化。包括注重居住环境的绿化；注重新型建材饰材的采用；注重水、电、气资源的节约，建立节约型社会；注重利用自然能源；注重对小区生活垃圾的分类处理等。⑤住宅功能的完善化。包括高品味的规划布局；以人为本的户型设计；完善便利的公共建筑配套设施；优美安全的社会环境等。⑥住宅建设的产业化。以产业化的方式推进住宅建设，才能最大程度地降低成本，推进住宅市场的健康发展，其中，住宅成套技术体系和住宅部品标准化体系是发展的重点。

在今后的几年中，住宅建设应在以下5个方面有明显的变化：①住宅物理性能的改善，如住宅的保温、隔热、隔声、防水、节能、安全性能及设施安全上的提高等；②住宅的装备水平获得极大改善，如住宅的厨卫设备、空调、采暖设备和智能化技术设备等较完善；③住宅结构合理，住宅功能配置合理，面积分配有效、使用率提高等；④住宅环境明显改观，包括环境绿化系统、环保部品材料系统和生态型新能源利用系统的使用和配置等；⑤住宅的寿命应更加延长，如承重结构、填充可变结构、装饰结构和配套材料水平等都要上一个新台阶。

未来住宅发展的方向集中体现了现代科学技术的发展水平，还体现了人对自身、对自然、对环境的重新认识的过程。新世纪的新特点对住宅发展将产生重要的影响，也对区位的选择提出了新要求，只有不断探讨住宅市场发展的趋势，才能使住宅的区位选择更能与周围环境相协调、更好地满足用户的需要。

3. 注重区位升值潜力的分析

现在，房地产界形成一种共识，即认为并不是越靠近市中心搞开发取得的收益越高。选择某地块进行开发，往往要作升值潜力的分析，作种种利弊的权衡比较，在科学的基础上进行决策。

4. 选择区位要具有超前意识

选择区位要具有超前意识，特别注意交通、服务网点等公共设施的深层次分析。如有些开发企业得到某交通线路将要开辟或延伸的消息后，马上会迅速对该信息了解、摸底、分析、归纳，作出准确判断，确定在沿线某区域选址开发，结果取得较高收益。所以，经常准确地掌握信息，特别是城市总体规划设计、城市道路新建、市政设施的完善、危旧房的拆迁、企业、学校等单位的整体搬迁等，这对房地产开发企业提前做出判断，选择建设项目的区位是非常必要的。

5. 采用定性与定量相结合的方法选择区位

定性方法是指某地域开发项目性质的确定。如在CBD（中央商务区）搞单纯的住宅开发，显然与整个区域环境不相协调，而在边缘地区建造高级写字楼，恐怕也难以成事。更不能考虑把住宅区建在有污染的工厂、矿山的附近。定量方法是指价格的判断，由于不同区位价格不一，不宜用较恒定的价格来划分选择地块的标准，高房价、高地价是相对而言的。

　　任何地块均无法用好或坏予以简单地判断，对区位的选择只能以定性和定量相结合的方法才能作出合理判断。

复习思考题

1. 级差地租与绝对地租的关系是什么？它们是如何形成的？
2. 为什么说在社会主义市场经济条件下仍然存在地租？
3. 城市地租与农业地租相比有哪些特殊性？
4. 试述影响土地价格的因素。
5. 什么叫区位？区位理论主要有哪几种？
6. 决定城市土地区位的主要因素有哪些？
7. 如何选择居住区、商业区和工业区的土地区位？

第四章 城市土地使用制度

城市土地使用制度是关于城市土地资源利用、分配的制度安排。我国实行的是土地社会主义公有制，土地公有制采取了两种所有制形式，即集体所有制和国家所有制。农村土地采取了集体所有制的形式，属于农民集体所有；城市土地采取了国家所有制的形式，属于全民所有。农村和城市郊区的土地，除由法律规定属于国家所有的以外，都属于集体所有，并以土地集体所有制的形式存在。任何人不能取得土地的所有权。

我国原有的城市土地使用权制度是整个传统的计划经济体制的一部分。土地作为生产要素之一也被禁锢在计划调拨体制中，形成了城市土地使用制度。改革开放以来，随着我国土地市场的建立和发展，政府对土地实行了有偿使用制度。因此，通过本章学习要掌握城市土地使用权出让方式；城市土地使用权转让条件和程序；城市土地使用权的划拨程序；城市土地使用权收回和终止的条件。

第一节 土地所有权和土地使用权及使用权出让制度

一、土地所有权和土地产权的主要权能

根据《中华人民共和国民法通则》的有关物权条款的规定："所有权是指所有人依法可对物进行占有、使用、收益、处分的权利；它是物权中最完整、最充分的权利。"根据这个定义，土地所有权是指土地所有者在法律规定和许可的范围内，对土地享有的占有、使用、收益和处分等权利；土地产权或地产权则是有关土地财产的一切权利的总和。其中，土地所有权是土地产权的主要也是最重要的组成部分，其他产权权能是土地所有权权能分割的衍生物。在前面的论述中已经说明，土地产权是由若干具体权利组成的权利集束。

根据《中华人民共和国土地法》和《中华人民共和国城镇土地使用权出让和转让暂行条例》的规定：土地使用权可依法进行出售、交换、赠与、转让、出租和抵押。这意味着土地使用者在获得土地使用权的同时，也获得了对该土地的部分处分权。另外，由于在出售、出租、交换、转让、赠与、抵押过程中，土地使用者可以得到某种经济或非经济的利益，因而从这一角度来说，土地使用者实际上获得了该土地部分的收益权。又由于土地使用者可在规定的期限内使用土地，故其在某种程度上也拥有了该土地的占有权。

根据国外的经验及西方发达国家《土地法》中有关地产权的内容，结合我国房地产的实践《中华人民共和国民法通则》、《中华人民共和国土地法》的有关条款规定，土地产权可以分解为：所有权、占有权、使用权、收益权、处分权、开发权、地役权、通行权、重分权、赠与权、继承权、售卖权、租赁权、抵押权、典权、留置权等权能。下面仅对其中重要的及常见的一些权能做简单的说明。

(一) 土地所有权权限

包括占有权、使用权、收益权和处分权。

1. 土地占有权

土地占有权就是土地所有者对土地的实际控制权。它是行使土地所有权和使用权的基础。我国土地所有权的主体只有国家和集体，但是国家和集体作为土地所有权和占有权的分离，因此土地所有权人并不一定就是土地占有人。

2. 土地使用权

土地使用权就是土地所有者根据土地分类对土地加以利用的权利。土地利用与土地占有存在着密切联系，没有占有就无法使用更谈不上使用权。土地使用权作为一项独立的权能可以同占有权、收益权一起从所有权中分离出来。在我国，集体土地所有者可以直接行使这项权利，国有土地所有者一般把这项权利转让给非所有人使用。

3. 土地收益权

土地收益权就是基于对土地使用权而取得收益的权利。土地收益权和土地所有权密切相关，土地收益就是土地使用的结果。

4. 土地处分权

土地处分权就是依法对土地处置的权利，即在法律允许的范围之内决定土地的最终归属。

国家虽然享有完整意义上的土地所有权的四项权能，但国家不能去直接行使这些权利，而是授权给全民所有制和集体所有制单位以及个人经营管理。用地单位和个人依法对国家所有土地行使占有、使用和收益的权利。尽管占有权、使用权和收益权从所有权中分离出来，但国家作为土地所有权者并没有丧失对土地的所有权。城市土地归全民所有，即国家所有土地的所有权由国务院代表国家行使，任何单位和个人不得占有、买卖或者以其他形式非法转让土地，但土地使用权可以依法转让。

(二) 土地使用权出让

根据有关法律，我国土地使用权配置方式主要有两种，即有偿使用形式和行政划拨方式。土地使用权是土地有偿使用的主要形式之一。土地使用权出让，也称"批租"是指国家以土地所有者的身份将土地使用权在一定年限内出让给土地使用者，并由土地使用者向国家支付土地使用权出让金的行为。土地使用权出让是运用市场机制配置土地资源，而土地使用权划拨是用行政手段配置土地资源，是一种行政行为；土地使用权出让必须由土地受让者向国家支付土地出让金，而土地使用权划拨是无偿或仅支付划拨价款就取得土地使用权，而不支付土地使用权出让价格。

土地使用权的出让，是适应社会主义市场经济发展需要的一种新型土地法律制度，它具有以下几项基本特征：

1. 国有土地使用权出让由政府垄断。国家垄断经营土地使用权出让市场信息有两方面的涵义。一是土地使用权出让的只能是国有土地，而并非是一切土地；二是土地使用权出让方只能是地方人民政府的土地管理部门，其他任何部门、单位、个人不得实施土地出让行为。

2. 土地使用权的出让是有年限限制的，土地使用者享有土地使用权的期限以出让合同中约定期限为准，但不得超过法律规定的最高出让年限。

3. 土地使用权的出让是有偿的,受让人获得一定年限的土地使用权是以向出让人支付"出让金"为代价,一般在出让合同签订后的法定期限内,由受让方向出让方一次性支付或法定期限内分期支付。

4. 土地使用权的出让是土地使用权作为商品经营和进入流通的第一步,反映作为土地所有者的国家与土地使用权者之间的商品经济关系。因此,土地使用权的出让市场被称为"地产市场中的一级市场"。

5. 土地使用权的出让不是行政行为,不是国家行政机关之间的行为,而是国家土地管理部门作为市场行为主体与其他市场行为主体之间的市场行为;土地使用权出让和受让是一种等价、有偿、自愿和平等的行为,出让合同是当事人双方的平等协议,是一种经济合同,而不是土地使用权的"批准证书"。

二、土地使用权出让的主体范围

土地使用权出让的主体包括土地使用权出让人、受让人。出让人作为国有土地产权代表的市县人民政府。同级土地管理部门负责土地使用权出让的组织、协调、审查、报批和出让方案的落实等工作。

土地使用权受让人指中华人民共和国境内外的公司、企业及其他组织和个人,除法律另有规定外,均可依照《中华人民共和国城市房地产管理法》、《中华人民共和国城镇国有土地使用权出让和转让暂行条例》和新实施的《中华人民共和国土地管理法》及其《中华人民共和国土地管理法实施条例》的规定取得土地使用权,进行土地开发、利用和经营。

土地使用权拥有者开发经营土地的活动,应当遵守国家法律、法规的规定,并不得损害社会公共利益。

三、土地使用权出让的客体范围

1. 根据《中华人民共和国城市房地产管理法》第2条和第8条的规定,土地使用权的出让是在国有土地范围内进行的,集体所有的土地必须办理征用手续转化为国有土地后才能出让。如果城市规划或政府的发展计划确定某一建设项目需占有集体所有的土地,政府必须先依法将集体所有的土地征用为国有土地,该国有土地使用权方可出让。

2. 地下的各类资源、矿产以及埋藏物和市政公用设施等,不在土地使用权出让范围之列。

3. 土地使用权出让的地块可以是"生地",即待开发的土地,也可以是已完成市政设施的"熟地"即实行"三通一平"或"七通一平"。在政府财力较好的条件下,以"熟地"出让为好。这样既可以提高城市土地使用权的出让价款,又可为开发企业投资创造条件。

四、土地使用权出让的年限控制

根据《中华人民共和国城镇国有土地使用权出让和转让暂行条例》的规定,土地使用权出让的最高年限按下列用途确定:

居住用地为70年;

工业用地为50年;

教育、科技、文化卫生、体育用地50年;

商业、旅游、娱乐用地 40 年；

综合或其他用地 50 年。

出让期届满，政府可以无偿收回土地使用权及地上建筑物、附着物的所有权；使用者如需继续使用，可向政府申请续期，并按有关规定重新签订合同，支付出让金，办理登记手续。若因公共利益需要，国家可依照法律等程序提前收回，并根据土地使用者已使用的年限和开发、利用土地的实际情况给予补偿。

五、土地使用权出让金

土地使用权出让金是指土地使用权受让人，按照约定期限支付的土地使用权的价格。在实质上，是一次或分次提前支付的整个使用期间的地租或土地租金。

出让金是土地使用权交易的主要条件，是土地使用权出让合同的主要条款。出让金的缴纳方式，通常是在签订合同以后受让方以现金或支票方式向出让方支付出让定金，给付定金后的地价余款，受让方根据约定在一定期限内一次性付清，或分期付清。对分期支付，若受让方不履行合同，则定金被没收；若按期付款则定金抵作价款。若延期缴纳地价款的需交滞纳金，逾期一年以上，出让方有权将土地使用权收回。

土地使用权出让，在出让金之外，尚有其他条件的约束，具体内容由合同确定。

六、土地使用权的出让方式

土地使用权的出让方式是指国有土地的出让人，将国有土地使用权出让给土地使用者时所采取的方式或程序，它表明以什么形式取得土地使用权，我国土地使用权的出让方式有 3 种：协议方式、招标方式和拍卖方式。

1. 土地使用权的协议出让

协议出让是指国有土地所有者代表（政府）与选定的受让方进行一对一的谈判和磋商，达成并签订土地使用权出让合同的出让方式。这种出让方式的特点是政府对地价等较易控制，灵活性大，土地交易价往往较低，在当前城镇土地使用制度改革的初始阶段有其存在的基础。但以协议出让方式出让土地使用权，没有引入较充分的竞争机制，缺乏公开性，在地价的确定、受让人的选择上受具体承办者的主观因素影响较大，不利于公开竞争，也易产生以权谋私及国有资产流失，它主要适用于工业项目、市政工程、公益事业用地、非盈利性项目及政府为调整产业结构、实施产业政策而需要给予扶持、优惠的建设项目用地。需要减免地价的机关、部队用地，经济特区重点扶持、应优先发展的产业用地，亦可适当采用此方式。采取此方式出让使用权的出让金不得低于国家规定所确定的最低价。

根据一些城市的实践，协议出让土地使用权的一般程序是：

首先是申请阶段。有意受让人根据生产、经营的需要向土地所有者代表提出用地申请，提交用地意向书。

其次是协商阶段。土地管理部门在接到用地申请后，在规定的时间内进行审查，并向选定的受让方提供《土地使用规则》、《土地使用权出让合同书》等必要的文件。选定的受让方在得到有关文件资料后，应在规定的时间内，向土地管理部门提交土地开发建设方案（包括图件）、出让金、付款方式等有关文件。出让双方就出让地块的用途、年限及出让金等问题进行充分协商，并在规定的时间内给予答复。

再次是签约阶段。经过协商达成一致后，出让方与受让方签订土地使用权出让合同，按照合同的规定缴纳土地使用权出让金。

受让方应在规定时间内到土地管理机关办理土地使用权登记，领取土地使用权证。

在各种出让方式中，协议出让使受让方在出让过程中对合同主要条款有较大的发言权，特别是对出让金有直接的讨价还价的余地。例如，1989年8月8日天津经济技术开发区向美国MGM商业公司出让的面积为5.3km^{2}的土地使用权，就是通过协议方式出让的。出让这块土地的使用权，首先得到了国务院的原则同意和有关部门的支持。1987年8月双方开始接触，1989年8月正式签约，整整经过两年时间，双方多次协商和谈判。其间，开发区曾两次派代表赴美，MGM公司总裁马利克波尔也来华进行访问和实地考察，最后以MGM商业公司支付每平米3.25美元（总额为16723万美元）的出让金成交。

2. 土地使用权的招标出让

土地使用权出让招标，是指在规定期限内，由符合受让条件的单位和个人以书面投标形式，竞投某地段土地使用权，由招标人根据一定条件择优确定土地使用权受让人，由受让人在办理完一切手续后取得土地使用权方式。

这种出让方式引入了市场竞争机制，体现了市场经济的竞争原则，有利于公平竞争，能激发投标者对用地方案的积极研究。同时，也给出让方留有选择余地。以该方式出让土地使用权，主要适用于一些需要优化土地布局、大型或关键性的发展计划与投资项目的较大地块的出让，决标时既充分考虑投标报价，又考虑投标规划设计方案、企业业绩等进行全面综合评价，择优而定。

招标出让土地使用权的方法有两种：公开招标和定向招标（邀请招标）。

招标方式出让土地使用权的一般实施程序是：

首先，是招标方编制标底，发出招标通告，对有意受让人进行资格审查，向合格者分发招标文件。招标文件主要包括投标须知、建筑条件、土地投标书、土地使用权合同书及投标截止日期、开标时间和地点、投标保证金预交时间、方式与地点等内容。

其次，是有意受让人投标。见到招标通告后决定是否投标。决定投标后应按时交纳投标保证金，编制标书并密封之，并在指定期内送达。

最后，是开标、评标和决标。决标后招标人向未中标者退回保证金。中标者在接到中标通知书后在规定日期内与招标人（即国有土地所有者代表）签订土地使用权出让合同，并按约定方式支付定金、出让金余款。然后方可办理土地使用权登记，领取土地使用证。

招标出让在各地有不少实践，上海、广州、深圳等城市曾以招标出让方式出租了部分土地使用权。1987年9月29日，深圳市将一块面积为46355m^{2}的商品住宅用地公开招标，对象为在特区拥有房地产权的企业。招标通告发出后，13家开发公司领取了招标文件，9家公司投了标。同年11月14日开标，25日决标。深华工程开发公司以价格合理、规划方案优秀而中标，每平方米出让金368元，总额1705.9万元，使用期限定50年。

3. 土地使用权的拍卖出让

拍卖亦称竞投，有的也叫"拍让"。是指在指定时间、地点，公开场合，在土地管理部门拍卖主持人主持下，竞投者按规定方式出价，竞投土地使用权，由出价最高者获得土地使用权的土地出让方式。其特点是充分引进了竞争机制，排除了出让的任何主观因素，并使土地出让价格较好地反映了当时该地的市场供求关系，政府也可获得高收益，较大幅度地增加财政收入。因而它适用于投资环境好、盈利大、竞争性强的商业、金融业、旅游业和娱乐用地，特别是大中城市的区位条件好、交通便利的闹市区地块的出让。

拍卖与招标，都引入了市场机制，但招标竞争更趋表面化，其次，每个投标人一般只有一次投标机会，不能根据他人提出的报价随意变更，而且招标决定谁是受让人不但看报价，还要看规划设计方案，拍卖则是由出价最高者成为受让人。

拍卖出让方式对拍卖者和竞投者都提出了很高的要求。拍卖者事先必须公布拍卖地块的充分信息，事先制定规划设计方案并公布其要点。竞投者需对竞拍地块进行案头和实地的调研，进行报价估算，制定多种应价方案，确定极限价格，并能见机行事，临场决断，恰当地掌握好叫价和应价机会。

拍卖出让土地使用权的一般程序是：

首先，由土地所有者代表发出土地使用权拍卖公告，告知地段位置、使用要点、拍卖地点和日期、拍卖规则、叫价起点、拍卖保证金金额与支付方式及其他有关事项。

土地使用权有意受让人的法定代表人或其授权委托人在规定期限内领取有编号的牌子。

其次，拍卖时主持人就职，简介拍卖土地的位置、面积、用途、使用年限、公布底价、互交应价的加价额、应价方式用价高者得的原则。简介后竞投开始。最后举牌应价时，主持人一锤敲下，该地的使用权即为最后举牌应价者所得。

再次，就是签订土地使用合同，按规定交付履约金，并由受让人在接到通知后交足地价余款，办理土地使用权登记手续，领取用地使用证书。

1987年12月1日，深圳市政府首次（在我国也首次）采取公开拍卖方式出让土地使用权。所拍卖的土地位于深圳特区内市中心路翠竹新村西侧，面积为8588m^2，用途为住宅建设，使用期限为50年。拍卖公告发出后，有63家单位索取了投标书。在深圳经济特区注册具有法人资格的44家企业（包括9家"三资"企业）参加了竞标，深圳经济特区房地产公司以525万元的应价获得了这块土地的使用权，平均每平方米611.3元。香港一位专家在拍卖现场观看后说："这次拍卖很成功，程序、规则完全符合国际惯例"。

4. 三种出让方式的比较及管理

协议、招标、拍卖是法定的土地使用权的三种出让方式。但协议出让方式的市场透明度不高，随意性很大，缺乏竞争机制，它是一场政府与企业之间"马拉松"式讨价还价的谈判，谈判的结果往往会产生负效应。由于协议地价水平确定的主观性，有些市场条件好的地块明明可以卖高价，但却因为多种人为因素而杀价；另一些市场条件差的地块却有可能被人为地抬高价格。因而，在推行城市土地使用制度改革的过程中，以协议出让土地使用权是很难充分运用市场机制，也不符合社会主义市场经济的公平原则。

拍卖出让方式和招标出让方式虽然都引入市场竞争机制，但两者之间还是有重大区别：第一，在招标出让时，各投标者相互不能知道各投标人所提出的条件，每个标者只有一次投标机会，标书一旦送出，不能随意变更；而拍卖出让，则是由各竞投人之间公开签约。第二，在拍卖出让土地使用权时，出价最高者签约后即成为土地使用权的受让人，而在招标出让土地使用权时，招标者还要根据投标者的其他条件，对土地开发的最佳设计方案、投标者的资信状况和业绩等进行评估，然后决出中标者，并非最高价就能赢得竞争，成为土地使用权的受让人。

因而从引入市场机制的程度来说,协议方式最低,招标方式次之,拍卖方式最高。而从土地使用权出让价格来讲,一般也是协议出让土地使用权价格最低,招标出让使用权价格次之,拍卖方式的土地使用权价格最高。

随着我国土地一级市场的建立和发展,政府通过有偿出让土地使用权获得了大量资金,既优化了土地资源的配置,又改变了城市基础设施,而且有效地保护了农业用地,极大地提高了土地资源的配置效益。但是由于各方面的原因,我国土地一级市场在其发展过程中还存在一些比较突出的问题,主要是:

(1) 以出让方式供地所占的比例较少,很多的土地仍以行政划拨方式供应。

(2) 在土地出让时,以协议方式为主,很少使用招标、拍卖方式出让土地。因为在出让土地时没有引入竞争机制,土地出让价格过低,使应归国家所得的土地收益大量流失。

(3) 供地总量过多,低价出让,土地利用率低。

因此,要进一步培育土地一级市场,还必须做好以下几项工作:

(1) 要加大出让方式的供土地比例,减少行政划拨供地的比例。

可采取以下几项措施:①对非公有制企业所使用的土地应以出让方式供地,如这类企业原先以行政划拨方式获得了土地,则应让其补交出让金;②对城镇集体所有制企业中盈利较高的行业和企业,也应以出让方式供地;③以国有商业、金融、保险、房地产开发、石化等行业中盈利较高的国有企业,应以出让方式供给土地。对不宜采取以出让方式供地的单位,可采取租凭方式供地。

(2) 在出让土地时,要引入竞争机制,降低协议出让土地的比例,扩大招标出让和拍卖出让土地的比例。鉴于目前我国城市土地市场不发达,评估等中介机构行为不规范,制定基准地价的原则和方式还不完善,加之土地使用权拍卖容易引起过度竞争,难以实现城市规范化,在城市土地使用权出让过程中,应选择招标协议出让方式为主。

(3) 政府应运用经济、法律手段,辅之以必要行政手段对供地总量加强宏观调控。主要有:①要根据土地利用总体规划用途要求和年度计划,控制出让土地的供给总量;②国家要控制各省市地区之间的土地出让价格,制止各地竞相压价,恶性供地做法;③坚决执行土地用途管制制度和实现耕地总量动态平衡;④政府要根据实际经济发展的状况和趋势,选择有利时机出让土地;⑤建立土地收购与储备体系,调控土地市场的供求关系。

七、城市土地使用权收回和终止的条件

土地使用权收回是指国家在特殊情况下,根据社会公共利益的需要,依法收回用地单位或者个人的土地使用权的行为。有下列情形之一的,由有关人民政府土地行政主管部门拟定收回方案,报经原批准用地的人民政府或者有批准权的人民政府批准,可以收回国有土地使用权:

(1) 为公共利益需要使用土地的;

(2) 为实施城市规划进行旧城区改建,需要调整使用土地的;

(3) 土地出让等有偿使用合同约定的使用期限届满,土地使用者未申请续期或者申请续期未获批准的;

(4) 经批准用地后，建设项目撤销或者部分撤销的；
(5) 因单位撤销、迁移或者缩小规模，停止或者部分停止使用划拨的国有土地的；
(6) 依法取得使用权的土地，闲置、荒芜超过法定期限的；
(7) 公路、铁路、机场、矿场等经核准报废的；
(8) 其他情形依法应当收回的。

依照前款第（1）、（2）项的规定收回国有土地使用权的，应当按照土地使用权取得的方式、确定的标准及有关规定，对土地使用权给予补偿。

土地使用权终止是指土地使用权因土地灭失而终止。

八、土地使用权出让合同

土地使用权出让合同是指国有土地所有者（或者其代表）与土地使用权受让人之间就出让土地使用权及如何行使使用权等所达成的、明确相互间权利义务关系的协议。完整的土地出让合同，一般包括下列主要内容：

第一，所出让土地的位置、面积、界限等土地自然状况。这是作为合同的标的而要求的。

第二，出让金的数额、支付方式和支付期限及出让金的币种。确定土地使用权出让金的数额是订立合同的关键。

第三，土地使用期限即出让期限。土地使用期限的最高年限，一般由立法确定，土地所有者或其代表在确定具体某块土地的出让期限时不得突破。在立法规定的范围内由土地所有者或其代表根据所出让土地的具体情况及用途等逐一确定。

第四，建设规划设计条件，有时也称使用条件。在确定土地使用权之前，土地所有者或其代表一般均在城市总体规划的前提下，编制出所出让土地的建设规划条件和方案。作为出让土地使用权的一个条件，并作为出让合同的部分予以确认，由双方遵守。

第五，定金及违约责任。目前，土地法规不完善，投资者对于出让合同及其相关文件需特别谨慎。1988年，深圳市东部开发（集团）公司因土地用途与国土局发生争端。东部公司认为国土局拍卖公告中，对土地用途交待不清，导致错误投标，地价偏高，要求兑现合同中土地用途的规定。国土局则以东部公司到期未付清全部出让金为由解除土地使用合同，收回土地使用权，并决定不退还东部公司的万元定金。

下面介绍两部土地使用权出让合同示范文本，供学习时参考。

1. 国有土地使用权出让合同（GF-94-1001）
（宗地出让合同）

本合同双方当事人：

出让方：中华人民共和国_____省（自治区、直辖市）_____市（县）土地管理局（以下简称甲方）；

受让方：_____（以下简称乙方）；

根据《中华人民共和国城镇国有土地使用权出让和转让暂行条例》和国家及地方有关法律、法规，双方本着平等、自愿、有偿的原则，订立本合同。

第一条 甲方根据本合同出让土地使用权，所有权属于中华人民共和国。国家和政府对其拥有法律授予的司法管辖权和行政管理权以及其他按中华人民共和国规定由国家行使的权力和因社会公众利益所必需的权益。地下资源、埋藏物和市政公用设施均不属土地使用权出让范围。

第二条 甲方以现状（或几通一平，注：根据具体情况定）出让给乙方的宗地位于_____，宗地编号_____，面积为_____平方米。其位置与四至范围及现状（或几通一平）的具体情况如本合同附图所示。附图已经甲、乙双方签字确认。

第三条 （略）

第四条 本合同项下的土地使用权出让年限为_____年，自领取该宗地的《中华人民共和国国有土地使用证》之日起算。

第五条 本合同项下的宗地，按照批准的总体规划是建设_____项目。（注：根据具体项目、用途情况定）。

在出让期限内如需改变本合同规定的土地用途和《土地使用条件》，应当取得甲方同意，并依照有关规定重新签订土地使用权出让合同，调整土地使用权出让金，并办理土地使用权登记手续。

第六条 本合同附件《土地使用条件》是本合同的组成部分，与本合同具有同等法律效力。乙方同意按《土地使用条件》使用土地。

第七条 乙方同意按合同规定向甲方支付土地使用权出让金、土地使用费、转让时的土地增值税以及国家有关土地的费（税）。

第八条 该宗地的土地使用权出让金为每平方米_____元人民币，总额为_____元人民币。

第九条 本合同经双方签字后_____日内，乙方须以现金支票或现金向甲方缴付土地使用权出让金总额的_____%，共计_____元人民币，作为履行合同的定金，定金抵作出让金。

乙方应在签订本合同后 60 日内，支付完全部土地使用权出让金，逾期_____日仍未全部支付的，甲方有权解除合同，并可请求乙方赔偿因违约造成的损失。

第十条 乙方在向甲方支付完全部土地使用权出让金后_____日内，依照规定申请办理土地使用权登记手续，领取《中华人民共和国国有土地使用证》，取得土地使用权。

第十一条 本合同规定的出让年限届满，甲方有权无偿收回出让宗地的使用权，该宗地上建筑物及其他附着物所有权也由甲方无偿取得。土地使用者应依照规定办理土地使用权注销登记手续，交还土地使用证。

乙方如需继续使用该宗地，须在期满_____日前向甲方提交续期申请书，并在获准续期后确定新的土地使用权出让年限和出让金及其他条件，重新签订续期出让合同，办理土地使用权登记手续。

第十二条 本合同存续期间，甲方不得因调整城市规划收回土地使用权。但在特殊情况下，根据社会公共利益需要，甲方可以依照法定程序提前收回出让宗地的使用权，并根据土地使用者已使用的年限和开发利用土地的实际情况给予相应的补偿。

第十三条 乙方根据本合同和《土地使用条件》投资开发利用土地，且投资必须达到总投资（不包括出让金）的_____%（或建成面积达到设计总面积的_____%）后，有权将本合同项下的全部或部分地块的余额使用权转让、出租。

本宗地的土地使用权可以抵押，但该抵押贷款必须用于该宗地的开发建设，抵押人和抵押权人的利益受到法律保护。

第十四条 在土地使用期限内，政府土地管理部门有权依法对出让宗地使用权的开发利用、转让、出租、抵押、终止进行监督检查。

第十五条 如果乙方不能按时支付任何应付款项（除出让金外），从滞纳之日起，每日按应缴纳费用的_____％缴纳滞纳金。

第十六条 乙方取得土地使用权后未按合同规定建设的，应缴纳已付出让金____％的违约金；连续两年不投资建设的，甲方有权无偿收回土地使用权。

第十七条 如果由于甲方的过失致使乙方延期占用土地使用权，甲方应赔偿乙方已付出让金_____％的违约金。

第十八条 本合同订立、效力、解释、履行及争议的解决均受中华人民共和国法律的保护和管辖。

第十九条 因执行本合同发生争议，由争议双方协商解决，协商不成，双方同意向_____仲裁委员会申请仲裁（当事人双方不在合同中约定仲裁机构，事后又没有达成书面仲裁协议的，可向人民法院起诉）。

第二十条 该出让宗地方案经一级政府依法批准后，本合同由双方法定代表人（委托代理人）签字盖章后生效。

第二十一条 本合同正本一式____份，甲、乙双方各执_____份。
_____份合同正本具有同等法律效力。
本合同和附件《土地使用条件》共_____页，以中文书写为准。

第二十二条 本合同于_____年____月____在中华人民共和国_____省（自治区、直辖市）_____市（县）签订。

第二十三条 本合同未尽事宜，可由双方约定后作为合同附件，与本合同具有同等法律效力。

甲方： 乙方：
中华人民共和国_____省（自治区、直辖市）_____市（县）土地管理局（章）

法定代表人（委托代理人） 法定代表人（委托代理人）
法人住所地：_____ 法人住所地：_____
银行名称：_____ 银行名称：_____
账号：_____ 账号：_____
邮政编码：_____ 邮政编码：_____
电话号码：_____ 电话号码：_____
附件：

土地使用条件
（宗地项目）

一、界桩定点

1.1 《国有土地使用权出让合同》（以下简称本合同）正式签订后_____日内，

甲、乙双方应依宗地图界址点所标示座标实地验明各界址点界桩。界桩由用地者妥善保护，不得私自改动，界桩遭受破坏或移动时，乙方应立即向当地土地管理部门提出书面报告，申请复界测量恢复界桩。

二、土地利用要求

2.1 乙方在出让宗地范围内兴建建筑物应符合下列要求：
（1）主体建筑物的性质规定为＿＿＿＿＿＿＿＿＿＿＿＿＿＿＿＿＿＿＿；
（2）附属建筑物＿＿＿＿＿＿＿＿＿＿＿＿＿＿＿＿＿＿＿＿＿＿＿；
（3）建筑容积率＿＿＿＿＿＿＿＿＿＿＿＿＿＿＿＿＿＿＿＿＿＿＿；
（4）建筑密度＿＿＿＿＿＿＿＿＿＿＿＿＿＿＿＿＿＿＿＿＿＿＿＿；
（5）建筑限高＿＿＿＿＿＿＿＿＿＿＿＿＿＿＿＿＿＿＿＿＿＿＿＿；
（6）绿化比率＿＿＿＿＿＿＿＿＿＿＿＿＿＿＿＿；
（7）其他有关规划参数以批准规划文件为准。
（注：根据具体情况定）

2.2 乙方同意在出让宗地范围内一并建筑下列公益工程，并同意免费提供使用：
（1）＿＿＿＿＿＿＿＿＿＿＿＿＿＿＿＿＿＿＿＿＿＿＿；
（2）＿＿＿＿＿＿＿＿＿＿＿＿＿＿＿＿＿＿＿＿＿＿＿；
（3）＿＿＿＿＿＿＿＿＿＿＿＿＿＿＿＿＿＿＿＿＿＿。

2.3 乙方同意政府的下列工程可在其宗地范围内的规划位置建筑或通过而无需作任何补偿。
（1）＿＿＿＿＿＿＿＿＿＿＿＿＿＿＿＿＿＿＿＿＿＿＿；
（2）＿＿＿＿＿＿＿＿＿＿＿＿＿＿＿＿＿＿＿＿＿＿＿；
（3）＿＿＿＿＿＿＿＿＿＿＿＿＿＿＿＿＿＿＿＿＿＿。

2.4 出让宗地上的建筑物必须严格按上述规定和经批准的工程设计图纸要求建设。乙方应在开工前＿＿＿＿＿天内向甲方报送一套工程设计图纸备查。

三、城市建设管理要求

3.1 涉及绿化、市容、卫生、环境保护、消防安全、交通管理和设计、施工等城市建设管理方面，乙方应符合国家和＿＿＿＿＿＿＿＿＿的有关规定。

3.2 乙方应允许政府为公用事业需要而敷设的各种管道与管线进出、通过、穿越其受让宗地内的绿化地区和其他区域。

3.3 乙方应保证政府管理、公安、消防、救护人员及其紧急器械、车辆等在进行紧急救险或执行公务时能顺利地进入该地块。

3.4 乙方在其受让宗地上的一切活动，如有损害或破坏周围环境或设施，使国家或个人遭受损失的，乙方应负责赔偿。

四、建设要求

4.1 乙方必须在＿＿＿＿＿＿年＿＿＿月＿＿＿日前，完成地上建筑面积不少于可建总建筑面积的＿＿＿＿＿＿％的建筑工程量。

4.2 乙方应在＿＿＿＿＿＿年＿＿＿月＿＿＿日以前竣工（受不可抗力影响者除外），延期竣工的应至离建设期限届满之日前＿＿＿月，向甲方提出具有充分理由的延建申请，且延期不得超过一年。

除经甲方同意外，自第4.1规定的建设期限届满之日起，在规定的建筑工程量完成之日止，超出_____年的，由甲方无偿收回该宗地的土地使用权以及地块上全部建筑物或其他附着物。

五、市政基础设施要求

5.1 乙方在受让宗地内进行建设时，有关用水、用气、污水及其他设施同宗地外主管线、用电变电站接口和引入工程应办理申请手续，支付相应的费用。

5.2 用地或其委托的工程建设单位应对由于施工引起相邻地段内有关明沟、水道、电缆、其他管线设施及建筑物等的破坏及时修复或重新敷设，并承担相应的费用。

5.3 在土地使用期限内，乙方应对该宗地内的市政设施妥善保护，不得损坏，否则应承担修复所需的一切费用。

（注：特殊项目出让合同的《土地使用条件》双方可根据实际情况自行约定）

2. 深圳市土地使用权出让合同书

深地合字（2001）0035号

一、本合同双方当事人

出让方：深圳市规划与国土资源局（以下简称甲方）

法定代表人：_____   职务：_____

地址：_____   电话：_____

受让方：_____（以下简称乙方）

法定代表人：_____   职务：_____

地址：_____   电话：_____

二、根据国家有关法律、法规及深圳市的有关规定，订立本合同。

三、甲方向乙方出让土地的使用权，土地所有权属于国家。地下自然资源、埋藏物均不在土地使用权出让范围。

四、本合同签定之日，甲方将地块编号为 T207—0026 土地面积为 75101.8 平方米（见宗地图红线范围）的土地使用权出让给乙方，乙方对该地块的现状无任何异议。本合同签定后，则视为甲方已向乙方交付土地。

五、本块土地的使用年期为柒拾年，从 2001 年 12 月 7 日至 2071 年 12 月 6 日止。

六、本块土地用途为住宅。

七、土地利用要求

（一）建设用地面积 75101.8 平方米

（二）建筑覆盖率：≤22％

（三）建筑间距：按规范

（四）建筑容积率：3.4

（五）总建筑面积 255300m^2，其中：

住宅 249300m^2，社区综合服务中心（即小区会所）3000m^2（包括医疗保健、文体活动、老人活动、小型净菜超市、社区管理、公厕等设施），12班幼儿园一所 3000m^2（幼儿园属独立用地，用地面积 4300m^2）。

地下车库、设备用房、民防设施、公众通道，不计容积率。

（六）建筑高度或层数：≤100m
（七）总体布局及建筑退红线要求：
北侧≥12m；东侧≥16m；南侧≥20m；西侧≥15m；西南侧≥5m。
该小区的空间、环境、交通及建筑要素设计规定见附图。
（八）市政设施要求
1．车辆出入口：按附图规定。
2．人行出入口：按附图规定公共通道出入口。
3．机动车泊位数：按1辆/户（自用　　辆、公用　　辆）。
4．室外地坪标高：
5．给水接口：接周围路。
6．雨水接口：接周围路。
7．污水接口：接周围路，生活污水须经化粪处理后方可排入市政管道。
8．中水接口：
9．燃气接口：
10．电源：由周围路电缆引入。
11．通讯：由周围路电缆引入。
备注：须按深圳市灯光规划要求做灯光工程。

八、本地块上不超过249300m² 的住宅可进入市场销售；医疗保健设施、文体活动、老人活动、小型净菜超市、社区管理、公厕等设施限自用或公用，不得进入市场销售；幼儿园建成后产权无偿提供给政府。

九、本地块的土地使用权出让金为（人民币）_____亿_____仟_____佰_____拾_____万_____仟_____佰_____拾_____元（小写：¥_____元）整；土地开发金为（人民币）_____拾_____亿_____仟_____佰_____拾_____万_____仟_____佰_____拾_____元（小写：¥_____万元）整；市政配套设施金为（人民币）_____拾_____亿_____仟_____佰_____拾_____万_____仟_____佰_____拾_____元（小写：¥_____元）整；合计（人民币）_____拾_____亿_____仟_____佰_____拾_____万_____仟_____佰_____拾_____元（小写：¥_____元）整。

十、经甲乙双方协商同意，在本合同签定之日起五日内，乙方须向甲方一次性付清全部成交价款。即（人民币）：_____拾_____亿_____仟_____佰_____拾_____万_____仟_____佰_____拾_____元（小写：¥_____元）整。

十一、乙方未按出让合同规定的期限付清成交价款的，乙方同意甲方解除出让合同，无偿收回土地使用权。甲方并可没收乙方已支付的履约保证金。已兴建的建筑物、附着物无偿收归甲方所有，甲方还可按成交价款的20%向乙方追索违约金。因甲方的过错致使乙方延迟使用土地的，甲方承担由此而造成乙方的经济损失。

十二、乙方在未交清本地块的成交价款并取得《房地产证》前，不得抵押本地块的土地使用权；未达到预售条件的，不得转让。

十三、乙方除向甲方给付本地块的成交价款外，每年还必须按规定缴付土地使用费。乙方在签定土地出让合同的同时，办理土地使用费登记手续。

十四、乙方在使用土地期间，未按规定缴纳土地使用费的，甲方可不予办理与本地块有关的房地产权登记、建筑许可、销（预）售许可及其他相关手续或采取其他限制性措施。

十五、乙方在土地使用年限内依照法律、法规、深圳市的有关规定以及本合同的规定转让、出租、抵押土地使用权或将土地使用权用于其他经济活动，其合法权益受法律保护。乙方开发、利用、经营受让的土地，不得损害社会公共利益。乙方在未办理土地使用权登记并取得房地产证之前，不得以任何形式处分本地块。

十六、本合同规定的土地出让年限届满，甲方无偿收回出让地块的土地使用权，本地块上的建筑物及其他附着物也由甲方无偿取得。乙方承诺于2071年12月7日将土地及土地上建筑物、附着物无偿交给甲方，并在年期届满之日起十日内办理房地产权注销登记手续，否则由甲方迳行注销。

乙方如需继续使用本地块，可在期满前六个月内申请续期，并在确定了新的土地使用权出让年限和出让金及其他条件后，与甲方重新签定土地使用权出让合同，支付土地使用权出让金和土地开发与市政配套设施金，并办理土地使用权登记手续。

十七、在履行本合同过程中甲方需向乙方告知有关事宜的，乙方同意甲方通过挂号信函或媒体公告的形式送达至本合同所规定的乙方地址。

十八、《土地使用规则》是本合同的组成部分，与本合同具有同等法律效力。乙方须遵守《土地使用规则》。

十九、本合同订立、效力、解释、履行及争议的解决均受中华人民共和国法律的管辖。

二十、因执行本合同发生争议，由争议双方协商解决，协商不成的，可依法向人民法院起诉。

二十一、本合同从签定之日起生效。

二十二、本合同一式五份，乙方三份，其余由甲方持有及分送有关单位。

二十三、本合同未尽事宜，可由双方协商签定协议书明确。

甲方：深圳市规划与国土资源局　乙方：_____

（盖章）　　　　　　　　　　　　（盖章）

法定代表人：_____　　法定代表人：_____

委托代理人：_____　　委托代理人：_____

　　　　　　　　　　　　　　　　签定日期：二〇〇一年___月___日

　　　　　　　　　　　　　　　　签定地点：_____

附件：

土地使用规则

为了切实履行《深圳市土地使用权出让合同书》（以下简称《土地使用权出让合同》），保证深圳市城市规划的实施，合理利用土地，明确土地使用者的责任，订立此规则。

一、释义
1. 土地使用权出让合同涉及到的名词，以本规则解释为准。
宗地图：指按一定比例尺制作的用以标示一宗地的用地位置、界线和面积的地形图。
土地使用权：指深圳市规划与国土资源局依法将国有土地指定的地块、年限、用途和其他条件供给土地使用权受让人依法占有、使用、收益、处分，土地使用权受让人由此获得对该地块按土地使用权出让合同进行开发、经营、管理的权利。
土地使用权转让：土地使用权出让后，土地使用权受让人依法和依照土地使用权出让合同书将土地使用权再转移的行为。
无偿收回土地：指因土地使用者不能履行土地使用权出让合同，违反土地使用规则进行开发建设，市规划与国土资源局因此解除土地使用权出让合同，或土地使用年期届满，市规划与国土资源局无偿收回土地使用权，土地使用者无偿将土地及地上建筑物、附着物交回并丧失土地出让合同书中一切权利的行为。
土地使用年期：土地使用权受让人在受让的地块上享有土地使用权的总年期。
坐标：用测量学方法表示地面上一点位置的有序的一组数。本合同中的坐标除非特别指明外，均为深圳独立坐标系统，用直角坐标表示。
界桩定点：在实地确定验明宗地图上所标示的各界桩点的位置。
土地使用费：土地使用者因使用土地按规定每年支付给政府的土地费用。
土地临时占用费：土地使用者经国土管理部门批准临时使用的土地，按规定向国土管理部门支付的租金。
市政工程：城市的基础设施。具体包括：道路、给水、污水、雨水、电力、电讯、路灯、照明、煤气等管、厂、站、场、桥梁或人行天桥及其他工程。
绿化比率：用地范围内绿地面积与土地面积之比。
建筑覆盖率：用地范围内所有建筑物的基底面积总和与土地面积比。
建筑容积率：规定的地块上全部建筑物总面积与土地面积之比（附属建筑物计算在内），但注明不计算的附属建筑物面积除外。
总建筑面积：各层建筑面积的总和。底层建筑面积按外墙勒脚以上的外围水平面积计算，二层及二层以上按外墙外围水平面积计算，其他具体计算方法按国家颁布的《建筑面积计算规则》进行。
主体建筑物：由土地用途所限定的主要建筑物。
附属建筑物：主体建筑以外的其他建筑。
办公楼：供机关、企事业单位从事行政事务使用的建筑物。
单身公寓：供单身职工起居和具备居住用的小型厨、厕的建筑物。
住　宅：供居民家庭生活居住的单元式建筑物。
别　墅：供居民家庭生活居住的独立式建筑物。
宿　舍：供学生、职工等集体性居住的建筑物。
综合楼：多种用途组合一体的多、高层民用建筑。
厂　房：可供工业生产使用的建筑物。
商业用房：指为居民提供生活消费及进行商务活动的商铺、饮食、酒店、娱乐、金融、保险、银行、证券等建筑物。

房地产证：房地产权利人依法管理、经营、使用和处分房地产的凭证。

2.《土地使用权出让合同》签订后，宗地图所标示坐标各拐点埋设的混凝土界桩，由市规划与国土资源局会同土地使用者实地依图验明。界桩定点费用由土地使用者支付。事后，土地使用者必须妥善保护，不得私自改放，界桩遭受破坏或移动时，应及时书面报告深圳市规划与国土资源局，请求重新埋设，所需费用由土地使用者支付。

3. 土地使用者同意在宗地图红线范围内一并建造附表一、附表二所列附属工程，并保证在2004年12月6日前或与主体工程竣工时间同时竣工。并同意附表二所列公益工程免费提供使用，产权归政府所有。

土地使用者表示同意附表三所列市政工程可在其宗地图范围内的规划位置建造或通过，而无须作任何赔偿。

4. 因规划需要，深圳市规划与国土资源局在用地范围内布置公益配套项目及市政管线施工时，土地使用者同意提供用地及通过。

二、设计、施工、竣工

5. 土地使用者必须在签订《土地使用权出让合同》之日起六个月内，向深圳市规划与国土资源局提交设计方案图纸及市规划部门批准的投资计划，市规划与国土资源局应在接到齐备的图纸和计划后按规定审批。

6. 宗地图范围内的详细规划设计、建筑设计、建筑用途等必须符合本规则规定的设计要点。涉及交通、管线、消防、环保、绿化、人防、航道等问题，还须报经市政府有关主管部门审批，由此所发生一切费用均由土地使用者负责。

7. 土地使用者自签订《深圳市土地使用权出让合同书》之日起一年内应按批准的施工设计图纸动工施工。超过两年未动工开发的，市规划与国土资源局可无偿收回土地使用权。

土地使用者未按土地出让合同规定的用途和条件开发利用土地，市规划与国土资源局可处以土地使用权出让金总额20%的罚款。拒不纠正的，市规划与国土资源局无偿收回土地使用权，没收地上建筑物、附着物。

8. 土地使用者应在2004年12月6日以前竣工（地震、水灾、战争重大影响者除外），土地使用者逾期未完成地上建筑物的，市规划与国土资源局自出让合同规定的项目竣工提交验收之日起处以罚款。逾期六个月以内的，处以土地使用权出让金总额5%的罚款；逾期六个月以上一年以内的，处以土地使用权出让金总额10%的罚款；逾期一年以上二年以内的，处以土地使用权出让金总额的15%的罚款；逾期二年后仍未完成地上建筑物的，市规划与国土资源局无偿收回土地使用权，没收地上建筑物、附着物。

9. 工程竣工提请市政府有关部门质量验收前，土地使用者应向市规划与国土资源局提请对建筑物进行规划验收，验收合格的，发给《规划验收合格证》，不合格的，限期整改。

三、建筑维修活动

10. 土地使用者在用地范围内进行建设及维修活动时，对周围环境及设施应承担下列责任：

（1）所属建筑物品或废弃物（如泥土、碎石、建筑垃圾等）不得侵占或破坏宗地图以外的土地及设施。

如需临时占用市政道路，应报请市公安部门批准。

如需临时占用宗地图以外土地，应与该地块土地使用者协商；若属市政府未批出土地，应报市规划与国土资源局批准，并按规定交纳土地临时占用费。

（2）土地使用者必须做好土地使用范围内及周围土地的绿化及水土保护，采取一切措施防止水土流失。否则，引起的一切经济损失由土地使用者自行承担。

（3）未获有关部门批准，不得在公共用地上倾倒、储存任何材料或进行任何工程活动。

（4）土地使用者必须确保土地使用范围内的污水、污物、恶臭物或影响环境的排泄物均有可靠的排除方法，不得破坏周围的环境。

（5）土地使用期限内，土地使用者对该地段内的城市市政设施均应妥善保护、避免损坏，否则，应承担修复工程的一切费用。

11．土地使用者不得开辟、铲除或挖掘毗邻地段的土地。

12．在进行建筑或维修工程之前，土地使用者必须查明地段或相邻地段公有的明渠、水道（包括水龙喉管）、电缆、电线以及其他设施的位置，并向有关部门呈报处理上述设施的计划；土地使用者未获批准之前，不得动工。其中需要改道、重新铺设或装设的费用，均由土地使用者负责。

13．土地使用者应在本合同期内按规定自行负责或委托管理人负责建成区内所有建筑物和公共设施及绿地的使用和管理，并应符合物业管理部门和城市管理部门的规定和要求。

14．土地使用者应按设计总平面指定地点开设汽车出入口。

四、土地使用权转让

15．土地使用权的转让包括土地使用权连同地上建筑物的转让。

16．土地使用者转让土地使用权须符合《深圳经济特区房地产转让条例》的规定。

17．建筑物必须连同土地使用权一起转让、转让双方签订转让合同并到市产权登记部门办理转移登记手续，按市政府有关规定缴纳税费。

18．建筑物连同土地使用权转让后，新的土地使用者仍应遵守本规则。

五、给排水、供电

19．土地使用者所需的给排水、供电、供气及电讯等应与市给排水、供电、供气及电讯等部门签订协议书。埋设相应管线设计图应报市规划与国土资源局审批，经批准后实施。上述所需费用均由土地使用者自行负责。

六、接受检查监督

20．在土地使用期间，市规划与国土资源局有权对土地使用者地界范围内的土地使用情况进行检查监督，土地使用者不得拒绝阻挠。

21．土地使用者不得以任何理由占用地界范围以外的土地（包括堆放物品、器材等），否则，按违法占地处理。

22．土地使用者在用地范围内，应按规定的土地用途和经市政府有关部门批准的施工设计图纸进行建设。

23．土地使用者对用地范围内的建筑物，未经市规划与国土资源局批准，不得任意拆除或改建、重建。否则，市规划与国土资源局有权责令其恢复原状或者拆除，拒不执行的，市规划与国土资源局可依法强制执行，所需费用由土地使用者负责支付。

第二节 城市土地使用权转让、出租、抵押

一、土地使用权转让

（一）土地使用权转让的基本含义

土地使用权的转让是指土地使用者将有偿取得的土地使用权在符合有关规定的前提下转移给新的土地使用权受让人，按指定地块的使用年限、用途和城市规划等条件，将城市土地使用权出让给土地使用者，并向土地使用者收取土地使用权出让金的行为。通常包括出售、赠与、交换、继承等项内容。

在我国，土地使用权依法转让受法律保护，根据有关法律、法规的规定，以出让方式取得的土地使用权转让时应符合以下基本条件：

1. 按照土地使用权出让合同约定已经支付全部土地使用权出让金，并取得土地使用权证书；

2. 按照土地使用权出让合同约定进行投资开发，属于成片开发土地的，形成工业用地或者其他建设用地条件。

为了规范土地使用权转让活动，土地使用权的转让还要受以下几个条件的限制：

（1）通过转让取得的土地使用权，其土地使用权的使用年限为原土地使用权出让合同规定的使用年限减去原土地使用者的使用权年限后的剩余年限。转让合同终止日期和建设项目完成日期不得超过原出让合同所规定的终止日期和建设者项目完成日期，不得改变原出让合同所列的权利、义务和各项要求。

（2）土地使用权转让后，原出让合同所列的权利和义务全部随之转移。

（3）土地使用权转让时，其地上建筑物、其他附着物所有权随之转让，土地使用者转让地上建筑物、其他附着物所有权的，其使用范围内的土地使用权随之转让，但地上建筑物、其他附着物作为资产转让的除外。

（4）土地使用权转让时，如需改变原出让合同的规划用途，必须事先向土地地方管理部门和规划部门提出申请，经审核批准，调整土地使用权出让金，方可进行转让。

（5）原行政划拨土地使用权的转让，土地转让人必须向所在地市、县人民政府土地管理部门申请补签土地出让合同，缴付土地出让金，办理土地出让登记手续后，才取得转让的合法权利。通过转让方式取得土地使用权的受让人必须与转让人签订转让合同，共同到土地管理部门办理土地使用权过户登记手续，换取土地使用证。

（6）土地使用权转让价格明显低于市场价格的，市、县人民政府可以采取必要措施（如规定限价）来防止。

土地使用权转移多少次，不论转移到谁的手里，国家与使用者的关系都不受原受让人的限制，使用土地时必须按土地使用权出让合同进行，不得随意改变。

（二）土地使用权转让的主要方式

土地使用权的转让有三种方式，即出售、交换和赠与。

1. 出售

土地使用权中的转让出售是指从国家取得土地使用权的受让者，又经过一定程度开发的土地，或具有土地使用权的地上建筑物、设施出卖给第三人，由经交易土地使用权转让给第三人的行为。这种买卖到期时，买方将失去土地使用权用地上的建筑物和其他附着物的所有权，这是应当事先就弄清楚的。

2. 交换

即土地使用权人相互交换各自拥有使用权的土地。属于权利客体的一种情况是同等面积、类似地段土地使用权的交换；另一种是面积不等或其他条件有显著差异土地使用权的交换。后者需要找补差价。

3. 赠与

这是赠与人（原受让人或再受让人）将土地使用权无偿转移给受赠人的行为，受赠人成为土地使用权新的受让人。赠与合同是一种实践合同，在交付赠与土地使用权证或办理过户手续后方能生效。

（三）土地使用权转让是土地使用者之间转移土地使用权的行为

其转让的基本程序为：

1. 土地使用权转让的申请与审查

转让人就土地使用权拟转让情况向所在市、县人民政府管理部门报告，土地管理部门就拟转让情况如再受让资历信、转让合同草案、转让金标准等进行审议。

2. 转让当事人双方签订土地使用权转让合同

土地使用权转让当事人在协商一致后应签订转让合同，明确双方当事人的权利和义务，但要注意转让合同内容必须符合出让合同要求。

3. 转让合同公证

土地使用权转让属于民事行为，转让合同属于经济合同性质。因此，转让合同必须到所在地市、县司法部门公证，证明土地使用权转让合同的真实性和合法性，以及对转受让双方的身份证明公证，并发放转让合同公证书。

4. 缴付土地转让金和税费

转让合同一旦正式签订，再受让人应按合同要求及时向转让人支付转让金，转让人在收取转让金之后，应及时向所在地市、县人民政府有关部门缴付土地转让增值税及有关税费。

5. 土地使用权变更登记

转受让双方共同到所在地市、县人民政府土地管理部门办理土地变更登记手续，换取土地使用证，并就地上建筑物所有权转让向房产管理部门办理过户登记手续。

二、土地使用权的出租

（一）土地使用权出租的基本含义

土地使用权出租是指通过土地使用权出让或租赁方式获得土地使用权的土地使用者作为转租人，将土地使用权随同地上建筑物、其他附着物租给承租人使用，由承租人向出租人支付租金的行为。

土地使用权出租，承租人以支付租金为代价取得了对土地及地上建筑物、其他附着物使用的权利，但承租人只有使用的权利，不得改变土地用途，不得将承租权转让、转租、抵押或从事其他经济活动，它具有以下几个法律特征：

1. 土地使用权出租双方只是就使用土地达成协议，不发生作为物权的土地使用权的转移，这是土地使用权出租与转让方式的主要区别。

2. 用于出租的地块必须具有法律上的依据，即必须是法律允许的地块。目前只有因出让、转让土地使用权等方式取得的土地使用权的民事主体具有这一权利，如果民事主体无合法原因擅自出租土地（例如划拨取得的土地使用权），仍是属于非法行为。

3. 土地使用权租赁合同是有偿合同。出租人有义务将出租的土地交给承租人使用，并有权取得租金收益，相反，承租人有义务支付租金，有权利用使用土地。

4. 土地转租合同中的承租人的法律地位具有特殊性，当出租人的土地使用权发生转移时，新的土地使用权人也必须尊重承租人的合法权利。

（二）土地使用权的出租程序

由于土地使用权出租与房屋租赁一般是结合在一起，很少单独出租土地使用权，因而其租赁程序与房屋租赁程序基本一致。土地使用权出租的一般程序为：

1. 出租申请和审核

出租人就土地使用权（及地上建筑物、附着物）拟出租情况向所在地市、县人民政府土地管理部门提出申请，并同时提交土地使用权出让合同、土地使用证、土地及地上建筑物的使用状况材料、拟承租人的基本情况、租赁合同草案，租金标准等资料，土地管理部门收到申请后，如无异议，一般在15天内向出租人给予是否同意出租的回复。

2. 签订租赁合同

土地使用权的出租必须采取书面形式。租赁合同要明确出租标的、租赁期限、对土地合理利用的责任条款、合同的条款及有关出租当事人双方的权利与义务。特别要注意土地使用权出租与地上建筑物租赁的共同性和一致性。当事人双方协商一致后就可签订土地使用权租赁合同。

3. 由城市公证机关对双方签订的合同给予公证、领取公证书。

4. 办理土地使用权出租登记

土地使用权出租双方当事人凭租赁合同、公证书、以及其他文件资料到土地管理机关，涉及房屋租赁登记应到房产管理部门办理土地出租登记，并交纳登记费。

（三）土地使用权出租的限制条件

1. 土地使用权出租，应当签订租赁合同，租赁合同不得违背国家法律、法规和土地使用权出让合同的规定。

2. 未按土地使用权出让合同规定的期限和条件投资开发、利用土地的，土地使用权不得出租。

3. 土地使用权和地上建筑物、其他附着物租赁，出租人必须办理出租登记。

4. 土地使用权出租后，出租人必须继续履行土地使用权出让合同所规定的义务。

三、土地使用权抵押

（一）土地使用权抵押的含义

土地使用权抵押是指通过出让和转让方式，取得土地使用权的土地使用权者（抵押人）为借贷或偿还债务，以土地使用权作抵押财产向债权人（抵押权人）发行债务作出的担保行为。抵押权人不对抵押土地使用权直接占有使用，继续由抵押人使用并收益。土地使用权被当作贷款的担保，如果抵押权人在借款合同期满后仍不能归还贷款，那么，土地使用权将转归抵押权人所有，或者由抵押权人按法定程序处置。

（二）土地使用权抵押的法律特征

土地使用权抵押除了具有一般财产抵押权的法律特征，（如抵押权是一种担保物权，以清偿债务为主的），具有不可分性、附属性以外，还具有其特殊的法律特征。

1. 用于抵押的土地使用权必须是通过有偿出让方式取得的土地使用权，并且是已办理土地登记手续的土地使用权。原划拨土地使用权抵押必须是补办出让或转让手续的土地使用权。

2. 土地使用权抵押设定本身并不发生土地使用权转移，即土地使用权抵押后，土地使用者可继续对土地进行占有、收益，只有在债务不能履行时，抵押权人才能依照法定程序处分土地使用权，此时土地使用权才能发生转移。

3. 土地使用权抵押时，其地上建筑物，及其他附着物随之抵押，地上建筑物，及其他附着物抵押时，其使用范围内的土地使用权也随之抵押，也就是说，土地使用权与地上建筑物、及其他附着物必须同时抵押。

4. 土地使用权抵押不得违背使用权出让合同的规定。

5. 土地使用权人将土地抵押后，并不丧失转让权，但在转让土地使用权时，应告知抵押权人。

（三）土地使用权抵押的程序

土地使用权抵押的一般程序为：

1. 抵押申请

土地使用权抵押人带着具有法律效力的土地使用权属的各种文件向银行账号提出抵押贷款申请。

2. 抵押物估价

受理抵押贷款的银行对抵押物（土地使用权）进行估价，并根据抵押物估价额的一定比例确定贷款数额，但其贷款额度一般不高于估价的70%。

3. 抵押双方当事人签订土地使用权合同

抵押合同不得违背国家法律、法规和土地使用权出让合同的规定。

4. 抵押合同公证

抵押合同签订后，抵押人与抵押权人共同到所在地司法部门公证处办理公证手续，领取抵押公证书。

5. 办理抵押登记

土地使用权抵押双方共同到土地管理部门办理土地抵押登记，办理抵押登记时应携带的文件有：抵押人国有土地使用权、土地出让或转让合同书、抵押合同、抵押合同公证书、抵押权人的资信证明及法人代表身份证明等。登记是抵押权成立的要件，登记内容有：抵押权人的名称、抵押地块的位置、政府主管部门认可的估价凭证、抵押金额、抵押期限、抵押财产的归还方式、抵押登记期及其他约定事项等。

6. 抵押合同终止后，抵押权人应在规定的时间内向土地管理部门办理抵押登记的注销手续。

第三节 土地使用权划拨

一、土地使用权划拨

（一）土地使用权划拨的含义

根据，《中华人民共和国城市房地产管理法》第22条，土地使用权划拨是指县级以上人民政府依法批准，在用地者缴纳补偿、安置等费用后将该幅土地交其使用，或者将土地使用权无偿交给土地使用者使用的行为。划拨用地是指通过划拨方式获取土地使用权的建设用地。划拨所取得的土地使用权有以下含义：

1. 划拨土地使用权包括土地使用者缴纳拆迁安置补偿费用（如城市的存量或集体土地）和无偿取得（如国有的荒山、沙漠、滩涂等）两种形式。

2. 划拨土地一般没有使用期限的限制，但未经许可不得进行转让、租赁、抵押等经营活动。

3. 取得划拨土地使用权，必须经县级以上人民政府核准并按法定的工作程序办理手续。

4. 在城市范围内的土地和城市范围以外的国有土地，除已出让土地外，均按划拨土地进行管理。

（二）土地使用权划拨的适用范围

根据《中华人民共和国土地管理法》第54条和《中华人民共和国房地产管理法》第23条规定，下列建设用地可由县级以上人民政府依法批准划拨土地使用权：

1. 国家机关用地和军事用地；
2. 城市基础设施用地和公益事业用地；
3. 国家重点扶持的能源、交通、水利等基础设施用地；
4. 法律、行政法规规定的其他用地。

土地使用权划拨的使用界限有的是比较明确的，如第1和第3项，而第2项虽有特定的用地范围，但有争议的问题较多，如出让土地上建造公益事业，供地上现有收益用地现象（即划拨土地上经营房地产）；同样是学校，有私立学校、民办学校、公立学校之分，虽同属公益事业，供地方式则有所区分。第4项则完全不明确，各地要因地制宜地拟订有关地方法规与政策给予明确。

二、划拨土地使用权的管理

（一）划拨土地供地方式管理

供地方案批准后，并且征地实现后，可正式供地。通过划拨方式供地，须由市、县政府土地行政主管部门向建设单位颁发《国有土地划拨决定书》和《建设用地批准书》，依照规定办理土地登记。

（二）划拨土地使用权出让管理

为了盘活存量土地，充分开发利用城市规划范围内低效利用的土地，凡领有国有土地使用权证书，具有合法的地上建筑物、其他附着物产权证明的，经市、县人民政府依法批准其划拨土地使用权可以出让。

1. 补办划拨土地使用权出让的手续

(1) 申请补办划拨土地使用权出让手续应具备以下条件：①土地使用者为公司、企业、其他经济组织和个人；②领有国有土地使用证；③具有合法的地上建筑物、其他附着物产权证明；④经济组织外的其他组织需要补办出让手续，须经过其上级主管部门批准。

(2) 申请补办出让手续应报送的主要材料：①土地使用者的《申请审批表》（若是经济组织外的其他组织，须附其上级主管部门的批准文件）；②《国有土地使用证》；③地上建筑物、其他附着物的合法产权证明；④对于已经发生划拨土地使用权转让、出租、抵押行为而补办出让手续的，还须提交所在地市、县土地管理部门的处理意见和土地使用权转让、租赁、抵押合同；⑤补办出让手续后需要改变土地用途的，须附城市规划部门的审查意见。

(3)《申请审批表》的填写内容：《申请审批表》是划拨土地使用权补办出让手续申请审查和办理土地登记申请、审核为一体的形式。其内容包括：土地使用者申请、补办出让手续审查及办理土地登记审核三部分。土地使用者申请的内容由土地使用者填写，这部分内容不仅是土地使用者补办土地使用权出让的手续的申请，也是出让登记和转让、出租或抵押登记的双重申请。出让登记申请成立的条件是土地使用者缴纳全部出让金；出让登记与转让、出租或抵押登记双重申请成立的条件是在土地使用者缴纳出让金前已签订转让、出租或抵押登记申请。出让手续审查和办理土地登记审核的内容由土地管理部门在程序第2阶段的审查和第5阶段的土地登记中填写。

2. 土地管理部门补办土地使用权出让手续的审查

土地管理部门补办土地使用权出让手续的审查要点如下：

一是土地使用者是否具备补办土地使用权出让手续的申请条件；二是土地使用权及土地上建筑物、其他附着物产权是否合法、准确；三是出让土地实际使用状况与文件、资料所载是否一致；是否对四邻及自身正常工作生活秩序造成不良影响；四是已发生划拨土地使用权转让、出租、抵押行为的，土地使用权转让、租赁、抵押合同书内容是否符合有关规定。

3. 土地使用权出让合同的主要内容与出让期限

(1) 出让合同的主要内容：一是补办土地使用权出让手续，填报土地的位置、面积乃至范围、土地用途及地上建筑物、其他附着物等情况；二是土地使用权出让年限；三是土地使用权出让金、土地增值税的标准、总额及付款方式；四是土地使用要求；五是违约责任等。

(2) 划拨土地使用权补办出让手续的出让年限：由土地所在地市、县土地管理部门与土地使用者经过协商后，在土地使用权出让合同中注明，但土地使用权出让年限不得超过《中华人民共和国城镇国有土地使用权出让和转让暂行条例》规定的最高年限。

4. 土地使用权出让金及其支付方式

土地使用权出让金，应区别土地使用权转让、出租、抵押等不同方式，按标定地价的一定比例收取。标定地价由土地所在地市、县土地管理部门根据基准地价，按土地用途、出让期限的宗地条件核定。

付款方式有直接交付和以转让、出租、抵押所获收益抵交两种。若用所获收益抵交出让金，应在缴付定金的基础上，在合同中约定所获收益优先用与缴付出让金及最后期限。

三、划拨土地使用权出租管理

凡领有国有土地使用权证书，具有合法的地上建筑物、其他附着物产权证明的，经市、县人民政府依法批准，补办土地出让手续，其划拨土地使用权可以出租，有关管理规定如下：

1. 划拨土地使用权经审批允许出租后，承租人不得新建永久性建筑物、构筑物。需要建造临时性建筑物、构筑物的，必须征得出租人同意，并按照有关法律的规定办理审批手续。

土地使用权出租后，承租人需要改变土地使用权出让合同规定内容的，必须征得出租人同意，并按规定的审批权限经土地管理部门和城市规划部门批准，依照《中华人民共和国城镇国有土地使用权出让和转让暂行条例》规定，重新签订土地使用权出让合同，调整土地使用权出让金，并办理土地登记手续。

2. 土地使用权租赁合同终止后，出租人应当自租赁合同终止之日起15日内，到原登记机关办理注销土地使用权出租登记手续。

3. 土地使用权出租，当事人不办理土地登记手续的，其行为无效，不受法律保护。

4. 对未经批准擅自出租土地使用权的单位和个人，由所在地市、县人民政府土地管理部门批准按《中华人民共和国城镇国有土地使用权出让和转让暂行条例》第46条规定处理。

四、划拨土地使用权收回的条件

1. 划拨土地使用权收回的条件

一般来讲，划拨土地使用权可以永续无限期的使用，但在特殊情况下，有关人民政府土地行政主管部门报经原批准用地的人民政府或有批准权的人民政府批准，可以收回国有土地使用权。具体情况如下：

(1) 公共利益需要使用该划拨土地。此类情况包括城市基础设施、公益事业建设，国家重点扶持的能源、交通、水利、矿山、军事等建设项目需要使用的土地。但原土地使用者可以得到适当的补偿。

(2) 由于实施城市规划和进行旧城改造，需要调整使用土地。实际上，旧城改造中公共设施的面积增加，而相对原土地使用者，使用土地的数量就要减少，但为土地利用创造了便利条件。如：一些有污染的土地使用单位要从市区外迁等。根据法律规定，土地使用权人可以得到适当补偿。

(3) 因单位撤消、迁移等原因，不再需要使用该划拨土地的，则该土地必须由国家收回。同时，因划拨土地不是有偿使用的，土地不予补偿。如果原土地使用单位需要将该划拨土地和地上建筑物转让，对该土地则按有偿使用的办法进行处理，应当补办出让手续，补交土地有偿使用费。

(4) 公路、铁路、机场、矿场等经核准报废的。这与上一种情况不同之处在于土地使用单位还存在，但公路、铁路、机场、矿场等报废，对这部分土地不再需要使用，国家应当将这部分土地收回。按规定这部分土地是采用划拨方式提供的，也将不予补偿。

2. 收回国有土地使用权的批准权限

因收回划拨土地使用权涉及到对用地单位的权利的剥夺，必须经过一定的法律程序，并经过有关人民政府批准。一般说来，划拨土地使用权的收回应由收回单位提出收回国有土地使用权的方案。如果是单独批准收回土地使用权的，应当报原批准用地的机关批准。如果是为公共利益等建设项目用地收回的，应当在报批建设项目用地的同时，报送收回国有土地使用权的方案，经依法批准，由当地人民政府土地行政主管部门实施。

第四节 土地市场交易合同的管理

根据新《中华人民共全国合同法》第2条的规定，合同是指平等主体的公民、法人、其他组织之间设立、变更、终止债权债务关系的协议。土地有偿使用合同是指涉及土地使用权有偿使用当事人之间按公平自愿的原则而订立的协议，根据有关规定，以出让、租赁等有偿方式取得土地使用权时当事人双方应订立出让、租赁合同。

一、土地使用权出让合同及管理

1. 土地使用权出让合同的法律特征

出让土地使用权，土地所有者和使用者的权利和义务最终是通过签订土地使用权出让合同而确立的。《中华人民共和国城镇国有土地使用权出让和转让暂行条例》第8条第2款规定："土地使用权出让应当签订出让合同。"土地使用权出让合同一般具有以下法律特征：

（1）出让合同是表示受让双方意思一致的民事行为，具有民事合同中的经济合同性质。

（2）出让合同是土地使用权出让人和受让人之间设立的土地使用权法律关系的协议。

（3）出让合同是当事人双方在平等、自愿、有偿的基础上进行的民事法律行为。当事人之间法律地位平等、自愿、有偿，在此基础上当事人双方达成意思一致的协议。

（4）出让合同一旦正式签订便具有法律效力并付诸实施。《中华人民共和国合同法》第8条规定："依法成立的合同，对当事人具有法律约束力。当事人应当按照合同的约定履行自己的义务，非依法律规定或者取得对方同意，不得擅自变更或者解除合同。"

2. 土地使用权出让合同的管理

出让合同的管理主要包括以下几个方面：

（1）对出让合同主体的审查和认定。

（2）对无效合同的认定及其处理。

（3）审查出让合同的合法性。出让合同所有条款必须遵守我国的法律、法规和有关规定。合同的订立、效力、解释、履行及争议的解决均受中华人民共和国法律的保护和管辖。这些不能有丝毫的违背。

（4）审查合同内容的完整性。按照新《中华人民共和国合同法》的规定，合同主要条款（标的、数量、价款或者酬金发行的期限、地点、方式、违约责任）必不可少，普通条款也要具备。合同文本力求规范、完善、明确。

（5）出让合同的变更与解除。根据有关规定，变更与解除合同的条件有下列各种情况：一是出让方因社会公共利益的需要，可以依照法律程序提前收回土地使用权，解除原土地使用权出让合同规定的土地用途，经出让方和有关部门批准，可以解除原出让合同，但须根据土地使用者使用土地年限，开发利用土地的实际情况给予相应的补偿。二是土地使用者想改变出让合同规定的土地用途，经出让方和有关部门批准，可以解除原出让合同，重新签订新的土地使用权出让合同。三是因不可抗力或意外事件的发生，致使合同无法履行的可以请求变更或解除原出让合同。四是由于合同一方违约，另一方有权解除合同，如受让方逾期未全部支付出让金，出让方未依合同规定提供土地使用权等。

（6）合同纠纷的调解和仲裁。

（7）对出让合同进行分类、登记、汇总、立卷归档，作为土地市场管理的基础资料予以保存。

二、土地租赁合同管理

租赁合同是出租人将租赁物交付承租人使用、收益，承租人支付租金的合同。土地租赁合同则是指土地租赁当事人按照公平、自愿、有偿原则，就土地租赁的权利和义务由出租人和承租人而签订的协议。土地租赁为土地有偿使用方式，其租赁期限一般在一年以上，因此土地租赁合同的订立应采用书面形式。新《中华人民共和国合同法》第210条规定："租赁期限6个月以上的，应当采用书面形式。当事人未采用书面形式并且对租赁期限有争议的，视为不定期租赁。"

土地租赁合同的订立也应考虑它的合法性和完整性，一般来讲，土地租赁合同的主要内容应包括该出租土地的位置、面积、用途、租赁年限、租金支付方式和期限、土地使用条件、土地使用权转租的条件，以及转让、抵押的限定，合同变更与解除的约定，合同纠纷的调解和仲裁、违约处罚的约定，合同双方当事人（法定代表人）名称、地址、邮政编码、电话号码、合同适用文字及法律，合同生效的约定以及其他未尽事宜的约定等。

土地租赁合同的管理与土地使用权出让合同的管理基本上相似，在此不再赘述。但要注意以下几点：

（1）土地租赁期限不得超过20年，超过20年的，超过部分无效。租赁期限届满，当事人可以续订租赁合同，但约定的租赁期限自续订之日起不得超过20年。

（2）租赁期限六个月以上的，应当采用书面形式，当事人未采用书面形式并且对租赁期限有争议的，视为不定期租赁。

（3）承租人未按照约定的用途和土地使用条件使用土地的，出租人可以解除合同并追究违约责任。

（4）承租人经出租人同意，可以将土地转租给第三人。承租人转租的，承租人与出租人之间的租赁合同继续有效，第三人对该租赁土地违约使用，承租人应当承担违约责任。

承租人未经出租人同意转租的，出租人可以解除合同。

（5）就该租赁土地设定担保的，不影响租赁合同的效力。

（6）租赁期限届满，承租人继续使用租赁物，出租人没有提出异议的，原租赁合同继续有效，但租凭期限为不定期。

三、土地使用权转让合同管理

土地使用权转让合同是指土地使用权者与境内外公司、企业、其他组织和个人签订的关于城镇国有土地使用权再转让的权利和义务关系的合同。依法订立的土地使用权转让合同对当事人具有法律效力,双方必须全面履行合同条款中规定的各自应承担的义务,任何一方不得擅自变更和解除。其主要特征有:

(1) 转让合同是土地使用权转受让双方在平等、自愿、有偿的基础上所进行的民事行为。这是合同民事法律行为与建立在领导与被领导、命令与服从基础上的行政行为的根本区别。

(2) 转让合同是土地使用权转受让双方变更土地使用权法律关系协议。

(3) 转让合同内容必须符合出让合同的规定。若再受让方需要改变出让合同规定的土地用途则再受让方需经出让方批准,补充相应的地价款,甚至重新签订土地出让合同。

土地使用权转让合同的内容是指合同当事人确定关于土地使用权转让行为中的双方权利和义务的各项条款。主要包括土地使用权转让期限、转让金及付款方式、土地位置及面积、土地使用条件及违约责任等,并符合土地使用权出让合同的要求与规定。

土地使用权转让合同的违约责任是指一方当事人不履行合同义务或履行合同义务不符合约定条件的,另一方有权要求履行或采取补救措施,并有权要求赔偿损失。违约方的责任有继续履行、支付违约金和赔偿损失等。

土地使用权转让合同按土地使用权转让方式不同可分为土地使用权出售合同、土地使用权交换合同和土地使用权赠与合同三种。从我国目前的规定看,对转让合同的订立方式一般并无立法的限制,当事人可以通过协议、招标和拍卖方式订立。合同的订立应当履行合同公证手续,以使土地使用权转让行为更好地受到法律保护。从地方的有关规定看,各地一般均规定除继承转让外,双方当事人应签订土地使用权转让合同,有些地方规定合同签订后须经出让人批准或同意,否则转让合同无效,但大多数地方都没有此类限制。

四、土地使用权租赁合同管理

《中华人民共和国城镇国有土地使用权出让和转让暂行条例》第29条规定:"土地使用权出租,出租人与承租人应当签订租赁合同。"土地使用权租赁合同,是指因出让、转让、土地租赁等有偿方式取得土地使用权的民事主体,将土地使用权随同地上建筑物及其他附着物出租给承租人使用,由承租人向出租人预付租金,并在租赁关系终止时,返还承租土地的合同。由于出租人有义务将出租的土地交给承租人使用,并有权取得租金收益;相反,承租人有义务支付租金,有权获得使用租赁的土地,因而它是一种双方有偿合同。同时它也是诺成合同,因为当事人就合同的主要内容有:

(1) 合同标的是因出让、转让、土地租赁等有偿方式取得土地使用权及其附有地上建筑物和其他附着物的地块。

(2) 土地使用权的租金由当事人双方按合理的原则协商确定。

(3) 土地使用权出租期限,租赁期限的确定应在出让期范围内,即租赁的最长期限为土地使用权出让合同规定所使用年限,减去出租人已使用年限的剩余年限。在出让期内,租赁期届满后,当事人可以续租。没有规定期限的土地租赁合同,当事人双方可以随时终止合同。

(4) 租赁期间对地块的合理利用责任。在租赁期间,租赁合同双方都有必须遵守合理利用土地原则,进行必要维护,承租人不得随意改变出让合同规定的土地用途。合同中应明确双方的责任。

(5) 出租人和承租人双方的权利和义务。

(6) 优先购买权的规定。出租人在出让期限内转让土地使用权的,须事先通知承租人,在同等到条件下,承租人有优先购买权。

(7) 违约条款及合同终止条款。

(8) 其他各项的规定等。

五、土地使用权抵押合同管理

土地使用权抵押合同是有关土地使用权抵押当事人权利与义务的协议,主要有两种类型:一种是用于开发建设的土地使用权抵押合同,主要在于解决土地使用权人在土地开发经营过程中资金周转困难问题。另一种是用于支付地价款的土地使用权抵押合同,借款人一般在正式受让土地使用权之前就先与金融机构达成意向协议,待借款人一旦签署了土地使用权出(转)让合同并办理了产权登记手续后,即可带着合同书和土地使用证及其他有关文件和资料与抵押权人正式签订抵押贷款合同。

1. 签订抵押合同,必须采取书面形式。土地使用权抵押合同的主要内容有:

(1) 土地使用权抵押双方当事人的名称、住所、抵押人的开户银行及账号。

(2) 抵押标的物的位置、面积、地价、权属状况与性质(即土地使用权属是否清楚合法,是出让或转让取得土地使用权还是划拨取得土地使用权。若是后者,是否已补办出让手续,土地使用年限和剩余年限等)。

(3) 土地使用权抵押贷款的数额、币种(人民币、外币)、用途、借款年限、利率、支付方式、归还本息方法等。

(4) 土地使用权估价额与抵押率(即抵押贷款额与土地使用权估价额的比率)。

(5) 土地使用权抵押的占管人、占管方式、占管责任,以及意外毁损、丧失的风险责任。

(6) 土地使用权是否已被设定过抵押。

(7) 土地使用权抵押权的实现与消失的处分方式。即如抵押期限届满,土地使用权抵押权的处置方式,如归还、拍卖、转让等。

(8) 违约责任及争议解决的约定。

(9) 签约日期、地点及双方商定的其他条款等。

2. 土地使用权抵押当事人如违反合同,其违约责任主要有:

(1) 抵押人未按规定用途使用贷款,抵押人可以提前收回抵押贷款,并按有关规定处理罚息。

(2) 抵押人擅自将抵押物转让、出租或以其他方式处分时,其行为无效。抵押人有权提前收回贷款,并可以要求抵押人支付一定的违约金。

(3) 抵押到期不能履行债务或者在抵押合同期间宣告解散、破产的,抵押权人有权依照法律规定和抵押合同的规定处分抵押财产。处分抵押财产所得,抵押人有优先受偿权。

因处分抵押财产而取得土地使用权和地上建筑物、其他附着物所有权的，应当依照有关规定办理过户登记。

（4）由抵押人因隐瞒抵押物的共有、争议、查封、扣押或已经设定过抵押权等情况所产生的后果，由抵押人承担责任。

（5）由抵押人占管的抵押物发生毁损，导致土地价值减少或破坏，抵押权人可要求抵押人恢复土地的原价值，或赔偿损失，或减少担保金额。

（6）抵押物的受赠人、继承人拒绝偿还贷款本息，抵押权人可以依照法律的规定向人民法院起诉。

（7）抵押双方当事人在履行合同过程中发生争议，不能协商解决时，按《中华人民共和国合同法》处理。

复习思考题

1. 名词解释
   土地所有权　土地使用权　土地使用权出让　土地使用权转让
2. 试述我国城市土地使用制度。
3. 试述我国城市土地使用权出让的年限控制。
4. 简述我国城市土地使用权的出让方式。
5. 通过哪三种土地出让形式可获得土地使用权。
6. 我国土地使用权转让的基本程序是什么。
7. 试述土地使用权出让合同管理的内容。
8. 简述土地使用权划拨的适用范围。
9. 城市土地使用权收回和终止的条件。

第五章 房地产市场

随着我国城市化水平的加快、居民消费结构的变化、住房制度的改革等各种因素的综合作用，在未来的一段时间，对各类房地产需求将呈快速上升趋势。这将要求房地产市场更加完善、配套，而房地产市场的运行有其自身的规律。本章将首先从房地产市场的含义及其体系、土地及房产市场及其房地产中介服务市场讲起；其次，分析了房地产市场的供给和需求及供求均衡规律；再次，分析了房地产市场的功能和运行机制；最后，对我国房地产市场的发展和完善提出了基本思路。通过本章的学习，主要掌握：房地产市场、房地产需求、房地产供给、土地市场的内涵和特点；理解并分析影响房地产需求及房地产供给的主要因素并探讨增加房地产供给的有效途径；并对我国房地产市场的发展现状及房地产市场面临的主要问题进行深入的探讨。

第一节 房地产市场体系

一、房地产市场的概念及其体系

（一）房地产市场的概念

房地产市场概念，可以从狭义和广义两个方面来理解，从狭义角度讲，房地产市场是指进行房地产买卖、租赁、抵押及相关的劳务服务等交易活动的场所或领域；从广义上讲，房地产市场是房地产商品交换关系的总和。概括地讲，房地产市场是指房地产商品交换的场所和领域，也是房地产商品一切交换或流通关系的总和，是连接房地产开发、建设和房地产消费的桥梁，是实现房地产价值和使用价值的经济活动全过程。

在市场经济条件下，房地产市场的存在和健康发展是房地产业赖以生存的必要基础和健康发展的必要前提，没有房地产市场的发育和完善，就没有真正意义上的房地产业。

（二）房地产市场体系的构成

房地产市场，它与生产资料市场、生活资料市场、金融市场、劳动力市场和技术市场一样，是我国的社会主义市场体系中的一个不可缺少的重要组成部分。同时，房地产市场本身又是一个相对独立的子系统，有其相应的体系结构。

房地产市场体系，是多种房地产市场的集合体和系统。它是房地产市场的有机统一体。它是一个多元市场，其内部包括多个相互联系的子市场，这些子市场形成了相应的体系结构。

房地产市场体系就是指按一定的标准细分后形成的交叉渗透、紧密联系的子市场组成的有机整体。

房地产市场体系的构成可以按照不同的角度进行划分：

（1）按房地产交易的层次和权属内容划分为一级市场、二级市场和三级市场；

(2) 按房地产市场运行的时间先后顺序划分为土地开发市场、房产开发市场和物业管理市场；

(3) 按房地产使用类型不同分为居住物业市场、写字楼物业市场、零售商物业市场、工业厂房物业市场和特殊物业市场等。

当然，现实的经济活动中，并不存在这种绝对的房地产市场划分，分类的目的只是在于方便房地产市场运行规律的研究，进而进行科学有效的管理。现阶段我国房地产市场的类型根据其组成可以分为土地市场、房产市场、房地产金融市场、房地产中介服务市场。

二、土地市场

（一）土地市场的含义

土地市场又称地产市场，即地产交易的场所，又是地产商品交换关系的总和。土地市场流通的土地，主要是城市土地。建筑地块，一般是脱胎于土地的自然状态，经过人类开发、加工、改造，凝结了人类的劳动，因而是由土地物质和土地资本结合在一起的土地商品。

土地市场交换的内容，是由国家的法律和政策决定的，由于现实中的地产交易形式多种多样，故地产市场体系中也存在着多种交换形式、多级或多层次的市场。

1. 土地一级市场

土地一级市场是指以让渡一定时期土地使用权为主要内容的地产市场。这里的让渡一定时期土地使用权是指期满就要收回，且让渡是有偿的。让渡的期限随土地具体用途的不同而不同。

按照我国现行的法律规定，根据土地所有权与使用权相分离的原则，根据我国现实生活中土地使用的情况，我国的土地一级市场又可分为两种情况：

一是土地批租市场，是指国家将城市闲置的存量土地、拆迁的土地或征用的土地的使用权，在明确规定用途、使用年限和其他要求的条件下，以批租的形式有偿出让给房地产开发企业或土地使用者，而土地使用者向国家一次性支付出让金。（注：1994年颁布的《中国人民城市房地产法》第二十三条规定：下列建设用地的土地使用权，确属必要的，可以由县级以上人民政府依法批准划拨：（1）国家机关和军事用地；（2）城市基础设施用地和公益事业用地；（3）国家重点扶持的能源、交通、水利等项目用地；（4）法律、行政法规规定的其他用地）。以划拨方式取得土地使用权的，除法律、行政法规另有规定外，没有使用期限的限制。上海市已明确规定，从2002年7月1日开始，国有土地的出让方式一律以招标拍卖方式进行。另外，在2002年下半年，由国土资源部和监察部联合发出的《关于严格实行经营性土地使用权招标拍卖挂牌出让的通知》指出，各级领导不得干预经营性土地使用权的招标拍卖挂牌出让，严禁用行政手段以打招呼、批条子等形式指定供地对象、供地位置、供地用途、供地方式和供地价格等；如果今后经营性用地使用权转让不实行招标拍卖或挂牌出让，而是由领导干部继续搞个人审批，那么其中无论有没有权钱交易行为，都被认为是违反纪律。《通知》还指出，市、县人民政府土地行政主管部门要根据当地社会经济发展计划、土地利用总体规划、城市规划和土地市场状况制定土地使用权出让计划，报同级人民政府批准后实施；土地使用权出让计划及土地供求信息要在有关媒体上向社会广泛公布，防止"暗箱操作"。同时，《通知》还要求，经营性土地使用权必须以招标、拍卖或者挂牌方式出让，其他土地的供应计划公布后，同一宗土地有两个以上意向用地者也应当采取招标、拍卖或者挂牌方式出让。招标拍卖挂牌底价必须根据土地估价结果和政府产业政策集体决策，并严格保密。要统一土地使用权招标拍卖挂牌出让文件，严格规范土地使用权招标拍卖挂牌出让程序。

二是土地租赁市场，是指国家将城市存量土地或拆迁的土地或征用的土地的使用权租赁给土地使用者，而土地使用者按规定每年向国家缴纳一定数量的地租。土地出让的批租市场和土地出让的租赁市场在我国就构成了国家垄断的一级市场。在一级市场中，国家或其授权的管理部门（政府、土地管理各部门）是固定的出让者。价格由国家制定、控制和调节，具有垄断性。土地一级市场的本质是土地所有权和使用权的相互分离。

2. 土地二级市场

土地二级市场是指土地或房地产开发市场，即房地产开发企业或土地使用者在出让（批租）合同规定的批租期限内，将已开发好的土地即建筑地段使用权（由生地变为熟地），按批租合同规定的用途和其他使用要求有偿转让给其他土地使用者，或直接建造商品房出售或出租所形成的市场。二级市场与一级市场有着本质的不同，即二级市场的卖主不再是国家或其授权者，而是房地产开发企业或是土地一级市场中的受让方，其交易价格是通过市场的供求状况来确定。

3. 土地三级市场

所谓土地三级市场，是指土地使用者将自己拥有的土地使用权，在批租合同的期限内，按合同要求，或在补办有关手续，补交地价以后再进行转让、转租或抵押。在土地三级市场中，市场主体包括企业、事业单位、机关、个人等，其转让、转租、抵押价格完全是在市场中自由形成的。

总之，一级市场是由国家垄断的出让市场，二、三级市场是放开的转让市场。土地使用者之间土地余缺的调剂及用途的调整、使用结构的优化等都必须通过土地的二、三级市场来进行。一级市场是地产市场的基础，一级市场的交易量在很大程度上决定了二级市场的交易量，而二级市场的活跃程度也影响着三级市场的兴旺。所以，土地一级市场是土地二、三级市场赖以产生、发展的基础。二、三级市场则是一级市场土地使用权商品化得以实现的必然延伸和结果，三者共同构成了一个完整的、有机的地产市场体系。

（二）土地市场的作用

土地是重要的基本生产要素，建筑地块是城市各类房屋建筑不可缺少的基础载体，因此，土地市场在房地产市场体系中占据基础地位。土地市场的重要作用在于：

1. 有利于制止非法地产交易和进行公开、有序、合法的地产交易

在过去的很长时间内，没有形成合法地产市场，致使非法地产交易大量存在，违法转让土地使用权的现象频繁发生，造成了经济秩序混乱、侵蚀耕地严重和国有资产大量流失。有了土地市场，就能有效抑制非法地产交易，将土地交易纳入合法轨道。

2. 有利于提高土地使用效率

有了土地市场，就可以在全社会范围内合理配置现有土地资源，实现土地资源要素和其他生产要素的优化组合，就可以利用市场机制和价格杠杆，盘活存量土地，调节土地利用方向，提高土地的利用效率。

3. 有利于房地产业的持续发展

有了土地市场，可以实现土地的有偿使用、有偿转让，可以及时收回城市建设资金和土地开发投资，才能促使房地产业进入良性循环的轨道。

（三）土地市场的特点

由于土地本身的特性及土地制度决定了土地市场不仅具有一般商品市场的特征，而且具有其特殊性。从土地本身的特征看，土地是一种稀缺的不可再生的资源，土地的自然供给完全无弹性，土地的经济供给弹性也比较小，土地的这种较小的供给弹性，使得土地的价格受需求的影响巨大。从土地制度看，土地所有权制度对土地市场影响极大，由此产生的土地市场也有显著的特点。我国土地市场主要特点可以概括如下：

1. 土地市场的都市性

房地产业深受人口城市化的影响，城镇越大，工业化程度越高，人口流动越大房地产市场就越发活跃，发育程度就越高。有统计数据表明，房地产业务有95%左右集中在城镇，这其中又有60%以上集中在大城市。因此对土地的需求以及土地受市场价格的制约程度远远高于农村。

2. 土地市场的权利主导性

由于土地的位置是固定的，因此土地在市场上交换的只是土地权属。每一次交换行为都是对土地权利的重新界定，权利的界定只有在法律的保护下才是有效的，因而必须以地契等法律文件为依据。这样，土地市场实际上是土地权利和义务关系的交换及重新确定的场所或领域。

3. 土地市场的垄断性

土地市场的垄断性，一方面是由于土地所有权的存在，另一方面则是由于土地资源的稀缺性及其位置的固定性。土地所有权的存在使得与其相联系的各种权利义务关系复杂而繁多。为了协调所有者之间，以及协调所有者同其他相关市场主体之间的关系，必须由政府对之进行充分的管制，从而限制了进入市场的竞争者的数目，使土地交易带有垄断性的特征。此外，市场的地域性分割导致地方性市场之间竞争的不完全性，加上地产交易金额较为巨大，使进入市场的竞争者较一般市场大为减少，也使土地交易容易出现垄断性。

4. 土地市场的区域性

土地位置的固定性，使土地具有强烈的区域性特点。在各区域性市场中，土地供给需求状况各不相同，其价格水平也有很大差异，因此，土地交易一般也只限于在各自的区域市场内进行。同时土地的固定性也决定了在短时期内区域之间的不平衡不能通过价格机制的自动调节而有较大的改变。

5. 土地市场的低流动性

一方面由于土地实体流动的困难性，即不可能将土地迁移到获利水平最高的地方去；另一方面由于土地变现能力较小，即转换一宗地产为现金的过程是费时、费钱和费事的复杂过程，这也阻碍了土地的流动。从而使土地市场的流动性，与其他商品的流动相比，是相当低的。

（四）深化土地使用制度改革，加强土地市场管理

城市土地使用制度改革，其核心是有偿使用。土地有偿使用，不仅能够促进土地的合理利用、开发与流动，而且也是财政收入和城市建设资金的一项稳定而重要的来源。我国土地使用制度改革起步较晚，现行的土地市场还有一些缺陷和不足，因此需要进一步深化

土地使用制度改革，加强土地市场的管理。

1. 要继续培育和完善三级制的土地市场体系

建立政府高度垄断型的土地一级市场、不完全竞争型的二级市场以及完全竞争型的三级市场，既是土地使用制度改革的重要组成部分，也是推动城市建设和经济发展的必然趋势。

2. 编制土地利用总体规划，加强土地使用管理

为加强土地使用管理，应根据土地的自然特性和地域条件，并结合国民经济、社会发展和人口增长的总需求，以及城乡建设的要求，编制科学合理的土地利用总体规划。注重从土地资源的开发、利用、整治、保护等方面，全面统筹，综合安排，讲求实效，因地制宜，达到充分发挥土地效益，合理利用的目的。要充分发挥土地详查成果的作用，在土地详查成果的作用和城镇地籍调查的基础上，在土地资源数量、质量和空间位置等方面，对土地利用结构与布局、土地利用的动态变化、土地开发利用状况、土地利用的经济效果及土地后备资源等进行科学分析，同时加强跟踪管理，随时掌握土地利用变化情况。对各业用地需求量作出科学预测，确定各业用地的数量、面积和位置，使规划具有科学性、合理性和实用性。

3. 建立合理的地价评估收益体系，利用地价杠杆引导市场健康发展

根据每一地块的具体情况，综合运用成本法、收益法、剩余法以及比较法等方法科学合理地评估土地时价，计算出基准地价和标定地价，充分利用地价杠杆引导土地市场健康发展。对土地使用权的转让、出租、抵押等交易进行监督管理；对土地使用权转让价格的不合理上涨可采取多种措施控制。如：①冻结地价；②制定最高限价；③征收土地交易税或土地增值税；④制定公布标准地价；⑤建立完善的土地交易管理制度等。

4. 规范和完善中介服务

建立健全土地评估、咨询、经纪、代理、代办等中介服务机构，使土地中介机构向规范化、专业化发展。

5. 建立规范的土地市场管理机制

土地管理部门要制定土地利用总体规划和城市建设总体规划，以及各业用地计划，运用计划机制，调节市场供求关系，提高土地使用效率，增加政府收入。

6. 建立健全法律法规配套体系

要规范土地市场，必须通过法律、法规进一步明确地产法人的地位、地产的使用、经营者的权利义务、土地流转的条件、范围和数量；国有企业的拍卖兼并及股份制地产的管理、涉外股份制企业土地入股及收益处置，以及在流转过程中的增值收益分配等，使各级土地市场的管理有完整的法律依据。

三、房产市场

（一）房产市场的含义

房产市场是以房产作为交易对象的流通市场，也是房屋商品交换关系的总合。狭义的房产，是指已经脱离了房屋生产过程的属于地上物业的房屋财产；广义的房产，是指房屋建筑物与宅基地作为一个统一体而构成的财产，亦包含相应的土地使用权在内。

（二）房产市场的细分及其特点

从交易对象来分，房产市场可划分为住宅市场与非住宅市场两大类。住宅市场是房产市场的主体，根据住宅的档次，可细分为豪华型、舒适型、经济实用型和保障型四个不同层次的市场。非住宅用房市场进而可细分为办公、商用、厂房、仓库等具体市场。房产市场除了具有房地产业一般特征外，还具有以下一些主要特点：

1. 房产市场产品的异质性和供给与需求的高层次性、差别性

这种异质性，主要是指房地产市场供给产品的非标准化，也就是说产品之间不可替代。就地产而言，人们不可能也无法找到两宗完全相同的土地，每块土地的地理位置、地质构造、升值潜力都是不同的。就房产而言，也存在位置、结构、面积和其他方面的差异。如，住址按坐落位置有市中心区、边缘区、近郊区、远郊区等差异；在建筑结构方面，有砖混结构、钢筋混凝土结构、简易结构等差异；按建筑面积可分为两室一厅、三室一厅或四室两厅等差异；按层数分有多层、小高层和高层的差异等。因此，房地产市场不可能是批量供给、规格划一的大市场，每一种产品都有其异于他种产品的地方。所以购买者想找到完全可以替代并具有相同吸引力的物业，是不太容易的。

由于人口、环境、文化、教育、经济等因素的影响，房产在各个区域间的需求情况各不相同，房产市场供给和需求的影响所及往往限于局部地区，所以，房产市场的微观分层特性也较为明显。具体表现在，土地的分区利用情况造成地区及一个城市的不同分区，不同分区内房产类型存在差异，由需求引起的同一分区内建筑档次也存在不同程度的差异。

2. 房产市场消费和投资的双重特性

由于房产可以保值、增值，有良好的吸纳通货膨胀的能力，因而作为消费品的同时也可用作投资品。房产的房产市场是一个投机性与投资性相结合的市场；房地产的保值增值功能力及房地产业高水平的投资回报能力，使其成为一个十分诱人的投资领域。同时由于房地产投资的风险性及房地产资源（尤其是土地）的稀缺性，又使其成为一个投机活动较多、投机性较强的领域。如存在于房地产领域内的"炒地皮"、"炒楼花"等投机活动。

3. 房产市场的流动性弱、变现能力差

房产市场的流动性弱、变现能力差的特点主要是由于房地产是不动产，且使用年限长，一般不易做到"货畅其流"，也不能像其他商品市场那样随时弃旧换新，且一宗具体的房地产的交易，通常需要较长的时间才能完成。

4. 房产市场具有滞后性

房产市场的滞后性主要体现在其对经济形势的短期波动不敏感，虽然房地产业的发展趋势从总体上是与国民经济发展趋势基本保持一致的，但由于房地产市场本身是一个竞争不充分的市场，在经济趋向繁荣和走向衰退时，房地产业的整体涨落幅度往往低于整个经济的涨落幅度，所以使得房地产业对短期经济波动的反映往往滞后，且有时表现为不敏感。

5. 房产市场供给和需求的不平衡性

近年来，我国房产市场已呈现出买方市场的特征。虽然在价格和需求的影响下，市场机制会产生调整供过于求的非均衡态的作用，但随着房地产业的发展，供给还会进一步增大，因此，房产市场供过于求的不平衡性将长时期存在。从长远看，不断刺激有效需求，拓展房产市场，将是房产市场的一个持久主题。

四、房地产中介服务市场

（一）房地产中介服务市场的内涵

房地产中介服务活动是市场经济发展的产物，是房地产商品生产流通和消费不可缺少的媒介和桥梁。房地产中介服务是指在房地产投资、建设、交易、消费等各个环节中为当事人提供居间服务的经营活动，是房地产咨询、房地产价格评估、房地产经纪等活动的总称。

房地产中介服务市场的服务范围主要包括：房地产投资经营、房地产买卖、转让、租赁、价格评估、项目策划、地籍测量、物业管理、法律咨询、诉讼代理、人才培训、信息交流等。

从房地产中介服务市场所提供的服务来看，主要有五项内容：一是提供房地产政策法规与业务技术咨询；二是提供房地产开发项目转让、房屋买卖、租赁等信息服务；三是提供商品房经销代理服务；四是提供房地产价格评估与开发项目可行性研究服务；五是提供代办房地产过户、备案、登记手续与代领房地产权属证书服务等。

房地产中介服务机构，大体上有三种类型：第一种类型，专营房地产经纪业务，只提供存量或二手房的房屋买卖、租赁、置换等交易信息服务。其名称，一般为房地产交易代理公司、房屋代理公司或房屋信息公司等，这类服务中，个人或合伙从事这项业务的公司占了相当的比例。第二种类型，专营房地产价格评估业务，为委托方提供房地产价格评估与房地产开发项目可行性研究服务。后者如代理编制房地产开发项目的可行性报告、投资开发方案、投资项目的财务分析等。其名称，一般称房地产价格评估有限公司或房地产投资咨询公司等。第三种类型，专营商品房经销业务。这里有两种业务：一是与开发商签订代理推销协议，然后通过自己的信息和宣传渠道予以经销，并按规定取得经纪佣金；二是对房地产投资、开发和经营过程中的各种专门事项开展代理业务，包括房地产投资、项目审批代理、开发许可证申请代理等。

（二）房地产中介服务市场的作用

房地产商品经营者为了能生产适销对路的房地产商品和加快实现销售，为了能充分把握未来市场趋势，需要房地产中介企业为其提供房地产专业知识和政策法律知识的服务、市场信息和市场研究的服务、投资顾问、可行性论证和项目评估等的服务。在对增量房地产提供服务时，可以提供从选定目标市场、整体项目策划、营销策略制定到楼盘促销代理的全面服务，因此可以有力推动增量房地产商品的出售和出租。对存量房地产提供的估价、咨询和中介置换服务等，在促进房地产二、三级市场联动中发挥着至关重要的作用。从一定意义上说，只有存量房地产能够顺利有效的流通，才有可能推动增量房地产市场的租售。根据国际经验，为居民住宅消费提供专业化、综合性的中介服务，是刺激有效需求、促进住房消费、对个人和社会都有利的必要经营。由此可见，房地产中介服务市场对于加快房地产商品的交易，理顺流通环节，拓展房地产市场，有着其他市场不可替代的作用，因此，房地产中介服务市场是整个房地产市场体系中不可或缺的部分，在房地产市场体系中占据了显著的位置。

（三）房地产中介服务市场的培育

房地产中介服务市场是房地产市场发展的加速器和理顺房地产流通的润滑剂。在我国，这一市场还处在发展初期，尚不成熟和不规范，需要通过下列途径来逐步培育。

1. 大力发展中介机构，构建大型房地产中介企业。增加中介服务机构的数量和品种，形成产业化的服务体系。通过市场化运作和资产经营，进行产业重组、企业整合。培育房地产中介行业的主导骨干企业，发展房地产中介机构的网络经营。

2. 规范管理，提高中介机构服务质量。健全法律、法规，完善管理机制，强化房地产中介服务行业的自律管理，促进房地产中介服务市场规范、有序和公正的运行。

3. 加强人才培训，不断提高从业人员的专业素质、敬业精神和行业的整体实力及形象。

4. 加强现代化建设，提高经营管理水平。特别是要建立和完善房地产信息网络系统，进一步发展网上交易，电子商务。

第二节 房地产市场的供求理论分析

一、房地产需求

房地产需求与供给是房地产市场运行的要素和基础，但需求在房地产供给与需求的关系中处于决定性的地位，因为房地产生产和流通的目的都是为了满足需求。

（一）房地产需求的内涵和特点

1. 房地产需求的含义

从微观经济角度来看，房地产需求是指房地产消费者，包括生产经营性消费主体和个人消费者，在特定的时期内，在一定的价格水平上愿意购买而且能够购买的房地产商品量。可见这里的需求不是通常意义下的需要，而是指有支付能力的需求。从宏观经济角度来看，房地产需求是指房地产总需求，即在某一时期内全社会房地产需求的总量，包括实物总量和价格。

2. 房地产需求的特点

由于房地产商品是与土地相联系的一种特殊商品，因此房地产需求具有如下重要特点：

（1）房地产需求中的土地需要是一种派生性需求

派生性需求也叫引申需求，如生产厂家对皮革的需求，取决与消费品市场上人们对皮鞋、皮包、皮箱等皮革制品的需求。若消费者的需求减退，最终会影响生产皮革制品的企业对皮革的需求。有时，消费需求的少量增加会导致生产资料购买者的需求大幅度增加，这种规律在西方经济学中被称为"加速理论"。而有时消费者的需求仅仅减少10%却会导致下期生产资料购买者的需求锐减200%。房地产需求的派生性是指在房地产需求中对土地需求量的大小取决于人们需求的住宅、厂房、办公场所等建筑产品的需求数量。

（2）房地产需求的区域性

房地产需求的区域性表现在两个方面：其一，房地产需求绝大部分来自于房地产所在城市的工商企业及居民，因为房地产是不动产，即其位置不可移动，而不像彩电、冰箱等商品，可以运输到全国各地甚至海外销售，因此房地产需求的地区性特别强。其二，房产的需求，在同一城市的不同地段，可以有很大差异，特别是商业和服务业用房，在城市中心地段，即使价格较高，需求仍然不减，在偏远地段，即使价格较低，其需求仍然不旺。

(3) 房地产需求的层次性

房地产需求的层次性包括两层含义：第一层，是从消费者收入层次所决定的角度讲的需求的层次性，是指单位和家庭由于经济实力和其他条件的不同而对房地产包括住宅的不同层次的需求。比如，一般家庭对住房的需求侧重于生存和安全方面的考虑，而经理阶层对住房的需求更注重于工作条件、社会交往等。第二层，是从社会需求总量的不同形态角度讲的需求的层次性，一般按消费者的需求，根据其是在某一特定时期，还是在未来形成了对于房地产的实际购买力，而分为房地产的现实需求和潜在需求两个层次。

3. 房地产需求的类型

(1) 生产性需求：是由工商、服务业等行业的生产、经营场所的需要而形成的房地产需求，其需求主是各类企事业单位及个体工商业者。

(2) 消费性需求：又称为人们的居住需要而产生的房地产需求。消费性需求的物业主要是住宅，其需求主体是居民户。

(3) 投资性需求：又称为保值增值性需求，是指人们购置房地产不是为了生产和消费，而是作为一种价值形式加以储存，在合适的时候再出售或出租，以达到保值增值的目的。"炒房"作为房地产投机需要则是投资性需求的一种特殊表现形式。这种需求在宏观经济中通货膨胀较为严重的时期，可能成为一种相当重要、甚至引起市场价格大幅度波动的房地产需求。

(二) 影响房地产需求因素的分析

1. 影响房地产需求的主要因素

房地产需求包括住宅需求、工商企业用房、机关事业单位等用房需求和地产需求，其中地产需求是引致需求，住宅需求是城市房地产需求的主要部分。影响房地产需求有多方面的因素，其主要因素如下：

(1) 国民经济发展水平

房地产需求水平和国民经济发展水平成一种正相关关系。就空间而言，哪一个国家或城市经济发展迅速，这个国家或城市的房地产需求水平就高一些，反之就相反。就时间而言，哪一个时期一个国家或城市的国民经济发展得快，这个时期房地产需求就高一些，反之则相反。国民经济发展水平对房地产需求的影响作用主要来自两个方面：一是投资规模水平。投资规模扩大了，生产经营者势必增大对生产经营用房的需求水平，进而增加对土地这种生产要素投入的需求。二是国民收入水平。国民收入提高，反映了个人的可支配收入和企业的扩大再生产能力提高，从而势必会增大对房地产的生产性需求和消费性需求。

(2) 城市化水平

城市是社会经济发展，特别是工业化的必然结果。城市化水平包括城市数量、规模的扩大和城市人口的增长等。

城市数量、规模的扩大对房地产需求的影响在于：必然表现为盖更多的工厂，办更多的商店、银行、学校、医院以及城市基础设施，从而对房地产提出更多更大的需求。

城市人口的增长对房地产需求的影响在于：城市人口的增长除了增加对生产性房地产需求外，主要增加了对城市住宅的需求。

此外，城市产业结构的变化和升级，也会直接影响房地产产品的需求结构。

（3）房地产价格水平

房地产商品与其他商品一样，在正常情况下，价格和需求量之间存在着反方向变动的关系，即在其他条件不变的情况下，房地产价格高，就会限制对房地产的需求，房地产价格低，就会增加对房地产的需求。但由于房地产商品是与土地相联系的一种特殊商品，在实践中，其价格对需求的影响还会呈现出复杂的变化情况。

（4）消费者收入水平和消费结构

消费者收入水平对房地产需求有直接影响和间接影响两个方面。直接影响是指消费者收入水平提高会产生对住宅需求的提高。间接影响是指收入水平提高会促进生产的发展，进而会扩大对生产性房地产的需求。

居民消费结构对房地产需求的影响是指居民的收入中有多大的比重花费在住房消费上。这个比重在我国实行住房商品化以后将直接影响对住房的租售购买力。按国际惯例，当居民消费结构的恩格尔系数（注：恩格尔定律是19世纪德国统计学家欧恩斯特·恩格尔研究得出人们收入增加后的支出的变化规律。虽然随着历史环境的变化对这一定律需要补充和发展，但其基本法则在以后西方主要国家的家庭预算研究中普遍得到证实。我国居民的支出结构和需求结构这几年也在呈现这种规律性，即随着家庭收入增加用于食物支出的增长速度要小于用于教育、医疗、享受等方面的支出增长速度。）处在40%~50%之间，即为小康型消费结构时，居民用在住宅消费的开支约占生活费开支的15%左右。我国在住房制度改革之前，房屋租金只占居民生活费支出的2%~3%，这种低租金制至今尚未根本改变，它会扭曲房地产合理的租、售关系，有碍居民对住宅商品正常需求的形成。

（5）宏观政策

国家的土地政策、财政政策、货币政策和住房政策等对房地产的生产性需求和消费性需求，都会产生很大的影响。

国家的土地政策和财政政策的调整，会对房地产的价格产生相当程度的影响，进而影响房地产需求。

国家的利率等货币政策的调整，对房地产生产性需求和投资性需求的影响表现为，由于利率升高或降低，会抑制或促进投资经营者的投资行为。而房地产生产性需求和投资性需求一般可以看作为一种投资行为，因此利率升高，会对这两种房地产需求有抑制作用；利率降低，会对这两种房地产需求有促进作用。利率对房地产消费性需求的影响作用表现为两个方面：一是对开发商贷款利息率的高低变化，会导致房地产商品的价格的变化，从而影响消费性房地产需求水平；二是对居民的住房贷款利率的变化，会直接影响其支付能力，从而影响消费性房地产需求水平。住房政策也是影响住房需求的重要因素。福利分房制度：对商品住房的需求；而住房分配货币化，则促使居民买房，扩大商品房市场需求。

（6）消费者对未来的预期

对房地产生产性需求的影响，一般而言，主要取决于对未来经济形势发展的预测，若预测乐观，这类需求会增长，反之则相反。对房地产消费性需求和投资性需求的影响，一般来说，主要取决于对价格变化的预期，在住房价格下跌时，若消费者预期还会下跌，则他们往往会持币待购，迟迟不肯入市；当住房价格上涨时若消费者预期还会上涨，即使价格偏高，也可能形成现实的住房需求。这种情况在房地产投资需求方面表现得更为明显。

2. 房地产需求弹性

(1) 房地产需求的价格弹性

根据经济学的一般原理，房地产需求的价格弹性是指房地产商品的价格变化的比率所引起的房地产需求量变动的比率，它表示了房地产需求量变动对房地产价格变动的反应程度。用公式（5-1）表示：

$$E_p = \frac{\Delta Q/Q}{\Delta P/P} \tag{5-1}$$

式中　E_p——房地产商品需求的价格弹性系数；

　　　ΔQ——房地产商品需求的变动量；

　　　Q——房地产商品的需求量；

　　　ΔP——房地产商品的价格变动量；

　　　P——房地产商品价格。

由于价格与需求量反方向变动，所以房地产需求的价格弹性系数应为负值，但在实际运用时，为了方便起见，一般都取其绝对值，即 $E_p > 0$，当 $0 < E_p < 1$ 时，称这种商品需求缺乏价格弹性，即需求量变动对价格变动的反应小，也就是需求变动比率小于价格变动比率；而当 $E_p > 1$ 时，称这种商品需求富有价格弹性，即需求量变动对价格变动的反应大，也就是需求量变动比率大于价格变动比率。

从一般意义上讲，当房地产价格在一定幅度内变动时，房地产需求缺乏价格弹性。这是因为对商品用房而言，由于区位条件至关重要，又难以替代，因此，在此时价格变动对需求量的影响程度不大；对住房而言，由于是生活必需品，在发达国家统计资料表明房地产需求对收入是缺乏弹性的，加拿大的学者甚至计算出房地产的需求收入弹性值 E_y 在 0.7~0.9 之间，即缺乏弹性。但在我国现阶段，由于收入增加、消费结构变化和住房制度改革的深化，房地产需求对收入是富有弹性的。但是，当价格偏高时，消费者会紧缩正常需求量。这对于住房消费更为显著，我国近年来住房价格偏高，导致住房需求量减少，引起住房空置率过高的严峻现实，就是一个明证。

(2) 房地产需求的收入弹性

房地产需求的收入弹性是指收入变动的比率所引起的房地产需求量变动的比率，它表示了房地产需求量变动对收入变动的反应程度。用公式（5-2）表示为：

$$E_y = \frac{\Delta Q/Q}{\Delta Y/Y} \tag{5-2}$$

式中　E_y——房地产需求的收入弹性系数；

　　　ΔQ——房地产商品需求的变动量；

　　　Q——房地产商品的需求量；

　　　ΔY——消费者的可支配收入的变动量；

　　　Y——消费者的可支配收入。

由于收入与需求量同方向变动，所以房地产需求的收入弹性系数应为正值，即 $E_y > 0$，并且，当 $0 < E_y < 1$ 时，称这种商品需求缺乏收入弹性，即需求量变动对收入变动的反应小，也称是需求量变动比率小于收入变动比率；而当 $E_y > 1$ 时，称这种商品需求量富有收入弹性，既需求量变动对收入变动的反应大，也就是需求量变动比率大于收入变动比率。

从一般意义上讲，房地产需求的收入弹性与一国或一个地区的经济发展水平和国民收入水平有密切的联系。这主要是由于不同的经济发展水平和阶段，对居民的消费结构的变化有着不同的影响。

从特殊意义上讲，不同的房地产商品，其需求的收入弹性是不同的。例如，普通住宅面向广大工薪阶层，其需求的收入弹性较大；而高档别墅、高档商品住宅面向外商和高收入阶层，其需求的收入弹性较小。

（三）房地产市场的潜在需求和有效需求

1. 房地产的潜在需求

所谓房地产的潜在需求，是指居民对房地产商品消费的欲望按目前社会一般生活水平计算的房地产商品应有的需求量。即是指过去和现在尚未转变为实际的房地产购买力的支付能力、但在未来可能转变为房地产购买力的需求。由于潜在房地产需求是一定时期内该地区房地产需求的最大可能值，因此也称为房地产的边界需求。

根据我国政府在1996年世界人居大会上所确定的我国人类住区的发展目标，即通过政府部门和立法机制指定并实施促进人类可持续发展的政策法规、发展战略、规划和计划，动员全体民众积极参与，努力将中国城乡住区建设成为规划布局合理、配套设施齐全、有利工作、方便生活、环境清洁、优美、安静、居住条件舒适的人类住区；根据我国"十五"计划及房地产业发展规划，到2010年我国房地产业尤其是城镇住宅消费将持续成为主要消费热点之一。为此，我国城镇住宅的潜在需求是非常巨大的。具体地说，这种巨大的潜在需求主要来自以下几个方面：

（1）因住房自然更新而形成的需求

如果以2000年城镇人口4.58亿及人均建筑面积$20.4m^2$（人均居住面积$10.25m^2$）计，到2010年因自然更新共需新建住宅建筑面积为19亿m^2（9亿m^2居住面积）。

（2）为实现预期居住面积目标而产生的需求

根据规划，到2010年我国人均住房居住面积将达到$12m^2$、建筑面积将达到$24m^2$，按2000年城镇人口4.58亿人计，到2010年需新建住宅约18亿m^2（建筑面积）。

（3）因城市化进程而形成的需求

根据我国政府在《人居宣言》中的规划目标，到2010年我国城市化水平将达到45%左右，城镇人口达到6.3亿人左右，比2000年净增1.8亿人。预计在城市化过程中新增的城镇居民，三分之一是由于区划原因形成，即原地区按照区划设置转为城市，而居住于此的居民原本就拥有住宅；另外三分之二为新近城镇人口，到2010年共需新建住宅27亿m^2。

（4）因生活水平提高而形成的需求

随着经济的发展、社会的进步和人们生活水平的逐步提高，人们对住宅消费的要求也会向更高层次发展。根据规划，到2010年每户平均建筑面积为$75m^2$左右。假设其中有50%的家庭不满足于此标准而向户均建筑面积$100m^2$攀升和靠近则因这50%的住户住宅消费水平的提高（每户增加$25m^2$）而需新建的住宅面积约为18亿m^2。

如果不再考虑其他因素，则以上四项之和为82亿m^2。若剔除其中一些重复计算因素，则未来房地产市场也有近70亿m^2的住宅需求和建设空间。

2. 房地产的有效需求

所谓房地产的有效需求,也就是前文提到的现实需求,从微观经济的意义上来讲,是指消费者在一定时期内,在每一个价格的水平上愿意而且能够购买的商品量,即有支付能力的需求。从宏观经济的意义上来讲,是指商品的总供给与总需求达到均衡状态时的总需求。因此,分析房地产市场的有效需求,必须从微观上把握有支付能力的需求,在宏观上把握总供给与总需求的均衡。

3．培育房地产市场有效需求的主要途径

(1) 深化住房制度改革,实现住房分配货币工资化,引导消费者"愿意"购买商品住房。

(2) 理顺流通环节,完善中介销售服务。为消费者提供便捷周到的服务。

(3) 发展经济、合理房价,提高消费者"能够"购买商品住房的支付能力。

(4) 完善和发展房地产金融市场,扩大住房消费信贷,支持居民购买力。

(5) 重视房地产市场总供给和总需求动态平衡,促进有效需求的形成。

住宅建设是如此,其他房地产市场也应把研究和培育有效需求放在第一位。

二、房地产供给

(一) 房地产供给的内涵和特点

1．房地产供给的含义

从微观经济角度来看,房地产供给是指生产者在某一特定时期内,在每一价格水平上愿意而且能够租售的房地产商品量。在生产者的供给中既包括了新生产的房地产商品,也包括过去生产的存货。从宏观经济角度来看,房地产供给是指房地产总供给,即在某一时期内全社会房地产供给的总量,包括实物总量和价值总量。

房地产供给要具备两个条件,一是出售或出租的愿望,这取决于价格为主的交易条件;二是供给能力,这主要取决于房地产开发商的经济实力和经营管理水平,两者缺一不可,但在市场经济条件下,以价格为主的交易条件是主要的。

2．房地产供给的特点

房地产商品是一种特殊商品,所以房地产供给具有自身一些显著特点,主要有：

(1) 城市土地供应的刚性和一级市场的垄断性

城市土地是指作为城市房地产基础的土地,它的供给分自然供给和经济供给两类,自然供给是指自然界提供的天然可利用的土地,它是有限的,因此是刚性的。经济供给是指对自然供给土地的开发利用和多种用途的互相转换,土地的经济供给,由于自然供给刚性的制约,其弹性也是不足的。因此,从总体上说,城市土地的供给是有限的、刚性的。

我国城市土地属于国家所有,国家是城市土地所有权市场的惟一供给主体,因此城市土地一级市场是一种垄断性市场。

(2) 房地产供给的层次性

房地产供给一般分为三个层次性,现实供给层次、储备供给层次和潜在供给层次,这三个供给层次是动态变化的。

现实供给层次是指房地产产品已经进入流通领域,可以随时出售和出租的房地产。通常也称其为房地产上市量,其主要部分是现房,也包括已经上市的期房。房地产的现实供给是房地产供给的主导和基本层次,它是房地产供给方的行为状态,并不等于房地产商品价值的实现。房地产商品价值的实现取决于供给和需求的统一。

储备供给层次是指房地产生产者出于一定的考虑将一部分可以进入市场的房地产商品暂时储备起来不上市。这是生产者的主动商业行为，与人们说的空置房是有区别的，空置房主要是指生产出售而一时出售不了的房地产商品。

潜在供给层次是指已经开工和正在建造，以及竣工但未上市的房地产产品，还包括一部分过去属于非商品房地产，但在未来可能改变其属性而进入房地产市场的房地产产品。

(3) 房地产供给的滞后性

房地产商品的生产周期长，一般要一二年，甚至数年。较长的生产周期决定了房地产供给的滞后性，这种滞后性又导致了房地产供给的风险性。因为，即使房地产开发计划在目前是可行的，但在数年后房屋建成投入市场时，也可能因市场发生变化，而造成积压和滞后。

(4) 房地产供给的时期性

房地产供给的时期一般可分为特短期、短期和长期三种。

所谓特短期又称市场期，是指市场上房地产生产资源固定不变，从而房地产供给量固定不变的一段时期。

所谓短期是指在此期间，土地等房地产生产的固定要素不变，但可变要素是可以变动的时期。因此所谓短期是可以对房地产供给产生较小幅度变化影响的一段时期。

所谓长期是指在此期间，不但房地产行业内所有的生产要素可以变动，而且可以与社会其他行业的资本互相流动，从而是对房地产供给产生较大幅度影响的一段时期。在长期内，土地供应量变动，房屋供应量变动更大。

(二) 决定房地产供给的主要因素

1. 决定房地产供给的主要因素

影响和决定房地产供给的因素是多方面的，主要有以下因素：

(1) 房地产市场价格

房地产市场价格是影响房地产供给的首要因素，因为在成本既定的情况下，市场价格的高低将决定房地产开发企业是否盈利和盈利多少。一般而言，当价格低于某一特定水平，则不会有房地产供给，高于这一水平，才会产生房地产供给，而且供应量随着价格的上升而增加，随价格的降低而减少。

(2) 土地价格和城市土地的数量

土地价格是房地产成本的重要组成部分，我国目前土地费用约占商品房总成本的20%。土地价格的提高，将提高房地产的开发成本，对此房地产开发商一般会采用两种可选对策：一是提高容积率，使单位建筑面积所含的地价比重下降，消化地价成本的上升，从而有利于增加房地产供应。二是缩小生产规模和放慢开发进度，从而会引起房地产供给的减少。

城市房地产的供给能力，在很大程度上取决于能够供给城市使用的土地数量。一般来说，一个国家经济发展水平越高，特别是农业生产力越高，则可提供给城市使用的土地就越多。换言之，城市土地的供给水平必须与经济发展，特别是农业发展水平相适应。改革开放以来，我国农业发展迅速，为城市土地的扩大创造了条件。但也应看到，我国人多地少，人地矛盾十分尖锐，对于不恰当地过多占用耕地，必须加以制止。

(3) 税收政策

税收是构成房地产开发成本的重要因素,我国目前各种税费约占房地产价格的10%~15%。如果实行优惠税收政策,减免税收和税收递延,相当于给开发商一种额外的利息收入,就会降低房地产开发成本,使同量资金的房地产实物量的供给增加,会提高开发商盈利水平,从而吸引更多的社会资本从事房地产开发,最终会增加房地产的供给量。反之,若增加税费,则会直接增加房地产开发成本,使同量资金的房地产实物量的供给减少,会降低开发商盈利水平,会使开发商缩小其投资规模,甚至将资本转到其他行业中去,从而会导致房地产的供给量的减少。

(4) 建筑材料供应能力和建筑能力

建筑材料如钢材、木材、水泥、平板玻璃以及建筑陶瓷等,其供应能力是制约房地产开发规模和水平的物质基础。建筑能力包括建筑技术水平、装备水平、管理水平以及建筑队伍的规模等因素,是决定房地产供应水平的直接因素。改革开放以来,我国建材工业和建筑业有了长足的发展,技术水平、装备水平、管理水平及职工队伍素质都有很大的提高,建筑材料供应能力和建筑能力基本上已能满足房地产生产的需要。

(5) 房地产开发商对未来的预期

这种预期包括对国民经济发展形势、通货膨胀率、房地产价格、房地产需求的预期,以及对国家房地产税收政策和产业政策的预期等,其核心问题是房地产开发商对盈利水平即投资回报率的预期。若预期的投资回报率高,开发商一般会增加房地产投资,从而增加房地产供给;若预期的投资回报率低,开发商一般会缩小房地产投资规模或放慢开发速度,从而会减少房地产供给。

2. 房地产供给弹性

根据经济学的一般原理,所谓房地产供给弹性,就是指供给的价格弹性,即房地产价格变动的比率所引起的其供应量变动的比率,它表示了房地产供给量变动对房地产价格变动的反应程度。用公式(5-3)表示即:

$$E_s = \frac{\Delta Q/Q}{\Delta P/P} \tag{5-3}$$

式中 E_s——房地产商品供给弹性系数;

P——房地产商品价格;

ΔP——房地产商品的价格变动量;

Q——房地产商品供给量;

ΔQ——房地产商品供给的变动量。

由于房地产价格与供给量同方向变动,所以房地产供给弹性系数应为正值。

如前所述,房地产供给具有明显的时期性,下面对不同时期的供给弹性,分别做简要的阐述:

(1) 特短期内房地产供给无弹性

由于房地产生产周期长,特短期内其生产要素和产品不可能发生变化,因而房地产供给无弹性,即 $E_s = 0$。

(2) 短期内土地供给无弹性,房产供给弹性较小

短期内土地供给不可能发生变化,因而土地供给无弹性。房产可以通过可变要素的增

减而改变其供给，但变动幅度不会很大，因此，房产供给弹性较小，即 $0 < E_s < 1$。

（3）长期内房地产供给弹性较大

长期内土地供给量可以变动，具有一定的弹性，房产的供给量变化更明显，因此房产的供给弹性更大，两种因素综合在一起，使房地产供给富有弹性，即 $E_s > 1$。

以上三种情况是房地产供给弹性的一般规律，在特殊的条件下，也会发生一些特殊的现象。例如，当房地产需求低迷而价格下降时，开发商及时将未完成的楼宇预售，会造成局部暂时的供给量上升，弹性系数也变成负值，但这只是一种特例。

（三）房地产市场的有效供给

1. 房地产市场有效供给的含义

房地产市场的有效供给是与有效需求相对应的一个重要概念。在微观经济上，房地产市场的有效供给是指现实供给层次中符合消费者需求的、正在或即将实现交换的那一部分房地产商品的供给量。因此，房地产的现实供给不等于有效供给，现实供给中有部分房地产或者因地段偏僻交通不便，或者因房型落后，或者因售价太高，而难以实现销售，就不成其为有效供给。

在宏观经济上，房地产市场的有效供给是指房地产商品的总供给与总需求达到均衡时的总供给。因此，有效供给就是适应需求的供给，它不仅要求供给总量的有效，而且要求供给结构的有效。

2. 增加房地产市场有效供给的主要途径

（1）在房地产供给的实物形态上，努力提高供给结构与需求结构的吻合程度

房地产商品具有极强异质性，也就是说，对于不同类型的需求，需要供应不同类型的房地产商品与之相适应。以住宅而言，由于不同的消费者层次在生活方式、文化素养，特别是支付能力的不同，使得他们对住房的功能、面积、规格和房型等的要求也是不同的。因此，要提高供给的有效性，就必须提高供给结构与需求结构的吻合程度。在房地产市场普遍比较低迷的状态下，仍有一些房地产商品畅销，究其原因，主要是由于这部分供给符合社会的特定需求。因此，房地产开发商必须重视供给结构与需求结构相适应的问题，以市场为导向，生产适销对路的房地产商品。

（2）在房地产的价值形态上，努力提高供给价格与支付能力的吻合程度

据世界银行的考察结论，住房价格与家庭年收入之比保持在 3~6 倍之间，居民才有购房支付能力。从理论上讲，这时的供给价格与支付能力吻合，是有效供给价格。然而，目前我国一套普通商品房价格与家庭年收入之比在 10 倍以上，这样的供给价格与支付能力不吻合，因此形不成有效供给价格。这也是近年来我国商品房空置率居高不下，而且还有上升趋势的一个十分重要的原因。

（3）在房地产供给总量上，努力提高总供给与总需求的吻合程度

从长远看，社会对房地产的需求总是在不断增长的，在这个过程中，必须努力提高总供给与总需求的吻合程度，避免供大于求或供不应求的局面持续地存在，才能持续有效地提高房地产资源的配置效率。

三、房地产市场的供求均衡

（一）房地产供求均衡的内涵

1. 房地产供求均衡的含义

所谓房地产市场供求均衡,即供给与需求的均衡态,是指房地产商品的供给价格与需求价格相一致,而且供给数量与需求数量相一致时的经济状态。

2. 理解房地产供给与需求的均衡态,必须把握以下几点:

(1) 均衡态的形成是供给和需求这两种力量相互作用的结果。因此,为了促使供给与需求的均衡态,必须把注意力放在房地产市场供给和需求的两个方面,切不可片面。

(2) 在任一给定的价格水平下,都会生产和消费一个确定数量的房屋。这种情况只有在市场处于或在总体上处于竞争的情况才有意义。也就是说,卖方和买方几乎没有能力去单独地影响市场价格。

(3) 在进行理论分析的时候,人们常常把房地产价格作为自变量,而把房地产供给或需求量作为其函数。然而房地产市场在实际运行时,情况会复杂得多,多变得多,哪个是自变量,哪个是因变量应根据具体情况来定。供给和需求的数量不但受多种因素影响,而且也会反过来对房地产价格产生重大影响,常说的供不应求价格上涨,供过于求价格下跌就是这个道理。

(4) 供给与需求的均衡包含两层含义,即宏观和微观两个层次,在宏观层次上表示房地产总供给数量与总需求的均衡;在微观上表示某特定地区市场、特定类别房地产商品的供求均衡,供求结构吻合,交易顺利进行。由此可见,房地产供给和需求均衡态的实质是房地产商品的实现问题。

3. 认识房地产供求均衡原理的现实意义

由房地产供求均衡原理可知,房地产供给和需求均衡态的实质就是房地产商品的实现问题。因此,房地产市场的供求均衡,是房地产市场运行的最基本问题,也是房地产市场运行所追求的重要目标。由于房地产供求双方是动态变化着的,故供求双方的非均衡态是基本的、常见的,而他们的均衡态是相对的、有条件的。因此,认识房地产供求均衡原理具有现实意义。在微观层次上,房地产商应该重视房地产市场供给和需求的变动,重视其均衡态的状况,及时调整生产经营策略和计划;在宏观层次上,国家应该运用税收、利率、信贷等经济杠杆,刺激或抑制供给或需求,引导供求曲线沿着人们所希望的方向移动,从而达到一个新的均衡态。

(二) 房地产市场供求失衡的三种状态

所谓房地产市场的供求失衡状态,即供给与需求的非均衡态,是指房地产商品的供给价格与需求价格、供给数量与需求数量之间,或者有一对不一致,或者两者都不一致的经济状态。

1. 总量性供不应求状态

这是计划经济体制下,实行福利分房、低租金制情况下必然形成的供求格局。通常把这种处于总量性供不应求状态的房地产市场称为卖方市场。这里主要对低租金制导致总量供不应求的情况作些分析。

所谓低租金制是指国家或单位出租给城市居民的公有住房,收取的租金远低于住宅实际成本的一种住宅收费制度。以1980年为例,我国的住房租售比为1:145,远比合理的住房年租售比1:8小。由于计划经济体制下价格实行管制,使得商品经济法则,即供不应求会引起租金或价格上涨,不能起调节供求关系的作用,而价格外的其他因素仍会影响供求，于是总量供不应求的矛盾越来越严重。在改革开放前的1978年，我国城镇居民人均住房面积仅有3.6平方米。

2. 总量性供过于求状态

这种状态通常出现在市场经济体制下，微观经济层次盲目扩大投资，宏观经济层次缺乏有力调节的时期和地区。我国在20世纪90年代初房地产过热，使得近几年我国房地产市场存在总量性供过于求的情况。据报道，1995年底，全国商品房积压5031万m^2；1996年底，增加到6624万m^2；到1998年底，进一步增加到8000万m^2，其中住宅积压占80%。通常把这种处于总量性供过于求状态的房地产市场称为买方市场。

本来市场机制会迫使价格下跌，以调节供求关系，但由于我国目前还处在从计划经济体制向市场经济体制转轨时期，一方面，房地产价格构成中，还有相当一部分由政府部门控制的，变化余地不大，下调幅度有限，因此，可以假定价格不变；另一方面，由于房改有待深入，广大职工居民尚未真正进入住宅市场，加上部分企业效益下滑，职工下岗增加等原因，使得实际房地产需求增幅不大，远落后于供给量的增长幅度，然而，受1992~1993年房地产过热的滞后影响，那些过热投资的开发建设在近几年陆续转为现实供应，使得供给增加幅度较大。

3. 结构性供求失衡的状态

结构性供求失衡有供不应求和供过于求两种情况，而主要是指结构性供过于求。结构性供过于求一般是由于供给方的投资决策失误造成的。例如有些城市房地产开发高档办公房、商业娱乐用房过多，住宅比重太小；住宅开发中高档别墅太多，而普通住房太少等。这时，虽然总量上没有产生供过于求，但由于供求结构失衡，仍有一部分供给表现为"积压"。

(三) 房地产市场供求均衡条件及其实现

在前面论述房地产供求均衡原理时已指出，房地产供求均衡的实现和目的是房地产商品的实现问题，只有均衡，才能实现，因此供求均衡的条件也就是商品价值实现的条件。以下是四项实现房地产市场供求均衡的主要条件。

1. 加快经济体制改革和住房制度改革，促使房地产运行尽快纳入市场经济的轨道这是供求均衡的体制条件，也是前提条件

在本节前面部分已提出，改革开放前我国房地产严重供不应求的最主要因素，是计划经济体制下所实行的福利分房、低租金使用的住房制度。当前出现的大量商品房积压的不正常的供过于求的现象，其重要原因之一是我国还处在经济体制转轨时期，市场尚不能有效调节商品房价格，房改也有待深入，广大职工居民尚未真正进入住宅市场。

2. 完善房地产市场体系，为沟通供求创造良好的市场条件

房地产体系包括房地产商品的一、二、三级市场、要素市场和信息市场等，由于我国房地产市场起步较晚，市场体系很不完善，每一种特定市场都亟待开拓、健全和完善，特别是要尽快开放和培育房地产三级市场，这将有利于居民以旧换新，以小换大，推动二级市场搞活，有利于潜在需求向有效需求的转换。

3. 着重研究和培育商品房的有效需求，注重供给与需求的总量均衡

在市场经济条件下，供给与需求这一对矛盾中，需求是矛盾的主要方面，因此，房地产行业和政府应着重研究和培育商品房的有效需求。当前，鉴于供过于求的非均衡态，培

育有效需求应抓住两个最主要的环节：一是采取多种措施，刺激和增加住房需求，二是适当抑制房地产供给。

4. 以需定产，以需促供，注重供给与需求的结构吻合

只有符合需求的供给才是有效供给，生产的商品才能实现其价值。在买方市场条件下，需求者对房地产商品挑剔得很厉害，这就要求房地产供给方以市场为导向，设计和生产出适销对路、物有所值、价廉物美的房地产商品，只有这样，才能提高供给方的产销率，尽快形成供求的均衡态。

第三节 房地产市场的运行

一、房地产市场的功能

房地产市场的功能是通过房地产市场运行机制对房地产生产流通和消费的调节作用表现出来的。其主要功能有：

1. 传递信息的功能

房地产市场信息是在房地产交易过程中形成，并通过市场来传递的。房地产市场体系越完善，产生的信息就越多，传递的速度也就越快。我国房地产市场尚在培育和发展中，市场体系尚不完善，所以其传递信息的功能还比较弱。房地产信息还可以通过新闻媒介等来加速传递，但这不能替代房地产市场本身的传递信息功能的特殊作用。

2. 优化房地产资源配置，提高房地产使用效益的功能

房地产市场的价格机制、供求机制与一般商品市场一样，有着优化资源配置的重要功能。举例来说，由于市中心的房地产价格昂贵，而金融业和商业用地的级差效益比工业用地和住宅用地要高得多，因而在市场价格机制的作用下，市中心的传统工业部门，也纷纷通过改造或重建的形式，被办公楼和豪华公寓所取代，从而大大优化了房地产资源的配置，提高了房地产的使用效益。

3. 促进劳动生产率提高的功能

一般在房地产开发中，是通过招标和投标活动，由建筑商承担物业建筑施工任务。建筑商为了能中标，并获取最大限度的利润，就必须努力采用高新技术，改善经营管理，降低建筑成本。可见，运用市场机制开发房地产，将促进物业建筑的劳动生产率的提高。

4. 调节和再分配国民收入的功能

价格是实现国民收入再分配的手段之一。房地产价格上涨会使购买者的支出增加，房地产经营者和投资者的利润增多；而房地产价格下跌，则会使购买者得益，房地产经营者和投资者的收入减少。由此就能起到调节和再分配国民收入的作用。

5. 理顺流通环节的功能

房地产市场属于流通领域，它是沟通生产和消费的桥梁和纽带。通过建立和完善市场流通组织，发展中介机构，理顺流通环节，可以加快商品房销售，减少积压空置，加速资金循环与周转，从而提高房地产业经营效益。

6. 优化消费结构的功能

住房是人们生活必不可少的消费资料，它在居民家庭生活消费中占较大的比重，因此

住房消费支出占居民家庭收入的比例是否适当，对居民消费结构的合理性有着决定性的作用。在市场经济条件下，房价过高，住房消费将萎缩，从而会使居民消费中的住房消费比例下降，使消费结构不合理。因此，在房地产市场体系比较完善的条件下，通过房地产市场机制，可以调整居民住房消费，使消费结构趋于合理。可见，房地产市场具有优化消费结构的功能。

二、房地产市场运行机制

（一）房地产市场运行机制的含义

房地产市场是房地产交易关系的总和。要使房地产交易关系得以形成，必须具备下列三个要素：一是房地产交易主体，即从事房地产交易的当事人，包括国有土地使用权的法人代表，房地产开发商，建筑商，中介商，以及与房地产交易有关的一般企业、金融机构和居民等等。二是房地产交易客体——土地或物业。三是房地产交易法规及其监督者、市场管理者。

所谓房地产市场的运行机制，就是在房地产投资、开发、流通和消费过程中，上述房地产交易关系的三个要素的相互联系和相互作用的集合所形成的，是房地产市场在运行过程中发挥其功能的基础，即市场凭借此基础要素进行社会资源配置的市场运行形式和手段。

（二）房地产市场的主要运行机制

一般情况下，房地产市场的运行机制主要包括下面几个方面：

1. 动力机制

房地产企业是房地产市场交易的主体，而房地产企业从事房地产开发经营和服务的直接目的是追求利润最大化。动力机制就是在房地产企业的动力和经济利益之间产生相互制约和相互协调的一种内在联系的市场运行形式和手段。

动力机制的形成必须以房地产企业的清晰的产权界定为前提条件。因为只有这样，房地产企业的经济行为才能只受其独立的合法经济利益支配，不至于出现扭曲行为；房地产企业才能具有充分的自主经营权，不至于受他人强制。因此，动力机制能否形成，关系到房地产企业对房地产市场发出的信息能否及时准确地作出反应。所以它是房地产市场运行机制的首要内容。

2. 价格机制

价格机制就是指使价格规律发挥作用的市场运行的形式和手段，即由市场上供求关系的变动引起的价格的上下波动的表现形式，以及通过价格波动的作用促使供求趋向一致，价格与价值趋向均衡的手段。因此，价格机制是调节房地产资源优化配置的最重要的市场机制。

3. 供求机制

供求机制就是用于调节市场供给与需求之间关系的市场运行的形式和手段。在供过于求的买方市场情况下，供求机制能引导企业调整产品结构，注意对新产品的开发经营等，以促使企业的生产、经营和服务适应和激发市场需求。在供不应求的卖方市场情况下，供求机制会使价格上涨、生产规模扩大以及吸引更多的企业进入市场等。因此，供求机制是实现供需均衡目标的最基本的市场机制。

由于供求关系的变化，会直接导致价格的涨落，而价格的涨落又刺激或抑制供给与需求。因此，供求机制与价格机制有着相辅相成密切关系。

4. 竞争机制

竞争机制就是市场竞争的形式和手段。主要是指发生在同类房地产商品的不同房地产企业间，为争夺市场、资金、人才及先进技术等，通过价格竞争、质量竞争、服务竞争等手段，以较高的质量和低廉的价格战胜对手的行为方式。因此，竞争机制是促进房地产企业改善经营管理，提高劳动生产率和经济效益的最有效的市场机制。

在房地产市场体系中，其动力机制、供求机制，价格机制和竞争机不是孤立存在的，而是相互联系、相互作用和相互制约的。在价值的作用下这种相互联系、相互作用和相互制约的结果就会形成一套房地产市场运行机制。房地产市场的运行主要表现为房地产市场上房地产的供求关系和价格、价值关系对房地产开发和流通的自发作用。在这点房地产运行机制与一般商品市场的运行机制比较类似，但由于房地产商品的特殊性，又使其有着如下特点：

第一，我国房地产市场的动力机制与一般商品市场的动力机制不同。这主要是因为我国的城市土地属国家所有，在城市房地产市场上，不存在土地所有权的出卖，而只有土地使用权的让渡，即只存在纵向的由国家垄断的一级地产市场，不存在横向开放的一级市场。

第二，房地产市场的供求机制和价格机制也与一般商品的供求机制价格机制有所不同。房地产的稀缺性与人们对其需求的无限性，决定了房地产市场的总体发展趋势是供不应求而不是供过于求。房地产供给价格与需求价格趋向均衡是很少见的，即房地产的市场价格主要是由需求价格所决定的。这也正是越来越多的人热衷于投资房地产领域的一个重要原因。另外，房地产也包括土地这个特殊的生产要素在内，而未经开发的土地，因其没有人类劳动的凝结，不是劳动产品，故其本身没有价值，而只有价格。

第三，房地产市场的竞争机制是不充分的。这是因为房地产在地理位置上具有固定性，是不动产，具有一定的垄断性，受区域限制很大。这就必然使房地产市场上的竞争受到限制，从而使房地产市场的竞争机制与一般商品市场的竞争机制有所不同。

三、房地产市场分级运行

（一）房地产市场分级运行的概念

在现实房地产市场上，房地产商品的交易和流通实际上是在三个具有相当大差异的不同运行特征的层次上进行的。人们把房地产市场的这种实际运行状况称为房地产市场的分级运行。

1. 房地产一级市场的含义及其特征

房地产一级市场主要是土地所有权和使用权出让的市场，是由以土地使用权纵向出让为内容的土地批租市场、土地租赁市场，以及同步进行的土地征购市场组成。土地批租市场是指将城市存量闲置土地或拆迁的土地和征用的土地使用权，以批租的形式在明确用途、使用年限和其他使用要求的条件下，有偿出让给开发企业或土地使用者。土地租赁市场是指通过一定年租金的形式将土地使用权租赁给土地使用者，后者则按年向国家交纳地租。一级市场的本质是土地所有权和使用权的分离过程。

在我国，一级市场的主体即卖主是国家或国家授权的管理部门。一级市场的经营方式一般采用有限期拍卖招标或逐年收取土地使用费等方式，价格是在市场经济的条件下，由供求双方的联合作用而形成的，由国家控制和调节。一级市场的组织形态是垄断型的，其垄断因素主要来源于土地所有制。

2. 房地产二级市场的含义及其特征

房地产二级市场主要是房地产增量市场。一方面，土地开发企业在合同规定的批租期内，将已开发好的土地按批租合同规定的用途和其他使用要求在此市场上进行有偿转让或转租给土地使用者，也可直接兴建商品房出售或出租。另一方面，新近建造完毕的建筑物在此市场上向广大用户出售或出租。二级市场也可称为土地或房地产开发市场。

在我国，二级市场的主体即卖主是房地产开发企业，买主是不确定的。二级市场的经营方式是采用出卖或出租已开发土地或连同其上的建筑物的形式，价格则是在市场中形成的。二级市场的组织形态是具有一定垄断性的不完全竞争市场，即其竞争性成分较强，但由于土地经营权的垄断，致使竞争是不完全的。

3. 房地产三级市场的含义及其特征

房地产三级市场主要是房地产存量市场。一方面，土地使用者之间将自己的土地使用权，在批租合同规定期限内，按合同要求或补办批租手续、补交地价在横向市场上再转让、转租或抵押。另一方面，原有房地产用户将自己拥有的房地产产权在市场上进行再转让。

在我国，三级市场的主体是房地产商品的用户，即其卖主和买主都是不确定的，几乎所有的企业、事业单位、个人都可能成为市场主体。三级市场的经营方式一般采用转让或出租土地或连同其上的建筑物的形式，价格则是在市场中形成的。三级市场的组织形态也是具有一定垄断性的不完全竞争市场，其垄断因素也是由于土地经营权的垄断形成的，但竞争程度远远大于一、二级市场。

（二）房地产一、二、三级市场的有机联系

在我国，房地产一级市场的交易量将在很大程度上决定二级市场的交易量，从而将带动三级市场的交易；此外，二、三级市场上的国有土地使用权的横向转让、转租或抵押，都要受第一次土地批租合同条款的种种制约；因此，一级房地产市场是二、三级市场借以产生、发展的基础。二、三级房地产市场则是一级房地产市场房地产商品化借以实现的必然延伸和结果，二、三级房地产市场的活跃和健康发展则是一级房地产市场的土地批租顺利进行和一级市场的进一步完善与扩大的条件。可见，房地产一、二、三市场构成了一个完整的有机的市场体系，是以整体功能的发挥来促进城市土地资源、房产资源的优化配置和使用效率的不断提高。同时，需要强调的是，房地产市场的健康发展，只有在对房地产一、二级市场重视的同时，积极拓展三级市场，真正将三级市场搞活，使大量存量房屋流通起来，进而推动二级市场发展，实现二、三级市场联动，才能极大地持久地提高房地产市场的有效需求，才能使房地产市场真正成为百姓市场，促进住宅消费热点的形成，使住宅建设真正成为国民经济新的增长点。

第四节 我国房地产市场的发展

一、我国房地产市场发展现状

20世纪90年代以来，我国房地产市场的发育已有了长足的进展。90年代初期，我国房地产市场一度出现过热的发展，导致供给过剩。90年代中期，步入了低谷调整阶段，房地产开发投资从1994年的41.3%，下降到1995年的23.3%、1996年的21.4%，1997年首次出现负增长。到90年代后期,在国家扩大内需、拉动经济增长的战略决策和深化房改、加快住宅建设的产业政策支持下,我国房地产市场开始进入新的发展期。

(一)世纪之交我国房地产市场呈现的日趋回缓的态势

1. 商品房开发投资稳步回升,商品住宅投资增长加快

1998年,房地产开发投资开始回升,城镇房地产开发完成投资3579.58亿元,比1997年同期增长12.6%,其中商品住宅开发完成投资2117.94亿元,增长24%,竣工面积12480.16万m²,增长14.64%。住宅建设对经济增长的拉动作用明显增强,1998年国民生产总值增长的7.8%中,其贡献率达1%以上。

2. 商品住宅销售形势好转,销售额大幅增长

1998年全国商品住宅销售额1718.25亿元,比1997年增长41.22%;销售面积9510.94万m²,增长38.08%。

3. 住房消费热点逐步形成,个人购房比例迅速提高

在住房分配货币化、住房信贷扩展和各地促进房市政策推动下,居民购房积极性大大提高,新的消费热点正在逐步形成,个人购房比例大幅度提高。全国商品住宅销售面积中个人购房比例从1994年的46%,提高到1998年的73.73%。个人购房已上升到主体地位,这是住宅市场的新特点。

4. 公积金制度逐步完善,住房消费信贷逐步普及和推广

为适应房地产市场发展要求,20世纪90年代中后期以来,我国住房信贷迅速发展起来。截止到1998年底全国住房公积金累计归集额已达1200亿元。工、农、中、建四家国有商业银行发放的个人住房贷款余额为710亿元,其中利用住房公积金发放的委托贷款余额为220亿元。自营性贷款余额为490亿元,仅1998年就发放了122亿元。住房信贷特别是住房消费信贷的迅速发展,有力地支持了住宅建设和居民购房。

5. 房地产二、三级市场联动效应明显,三级市场渐趋活跃

房地产二、三级市场联动从理论转向广泛的实践,全国房屋置换活动蓬勃展开。上海市1998年存量房地产买卖过户面积达315.33m²,比1997年增长94%;存量交易成交金额63.32亿元,比1997年增长115%。已购公房上市后,有90%的住户重新购房,加上公房使用权差价换购商品房,约带动商品销售111万m²,占当年商品房销售面积的10%以上。房地产三级市场活跃,对盘活存量房产起了重要作用,带动二级市场出现新气色。

6. 中介服务迅速发展,物业管理稳步推进

到1998年底,全国房地产估价师人员已突破1万人,已初步建立起一支适应市场发展需要的房地产估价师队伍,估价行业逐步走上规范化发展轨道。房地产市场的进一步活跃,为经纪、代理、咨询等中介业务的发展提供了巨大推动力,面向老百姓的住房置换服务、住房置业担保业务应运而生,房地产中介服务正在逐渐进入人们日常生活,成为房地产市场健康发展的不可或缺的组成部分。在世纪之末,我国物业管理工作发展势头良好,新建住宅小区全面推行了物业管理新体制,物业管理企业积极参与市场竞争,涌现了一批优秀的物业管理企业,各地政府开始把物业管理水平列入与城市发展紧密相关的重点工作之一,物业管理涉及的一些深层次问题得到了一定程度的解决。

7. 商品住宅投资建设更趋理性化,开发商风险意识增强

在买方市场的形势下,开发商普遍重视市场需求的研究,增强了防范风险的意识,从

而在目标市场的选择、投资项目决策、房型设计、环境布局、价格定位和营销策划等方面更趋理性化、科学化。

(二)房地产市场面临的主要问题

1. 商品房供给过剩，市场有效需求不足仍是制约房地产市场发展的主要因素

20世纪90年代中期以来，我国的房地产市场出现了供给过剩的严峻形势。究其原因，一是房价过高，居民购房缺乏承受能力；二是收入预期下降，因对未来收入的不稳定性的担忧而抑制了购房的意愿；三是我国住房制度改革措施落实滞后，从体制上抑制了住房群体的形成。因此，扩大市场有效需求，是发展我国房地产市场的关键。

2. 商品房空置量过高是困扰房地产市场发展的突出问题

截至1997年底，全国共有空置商品房7038万m^2，1995年、1996年、1997年三年的商品房可供量（竣工房屋面积）为44018万m^2，国外通常以当前商品房空置量与近三年商品房可供量之比计算商品房空置率，按此计算，我国1997年商品房空置率为15.99%，国外通用的商品房空置率的合理区间为3%~10%，考虑到我国城市化正处于加速阶段，商品房空置率的合理区间可提高2%~3%，但即使如此，1997年计算的空置率也已超过警戒线，处于危险区。值得注意的是，空置率呈现上升趋势，1998年空置率已超过8000万m^2，空置率过高，一方面致使商品房销售困难，积压了开发商的资金，严重影响房地产市场的正常运行，另一方面致使积压在房地产上的不良金融资产数量大，加重了金融风险。因此，加大空置房的消化力度是当务之急。

3. 市场发育程度整体水平偏低，地区之间发展严重不平衡

我国的房地产市场发展较晚，先天不足。房地产市场体系不健全，二级市场活力不足；房地产流通环节不畅，中介服务市场不发达；市场交易欠规范，法规建设滞后。同时，房地产市场存在明显的地域性差距。房地产投资开发70%以上集中在东南沿海地区而广大内地和中西部地区仍增长缓慢，发展极不平衡。这种状况也制约了房地产市场的发展。

二、我国房地产走势预测

(一)宏观经济的持续增长将激发我国房地产供求的上升

从2002年下半年开始，我国经济进入了新一轮的景气周期。2003年我国国内生产总值比上年增长9.1%，人均国内生产总值首次超过1000美元，这两个指标已成为我国经济发展史上的里程碑。2004年，根据各种经济参数的运行轨迹和绩效的解析，我国经济承接了2003年的稳健发展势头，继续演绎着高增长的态势。从2004年国民经济高速增长的实际情况看，拉动国民经济快速、高效增长的行业中，房地产业占了很重要的一席。2004年国务院下发的18号文件明确指出，房地产业是国家的支柱产业。2005年我国宏观经济将在科学发展观和科学改革观的导向下，继续保持良性的发展势头。从近年来房地产业在宏观经济中的贡献度来分析，2005年我国经济的高速增长和确保财政收支的基本平衡，离不开房地产业的可持续发展和为财政提供的贡献。

2004年房地产市场呈现出比较明显的几个特点：第一，房地产开发的投资保持稳步增长的态势，2004年央行加息并没有阻止房地产开发的增长势头；第二，商品房合同成交量仍然保持较快的增长，城镇居民买房的热情空前高涨；第三，二手房交易增幅虽有所

回落,但仍然保持了近年来的较高增速;第四,商品房市场的供给量有所下降,供求的结构性矛盾凸现;第五,房地产开发商之间的竞争加剧,房地产市场供给的集中度进一步提升;第六,中心城区的房地产价格上涨趋势明显,并且波及到近郊房地产的价格;第七,房地产开发资金的到位情况良好,银行贷款资金所占比例进一步降低;第八,商品房的空置面积持续下降,销售面积扩张。基于房地产业增长惯性的作用,可以断言,2005年,我国将把扩大消费作为拉动经济可持续增长的着力点,进一步提高消费在国内生产总值中的比重。城镇居民在这一轮的消费升级过程中将更加注重发展和享受,住宅消费正在成为产业升级和经济增长的主要动力。

(二)居民消费结构的升级和城市化进程将带动房地产产业需求的增长

首先,居民消费结构的改善和升级将增加我国的房地产消费需求。我国人均GDP突破1000美元,标志着我国经济进入了一个新的发展阶段,社会消费结构将向着发展型、享受型升级。

国外经济学家测算,在消费结构升级的过程中,衣、食、用支出下降的60%将转化为住房消费。2005年,我国国民经济继续保持良好的上升势头,人均收入不断提高,人们的消费结构将在收入增加的进程中得以改善和提升,从而使住宅消费需求保持增长的好势头。

其次,我国城乡一体化进程在2005年进一步加快,从而也促进了我国房地产消费需求的进一步增长。据世界银行调查与分析,当人均GDP提高到1500美元左右、经济步入中等发达国家行列时,城市化进程将呈加速态势,城市人口占总人口比重将达到40%~60%;当经济高速发展,城市化水平达到70%以后,城市化进程的演绎速度将趋于缓慢。日前,我国的城市化水平保持在每年提高1%至1.5%的水平上,是改革开放以来城市化演进速度最快的时期。房地产总量需求和结构性需求不仅同时并存,而且在数量上呈现明显的扩张性。

第三,新型工业化将带动新型城市化和城市的现代化,从而为未来的房地产业发展提供更大的机遇和空间。例如,信息技术在房地产开发、建设和物业管理中的应用,使智能建筑应运而生。智能建筑不仅改变了传统的产业结构,带动了信息产业、邮电业及相关产业的发展,改变了传统的办公和经营方式,而且民居型的智能建筑提高了居民消费的安全性、舒适性和方便性。不仅如此,数字化产品、数字化社区、数字化城市、数字港的建设和发展还为智能建筑的进一步发展开辟了更加广阔的市场空间。

第四,房地产消费环境的不断改善,增强了人们购房的信心。目前,各地都在认真贯彻落实《最高人民法院关于商品房买卖合同纠纷案件若干问题的解释》。该解释包括:房地产销售广告可以视为合同内容;房地产交易签约失败应退订金;恶意欺诈应付双倍赔偿;"交钥匙"就算房屋交付使用;质量不合格可退房和要求赔偿等。新司法解释对购房者的合法权益的保护力度大大增强。司法解释中还对房地产开发商恶意违约、欺诈等行为,明确规定可以适用惩罚性赔偿原则,因此新司法解释被称为买房人的维权利器。同时,国家有关部门也加大了对房地产消费过程中侵权行为的惩罚力度。这些举措对改变购房者在购房过程中的弱势地位具有重大意义,从而可以进一步激发未来人们的购房消费需求。

(三)区域经济热点和住房体制改革效应的释放将刺激房地产市场需求

当前我国房地产呈现为四个热点地区：华北的京津地区、华东的沪杭地区、华南的广深地区和西南的成渝地区。这些地区在未来5至10年内，房地产业都有非常明显的经济增长因素。如北京在2008年将举办北京奥运会，并辐射到环渤海经济圈的天津、大连、青岛等城市；上海将在2010年举办世界博览会，长江三角洲经济带的南京、杭州、宁波等城市的房地产也迅速兴起；珠江三角洲经济带的广州、深圳等城市，正在与香港、澳门形成一个华南经济增长圈；西部开发战略的实施将进一步带动西安、兰州、成都、重庆、贵阳等城市房地产业的发展；而东北老工业基地的改造和振兴战略已经进入实施阶段，东北老工业基地有可能成为我国新的经济增长点，势必将推动东北地区房地产业的快速发展。

同时，城镇住房制度改革的市场效应正在逐步释放。据调查，城镇居民对现有住房的满意率还不到20%，约48%的居民希望在近几年内换购住房。其中，已购"房改房"的城镇居民中希望换购住房的占67%。目前，我国城镇居民正处于住房的换代期，即原来已经购买"房改房"的城镇居民开始换购新的商品房，不少的城镇居民开始着手实施"第二居所"计划，从而为房地产市场注入了新的需求活力。

（四）经济全球化将给房地产市场带来新的机遇

未来我国市场的不断开发和经济全球化的步伐不断加快，将刺激房地产需求特别是高档住宅和高档写字楼的需求将有望在未来有进一步的增加。

首先，根据中美协议中我国在三年内将对大部分产品的零售和批发服务的市场，同时还包括会计、律师、储运、维修、广告等服务性行业市场开放的承诺，包括跨国公司在内的外资企业将纷纷在我国安家落户。这些外资机构的进入，将在未来带来更多的对于高档住宅和写字楼的需求。

（五）"二手房"贷款的运作将刺激房地产市场的发展

"二手房"市场是存量房的交易市场。与新上市的增量房市场相比，"二手房"市场不仅仅是为了满足居住消费的需求，而且使住房真正成为一种投资工具，使房地产市场的交易对象具有可流动性和变现性。基于城镇居民住房的换代型消费和"第二住房"消费，以及投资型购房的方兴未艾，"二手房"交易会日趋活跃。

（六）小轿车进入千家万户将进一步带动房地产消费需求

国务院发展研究中心产业研究部提供的一份《中国汽车市场需求预测》显示，中国已经超过法国，在美国、日本、德国之后成为世界第四大汽车生产国。据悉，2004年全国生产和销售的汽车均大大超过2003年。汽车行业继续成为拉动国民经济持续、快速、健康增长的"火车头"。

小轿车进入千家万户将改变和拓宽居民生活居住的消费空间半径，使大都市城郊房地产的消费进入了城市居民的视野。同时，第二居所的需求也将在有车族中应运而生。据抽样调查的资料显示，成都市拥有轿车的家庭中，约90%的家庭拥有自有住宅，有17%的家庭拥有作为第二居所的住宅和别墅。可以预见，未来将有更多的家庭拥有自己的轿车，从而使居民的住房消费在新的空间平台上进一步扩张和放大。

总之，在科学发展的指导下，国民经济的持续增长，居民消费结构升级、城乡一体化进程加快，以及规范经济适用房建设等因素仍然将有利于我国房地产业保持持续增长的势头。

购房案例分析：

小王是某行政机关的公务员，月收入在1500元左右，妻子是某学校教师，现住房50多m²，由于建造于20世纪80年代初，房屋结构不甚合理。最近，通过和妻子商量，决定购买新的住房。

单位同事得知后都非常热心的帮他出谋划策，提出购房第一要地理位置好，第二要价格便宜，第三要方便舒适，第四要发展前景好、易于转手的、资信良好的房地产开发企业营造的住宅。小王在此后的几个月中也陆续看了几套房地产开放商新开发的楼盘，也在房地产中介机构考察了几套二手房，但一直无法做出购买决策，今天他经人介绍来到了宏大房地产开发公司，售房部的张主任热情的接待了他。向他详细地介绍了购买住房时一般要经过的几个步骤。

一个普通消费者购买房屋行为，可能是其动用资金数额较大的一种消费行为，购买了房屋后，也许十年、几十年居住在此。对于这样的消费行为，消费者是会极为慎重的。在购买房的过程中，消费者应该选择最佳购房时机，详细调查欲购房屋所涉及的法律问题和购房所应办理的各种手续，经过深思熟虑后再做出购房决策。

个人购买商品房一般要经过以下几个步骤：

1. 制定购房预算

购房者产生购买房屋的动机后，要估算一下自己的实际购买能力，首先要根据自己家庭的收入，扣除日常生活开支的金额，得到自己可以动用的资金数额；然后大致计算出购房后所需支付的维修费、物业管理费以及房产税等费用，再考虑是否要向银行贷款，银行贷款利率的高低，银行可提供的贷款数额等因素，最终确定自己的实际购房经济实力。购房者再依据自己的经济实力，结合当时房地产市场的行情，居住生活方便程度，工作单位的位置等确定自己购买哪类房屋。

2. 收集购房信息

购房者初步确定了购房意向后，要大量收集有关房源的信息，购房者可以从各种有关房地产的媒体广告、宣传材料、售楼书中的房屋资料收集。购房者还可以通过参加房地产交易展示会，到房地产交易所或房地产代理商的办事处调查，以及直接与房地产营销人员进行交流等方式获取有关行情。对于收集到的大量房地产信息，购房者还要进行仔细的分析和筛选。对广告宣传中的虚假成分，购房者要有辨识的能力，以防上当受骗。

3. 查询房地产商的合法性

在地产市场上，有一些非法房地产商在没有合法手续下就销售房地产，购买没有办理合法手续的房屋会给购房带来很大的损失。所以，购房者一定要对房地产商销售行为的合法性进行调查。购房者调查房地产商售房的手续是否完备、合法的最简单的办法就是查看房地产商的"五证"，这五证就是《国有土地使用证》、《建设用地规划许可证》、《建筑工程规划许可证》、《施工许可证》和《商品房销售许可证》。按国家有关规定，房地产商只有在"五证"齐全的情况下，其销售的房屋才属于合法范畴。

4. 进行实地调查

购房者根据所收集的购房信息，看中了某一处房屋后，一定要对欲购房屋进行实地调查，眼见为实。购房者在观看、考虑房屋时务必全面仔细。在查看房屋的内部时，要对房屋的建筑面积、使用面积的大小，房屋的建筑质量、装修标准、装修质量，房屋的附属设备是否完备，房间的隔声效果如何，顶棚、墙壁、地面、门窗是否有损坏，内部设计是否合理等方面进行仔细考察。对房屋外部进行查看时，要注意房屋的位置、朝向、外观造型、楼梯、电梯、走廊等情况。另外，还要对户外景观、周边环境、交通条件以及各种公共配套设施的设置等情况进行了解。对在实地查看过程中购房者无法调查的情况，或在某些方面存在疑问，购房者还可以直接向现场的售楼人员询问，真正做到心中有数。

5. 签订房屋买卖合同和其他合同

购房者的前期调查了解工作完成之后，对欲购房屋满意，可以与房地产商具体签订房屋买卖合同了。签订合同是购房者实施购房行为中最重要的一个阶段。购房者一方如果合同签定的不够谨慎，那么就有可能给以后留下许多后患，使自己受到损失，购房者在签订合同时一定要坚持使用国家认定的商品房购销合同的规范文本，不要使用房地产商单方面制定的合同文本，以防在合同中出现欺诈行为。购房者签订的合同中的各项条款一定准确、清晰，特别是有关房屋面积和购房者付款金额，付款方式等关键条款，如需要，买卖双方可签订有关的补充协议。在签订合同过程中，购房者如无把握，可以聘请律师参与，为自己把关。签订房屋买卖合同时，购房者还要签订其他有关合同。如购房者向银行申请贷款来分期支付房价款，购房者应与银行签定抵押贷款合同。购房者所购房屋实施物业管理的，购房者还要签订物业管理合同。

6. 办理房屋产权过户登记手续

按照我国有关房地产法规的规定，进行房地产交易的单位和个人要到当地房地产管理机关办理登记、鉴证、评估和立契过户手续。交易双方当事人签订的房屋买卖合同必须办理以上手续才是合法的，否则就是无效合同。鉴证是指房地产交易管理部门对房地产产权、房地产交易价格以及有关证件等进行的审查活动。在审查、核对时，如有必要，房地产管理部门还会对房地产进行现场查勘和评估。在房地产管理部门审查完毕及房地产买卖当事人按照规定缴纳有关税费后，房地产管理部门就可以向当事人办理产权过户手续，在十个工作日之后，购房者就可以领取房地产权属证书。

小王通过向宏大房地产的售楼人员详细了解了购买商品房的详细情况后，真正做到了心中有数，此后，他又询问了可以从哪些渠道获得购房信息、以及如何避免不实房地产广告的误导等自己最关心的问题之后，满意的离开了宏大房地产公司。

此后不久，小王通过充分的考察买到了自己和家人都非常满意的住房。

复习思考题

1. 名词解释

    房地产供给　房地产需求　房地产市场　房地产中介市场
2. 土地市场的特点有哪些？
3. 简述房地产市场的功能。
4. 房地产需求有哪些特点？影响房地产需求的因素有哪些？
5. 房地产供给有哪些特点？决定房地产供给的主要因素有哪些？
6. 从我国房地产市场发展现状入手，试论述如何完善和发展我国房地产市场。
7. 试述个人购买商品房一般需经过的步骤。

第六章 房地产价格

价格是市场运行的核心,房地产价格是房地产市场的重要分析指标,是房地产经济运行和资源配置最重要的调节机制。房地产价格既关系到房地产市场的发展与繁荣,也关系到房地产市场中各利益主体之间的经济利益关系。通过本章的学习要求掌握房地产价格的形成特点以及房地产定价策略,进一步能对房地产价格有一个比较全面的认识。从而能够运用价格理论在实践中制定合理的价格策略。

第一节 房地产价格的特点与类型

一、房地产价格的特点

房地产价格是人们购买他人房地产所必须付出的代价,既包括土地价格,又包括房屋建筑物的价格。是房屋建筑物价格和地产价格的统一体,是房地产商品价值和地租资本化综合价值的货币表现。

1. 房地产价格实质上是一种产权价格

同一宗房地产可以有各种不同权利内容的价格。由于房地产自然地理位置的不可移动性,在交易中其可以转移的,不是房地产实物,而是房地产的所有权、使用权及其他物权。实物状态相同的房地产,权益状态可能有很大差异。实物状态尚好的房地产,由于权益过小,如土地使用年限短、产权不完全或有争议,价格就较低;相反,实物状态差的房地产,由于权益较大,如产权清晰、完全,价格可能较高。

房地产产权是包括房地产所有权、使用权及其他物权在内的权利体系。其中,房地产所有权是最完全、最充分的物权。由于房地产价格量较大,人们常常支付不起它整个权利的价格。而且,由于房地产价值的多样性,对于同一宗房地产,不同的人所需要的用途并不一定相同,相应所需要的权利也就不一定相同,因而他们可以分享同一房地产的不同权利。这就使得同一宗房地产可以有多种不同产权类型的价格同时并存。如一个需要将手中的资金进行投资的中年人,将自有资金作为首付款,并通过个人住房抵押贷款,购买一套住房,再将这套住房租赁给一个需要住房但经济能力有限的年轻人。在这一情况下,这套住宅的所有权、租赁权和抵押权就分别由中年人、年轻人和银行分别拥有。

2. 房地产价格形成的特殊性

一般商品都是人类劳动的产品,商品的价格以价值为基础。土地价格是房地产价格的主要组成部分。土地是一种特殊商品,土地价格不是对土地实体的购买价格,而是对土地预期收益的购买价格。当一个人购买土地时,他并没有把土地搬回家来,他之所以愿意支付一笔价格,只是为了获得某些规定的权利,并通过这些权利的实施,获取更多的收益。因此,土地价格是地租的资本化收入。正如马克思所指出的那样"那不是土地的购买价格，而是土地所提供的地租按普通利息率计算的购买价格"。它相当于把地租收入看成是存入银行的一笔资本的利息收入，而这笔资本就是土地的价格。

3. 房地产价格具有区位性

由于房地产商品空间位置固定性的特点，使房地产价格受区位的影响非常明显，表现在两个方面：①地区性，主要反映在不同城市区域之间房地产价格差异大；②地段性，主要表现在同一城市市区范围内，不同地段之间存在较大的房地产差价。例如，2004年1~10月我国东部地区商品房平均售价3427元/m^2，同期中部地区商品房平均售价1692元/m^2。

4. 房地产价格具有显著的个别性

房地产商品的个别性表现在每宗房地产都有其不同于其他房地产的价格。这首先是由于房地产本身物质实体的个别性所造成的。如一个按同一建筑设计方案所建造的住宅小区，其中每一幢楼都有与其他楼不同的具体位置，因而它们在出入方便程度、景观条件、受噪声影响程度等方面都互不相同；而在同一幢楼里，还有楼层之间的差别，同一楼层中也有朝向、位置的区别。这些决定了每一套住宅都有自己独特的内在价值，因而会表现出不同的市场价格。"一房一价"的销售策略正是符合了房地产价格个别性的特征。其次，由于房地产的空间固定性，房地产市场具有很强的地域性，房地产商品很难像其他商品一样进行集中交易，而是分散在不同的时间、地点中进行的。此外，交易主体自己的个别因素（如偏好、讨价还价能力、感情冲动等）的影响，也是造成房地产价格个别性的一个重要原因。

5. 房地产价格的总体水平具有周期性循环和螺旋式上升的特点

从一个城市或一个地区房地产价格的总体水平来看，房地产价格具有随着经济周期上下起伏，在更长的时间内呈现不断上升趋势的规律。市场经济的周期性变化，是引起房地产价格周期性波动的根本原因。尽管房地产价格上下波动，但在一个正常发展的社会中，房地产价格在总体上呈现不断上升的趋势。由于人口的增加，经济与社会的发展和人民生活水平的提高，相应的土地需求也日益增长，这与相对有限的、弹性不足的土地供给产生了日益尖锐的矛盾，因而土地的价格具有不断上升的趋势。随着人类投入土地资本的不断积累和生产力水平的不断提高，土地的经济效用日益增大，这些都导致了土地从长期来看呈不断升值的趋势，最终导致了房地产价格总体水平的上升。

二、房地产价格的分类

房地产是一个巨大的产业体系，房地产经济和房地产市场运行极其复杂，因此房地产价格有着不同的种类。根据不同的标准，可以把房地产价格划分为以下几种类型：

1. 地产价格、房产价格、房地产价格

房地产是由地产和房产构成的。在物质形态上，房产和地产是不可分的。但是，在价值形态上，可以分为地产价格、房产价格和房地产价格。

(1) 地产价格就是土地价格，简称地价。土地位置不同，其价格会不同，同一块土地，其开发条件不同，也会有不同的价格。根据土地开发程度不同，可以粗略地分为生地、毛地和熟地，相应地有生地价、毛地价和熟地价。所谓生地价，在理论上是指原始的未经劳动开发的商品化土地的价格。在房地产经济活动中，主要是指未经房地产业开发改造过的农地、荒地的价格。毛地价主要是指城市中需要拆迁而尚未拆迁的城市土地价格。

熟地价主要是指生地经过房地产开发改造或在拆迁后可直接进行建设的土地的价格。熟地作为建筑地块，是土地开发企业的最终产品。

（2）房产价格就是指纯建筑物部分的价格，不包含其占用的土地的价格。

（3）房地产价格是指把房、地产结合在一起所形成的价格，是一宗房地产的总价格。包含建筑物及其所占用的土地的价格。

对于同一宗房地产来说，房地产价格按公式（6-1）计算，即：

$$房地产价格 = 地产价格 + 房产价格 \tag{6-1}$$

2．房地产理论价格、评估价格、市场价格

（1）房地产理论价格即基础价格，就是经济理论中所说的、由房地产的价值决定的价格。这种价格是由生产房地产商品时所耗费的社会必要劳动时间决定的。这是房地产所有价格形态的本质规定，或者说是所有房地产价格运行的基础。

（2）房地产评估价格是根据一定的评估理论和评估方法，依据一定的估价程序，评估出来的房地产的价格。评估价格不是已发生的价格，它是市场交易价格的参考依据。由于房地产评估者的经验和知识等的不同，所以对同一宗房地产评估出来的价格可能是不一样的，甚至可能存在很大的差别。由于评估时所采用的估价方法不同，评估价格又可以分为收益价格、重置价格和清算价格。

（3）房地产市场价格是房地产商品在市场交易中形成的价格，是交易双方的实际成交价格，又称为买卖价格、交易价格，简称市价或时价。房地产的市场价格随着时间和供求关系的变化而发生变动。

3．房地产总价格、单位价格、楼面价格

（1）房地产总价格是指一宗房地产的总体价格，房地产总体不同，房地产总价格也就不同。房地产总体可以是一栋楼，也可以是一个住宅小区，还可以是一片住宅区，所以房地产总价格只反映一定范畴内房地产价格的总量水平，不能表明房地产单位价格水平的高低。

（2）房地产的单位价格是指单位土地面积或单位房屋建筑面积的价格，是反映房地产价格水平的重要指标。其计算公式（6-2）为：

$$单位地价 = \frac{土地总价格}{土地面积} \tag{6-2}$$

$$单位房价 = \frac{房屋总价格}{建筑面积（使用面积或居住面积）}$$

单位房价又可分为单位建筑面积价格，单位使用面积价格或单位居住面积价格。住宅建筑面积是指房屋外墙角以上结构的外围水平面积。包括阳台、走廊、室外楼梯等可供使用的有效面积和房屋结构（如柱、墙）占用的面积。住宅使用面积是指住房建筑面积中实际可以使用的那部分面积，即住宅的建筑面积扣除公用面积（如过道、垃圾道、楼梯、电梯井等）和住房外墙、住房中的隔墙、柱等房屋结构占用的面积后剩余的那部分面积。住宅居住面积是指住宅使用面积中专供居住用的房屋面积，不包括客厅、厨房、浴室、卫生间、储藏室以及各室之间走廊等辅助设施的面积。它是按居住用房的内墙净长线计算的。根据目前房屋建筑结构的不同，上述各指标之间的相互关系一般为：楼房住宅使用面积为住宅建筑面积的70%～75%，居住面积为住宅建筑面积的50%～55%，平房的居住面积和使用面积一样，均为建筑面积的 70%~75%。

（3）楼面地价又称单位建筑面积地价，是指单位建筑面积上所分摊的土地价格。其计算公式（6-3）为：

$$楼面地价 = \frac{土地总价格}{建筑总面积（建筑物各层建筑面积之和）} \quad (6-3)$$

因为，$容积率 = \frac{建筑总面积}{土地总面积}$

所以，$楼面地价 = \frac{土地单价}{容积率}$

楼面地价在实际工作中有重要意义，因为容积率体现和控制着住宅区建筑总体的建设总量，它与总建筑面积具有对应关系。所以，楼面地价往往比土地单价更能反映土地价格水平的高低。因为土地的单价是针对土地而言的，而楼面地价实质就是单位建筑面积的土地成本。

4. 出售价格、出租价格

（1）房地产出售价格是消费者购买房地产所有权所支付的货币数额。

（2）房地产出租价格也称租金，是指承租人为了得到房地产使用权而按契约规定定期交付给出租者的一定数量的货币。

第二节　房地产价格的形成

一、房地产价格形成的基本原理

在市场经济条件下，房地产的价格是由价值规律、供求规律和竞争规律交互作用共同决定的。正常情况下，房地产价格必须遵循价值规律，反映供求规律，体现竞争规律。

1. 价值规律决定房地产商品的基础价格

马克思主义的劳动价值理论告诉我们，商品价格是价值的货币表现，而价值是价格的基础，这一科学原理对房地产价格同样是适用的。从长期来看，开发商得到的是体现平均利润的合理利润。生产成本加合理利润就是房地产价格的基础。我们通常所讲的物有所值，就是房地产的价格要体现它的内在价值。房地产的价格为什么比一般商品要高得多呢？其根本原因就在于投入的劳动耗费大，体现的价值量大，由此决定房屋价格相对也高。

2. 供求规律和竞争规律最终决定房地产商品的市场价格

马克思主义劳动价值理论并不否定供求规律的作用，而是认为供求关系的变动会影响价格围绕价值上下波动的幅度。供求规律的作用逐步形成均衡价格，也就是在供求均衡条件下的价格。

市场经济是竞争经济，在房地产市场上存在着激烈的竞争，包括卖者之间即开发商与开发商之间的竞争、卖者与买者之间即开发商与购房者之间的竞争和买者之间即购房者相互之间的竞争，竞争的力度结合供求关系变动会对房地产商品价格产生重大影响。

房地产市场价格就是在供求关系的变动中通过竞争的展开而实现的。房地产商品价格不可能永远高于价值，也不可能永远低于价值，而是在供求和价格互相调节的过程中有涨有落,从而形成房地产商品市场价格。

二、影响房地产价格的因素

房地产涉及面广,因此影响房地产价格的因素众多。可分为内部因素和外部因素。影响房地产价格的内部因素包括土地因素和建筑物因素;外部因素包括地区环境因素、经济因素、人口因素、社会因素、政策法规因素和心理因素等。

(一)影响房地产价格的内部因素

内部因素是指影响房地产价格的房地产本身的自然物理性状。这是影响房地产价格的主要因素。

1. 土地因素

(1) 位置和面积

房地产价格与房地产位置优劣成正相关,这是因为房地产位置的优劣直接影响其所有者或使用者的经济利益或满足程度。房地产界有句名言,即"Location, location, location."就是说,位置即区位对于房地产的重要性。由于土地的不可移动性,这种由地理位置的差异所带来的不同收益,往往具有相对稳定性,而地理位置不是资本和劳动力因素所能短期改变的,所以地理位置优越的土地,得到它所需支付的代价必然相对也高,进而使房地产价格相对也高。

土地面积的大小,随其用途的不同而产生价格差异。一般来说,面积大的土地,其利用效率要比面积小的土地高,因而其价格就高。但也不能一概而论,如在繁华地段的商业区内,特别是对于临街地而言,面积大的土地往往深度也大,从而对商业经营不利,反而会降低土地利用的价值;但若面积过小,又会影响土地使用功能的发挥,达不到土地使用的规模效益,地价也会下降。

(2) 地形和地质

一般来说,不良的地形不仅会增加前期工程费用,提高建筑成本,也会影响土地使用功能的发挥,因而地价较低。

地质因素对地价的影响,主要表现在土地承载力上。土地的坚固程度、地质构造状况和水位情况等地质因素,决定了其允许承载力的差别,这又会影响基础工程的费用和建筑物的建筑规模,从而影响土地的利用率。特别是在繁华地段高层建筑集中的区域,对地质条件的要求更高。

(3) 形状和用途

土地形状有规则和不规则两种情况。一般来说,规则土地的利用率比不规则土地的利用率高,因而其价格就高。需要说明的是,在考虑土地的利用率时,必须结合土地的宽度和深度的关系,特别是商业地段的临街地,土地的宽度和深度适当,土地的利用率才会最高,在该土地上建造的建筑物才能发挥最大效用。因为在土地宽度一定的情况下,随着深度的增加,土地的价格将会呈现递减趋势;相反,在深度适当的情况下,临街土地的宽度随其幅度的增大而使价格上升。而不规则土地,如三角形土地由于利用率差,价格自然就会下降。

土地的用途对价格的影响也很大。一般来说,商业用地价格高于工业用地价格,工业用地价格高于住宅用地价格,而市政基础设施和社会福利性用地价格,往往是无偿或者象征性收取一定费用。根据国家若干城市测定的基准地价来看，工业用地、居住用地与商业用地的地价水平之比约为1:1.5:4。

(4) 土地的"生熟"程度

土地投入是构成土地价格的重要组成部分，而土地的"生熟"程度既是以前土地投入的具体体现，又决定了以后对土地投入的需要量。土地的"生熟"程度分为五种情况：一是未征用补偿的农地，这类土地的征用需要支付征地补偿费；二是已征用补偿但未"三通一平"的土地，应把通路、通水、通电和场地平整等费用考虑进去；三是已经"七通一平"的土地，这类土地已经具备道路、给水、排水、电力、通信、燃气和热力方面的设施和条件；四是在现有城区内有待拆迁建筑物的土地，此类土地的受让者需进行拆迁安置工作，并支付拆迁安置补偿费；五是已经拆迁安置完毕的城市空地，俗称"素地"。

(5) 交通和环境

土地邻近的街道是主干道还是支线、道路的铺设状况和宽窄程度等因素，都将通过客流量的大小、交通运输的便捷程度影响土地的价格。

土地的环境包括自然环境和人文环境两种。自然环境如日照、通风、干湿度等的优劣都直接影响土地的价格。土地的人文环境较为复杂，对于居住用地而言，公共服务设施齐全，基础设施完备，又远离变电所、污水处理设施的土地价格就高。在住宅区，自然地势较高者较为优越，但在地势较低的情况下，如果可建设地下室作为仓库或其他用途，价格不一定会降低。

另外，政府对土地的用途、容积率、绿地覆盖率以及公建比例等规划指标的限制也会影响土地的价格。

2. 建筑物因素

(1) 用途和质量

建筑物包括房屋和构筑物两大类。房屋按照用途可分为工业用房、商业用房和住宅用房。不同用途的房屋，对设计要求相差甚远，所带来的收益也不同，其价格自然也有差别。对于同一幢楼而言，底楼在作为住宅时价格一般较低，但若作为店面房，其价格就会升高。

由于建筑物的使用寿命长，质量在其价格的确定中更显重要。建筑物的质量包括设计质量、施工质量和装修质量等。

(2) 结构和装修

建筑物结构分为钢筋混凝土结构、砖混结构、砖木结构和简易结构等。不同结构的建筑物，其建造成本不同，使用寿命也不同，其价格自然有所区别。一般来说，建筑物的装修标准越高，所花的材料费和人工费等就越多，其价格自然就会提高。

(3) 楼层和朝向

对于住宅而言，根据多层、高层房屋的层数、高度不同，人们在房屋的居住或使用中的日照时间多少，安静与方便程度等自然也不同。楼层的高低直接影响其使用功能的发挥及使用的方便性、舒适性，因而在价格上就有所体现。所以，同一幢住宅不同楼层有着不同的价格。为了便于销售和计算，通常要确定出标准楼层和其他各楼层的差价率。一般各楼层的增减差价率代数和为零，售房中常说的某幢商品房的价位是该幢房屋的平均价格。一般来说，对六层多层住宅而言，三、四层最贵，二、五层次之一、六层最便宜。对高层而言，通常是由低层向高层逐渐趋贵，但最顶层便宜。

房屋的朝向影响室内的日照、通风等条件以及眺望环境。根据当地的纬度、气候、主导风向、光照以及人们的生活习惯，在购房时朝向是交易双方确定价格时考虑的一个重要因素。一般来说，在我国中纬度地区，朝东、朝南的房屋在日照、通风方面优于朝西、朝北的房屋，因而其价格就高。住宅的朝向应以每套住房主居室朝向为准，结合取得日照时间与生活习惯。在有些地方也采取了各朝向差价率代数和为零的方法调整商品住房价格。例如，若以朝东为标准以100%计的话，则朝南为103%，朝西为99%，朝北为98%。

(4) 附属设备

房屋建筑的附属设备包括水电设备、通信设备、卫生设备、冷暖设备以及垂直交通设备等，这类设备标准的高低直接影响房屋的使用质量和造价。在一般性住宅区，这类配套设备的费用占工程造价的比重在15%~20%，在高级住宅及宾馆中，这个比例还要高。

(二) 影响房地产价格的外部因素

影响房地产价格的外部因素包括地区环境因素、经济因素、人口因素、社会因素、政策法规因素、心理因素和国际因素等。

1. 地区环境因素

地区环境因素包括地区自然环境因素和地区社会环境因素。

自然环境因素包括声觉、大气、水文、视觉和卫生等环境因素，实质上是房地产所在地区的环境污染或环境治理状况以及景观的优美程度。

社会环境因素包括房地产所在地区的市政基础设施条件和公共建筑配套设施条件。交通、给水、排水、供电、邮电通信以及环卫绿化等基础设施的齐全与否，商业服务、教育、文化体育以及医疗卫生等设施的完善程度，都对房地产效用的发挥影响很大。同时，这部分设施本身就是土地累积投资的物化。因此，基础设施齐全地区的房地产，其价格必然要高一些。社区规划完善，绿化好，环境佳，并提供专门的休闲娱乐设施，价格就高；反之，社区规划随意，品质差，生活配套设施不完善，价格自然就低。

2. 经济因素

影响房地产价格的经济因素，主要是指经济发展状况，储蓄、消费和投资水平，特别是房地产投资，财政收支和金融状况，物价水平，建筑材料价格水平等。大体来说，经济发展速度越快，储蓄、投资和消费水平就越高，财政、金融状况就越好，对房地产需求量就越大，房地产价格就会越高；否则就相反。同样，物价水平提高，也会引起房地产价格的上升。

一般来说，社会经济繁荣，经济进入高速增长时期，人们的收入增加，社会对房地产商品的需求也必然上升，从而会促进房地产价格的上涨。但是，不管一个国家的社会经济体制如何，其经济的发展往往是周期性的，在一段时期的高速增长后，也会出现低速增长。而经济增长速度的下降和经济形式的变化，必然体现在该国的财政、金融、税收政策上，从而直接或间接地导致房地产价格的波动。

由于房地产价格的高低影响社会经济的各个方面，以及房地产市场的非完全开放市场特性，因而，房地产价格虽受其价值及供求关系的影响，但并不完全是由其价格和供求关系决定的。

从居民收入来看，中低家庭收入的增加，因其边际消费倾向（边际消费倾向是指增加的1单位收入中用于增加消费的那部分的比例）较大，所增加的收入除了用于衣食消费外，还将用于居住条件的改善，进而对房地产的需求增加，有利于房地产价格的提高。对于高收入家庭，其边际消费倾向较小，收入的进一步增加对房地产价格的影响并不明显。

值得一提的是，物价的波动或者通货膨胀率的高低，对房地产价格的影响也较大。建筑材料和人工费的上升都直接增加了房地产的开发建设成本，从而提高其价格。同时，房地产具有增值保值功能，越是在物价上涨快、通货膨胀率高的时期，人们为了保值增值，对房地产的需求就越高，从而促使了房地产价格的上升。

3. 人口因素

从静态来看，人口数量、质量和分布结构等对房地产价格都会产生影响。从动态来看，人口结构的变动趋势、因求学和工作而发生的人口迁移、城市化进程的加快以及人口素质的日益提高，都会对房地产价格产生影响。

4. 社会因素

社会因素包括政局稳定、社会治安以及房地产投机等方面。社会因素对房地产价格有重大影响。一般来说，政局稳定，则人们乐于投资购置房地产，从而使房地产需求量上升，导致房地产价格上涨；反之，则会导致房地产价格的下跌。

由于房地产的不可移动性，使用和投资回收的长期性，一个国家或地区的政局是否稳定，不同党派与团体之间的冲突如何，都直接影响人们在该地区购房置地的积极性，从而对房地产价格产生影响。社会治安较差的城市或地区，经常有刑事案件发生，人们的生命财产缺乏保障，这必将引起房地产价格的下降。

房地产投机是一种利用房地产价格的涨落变化，看准时机，通过不同时期房地产的买进卖出，从中牟取差价的行为。在投机者纷纷抛售房地产时，房地产价格就会下降；而在抢购房地产时，造成房地产短期内的虚假需求，从而使房地产价格快速上升。

5. 政策法规因素

影响房地产的政策法规因素包括住房政策、税收政策、金融政策和房地产价格政策等。长期以来，我国实行的是住房福利政策，采取国家投资、低租金和实物分配的模式，房地产价格不反映其价值。1998年后我国开始实行住房分配货币化，房地产价格开始向其价值接近。另外，国家关于房地产的投资方向税、营业税、房产税、土地使用税和土地增值税等方面的税收政策，对房地产价格也有很大的影响。银根紧缩时，房地产企业融资成本增加，房地产成本必然上升，从而会推动房地产价格的上升，另一方面，银根紧缩，消费者收入下降，又会抑制房地产需求，从而在一定程度上使房地产价格有所回落。

6. 心理因素

心理因素主要指人们对房地产价格的心理偏好、心理承受能力和对房地产价格变化的心理预期。人们对地段、特定数字的不同偏爱，在房地产价格上就有所表现。买涨不买跌、相互攀比、显示财富以及求新、求美、好奇、从众、习惯等对房地产价格都有重要影响。

7. 国际因素

国际因素主要是：国际政治状况，国际经济发展状况，国际军事状况，国际竞争状况等。国际因素也会通过国际投资、汇率的变动等传导到国内，从而影响国内市场和经济状况，影响房地产价格。如1997年，泰国暴发金融危机，通过国际投资和汇率的变动等传导到周边地区，香港楼市迅速崩盘，房价一路下跌，下跌了65%左右。

第三节 房地产理论价格的构成

一、房地产商品出售的理论价格构成

房地产商品出售价格是消费者购买房地产所有权所支付的货币数额。房地产商品的生产价格是房地产出售价格形成的基础。目前，中国城市房地产的建设都是以综合开发形式进行的。根据房地产从取得土地、安置补偿、前期工程、建设施工直至建成销售的全过程，新建房地产商品的理论价格大体包括七项内容，用关系式表示为：

新建房地产商品的理论价格 = 土地取得成本 + 开发成本 + 管理费用 + 财务费用 + 销售费用 + 销售税金 + 开发利润。

（一）土地取得成本

土地取得成本一般是指购置土地的价款和在购置时应由买方缴纳的税费。土地取得成本根据房地产开发取得土地的不同途径包括下列三个方面：

1. 农地征用费 + 土地使用权出让金

当取得用地为征用农地时，土地取得成本包括农地征用费和土地使用权出让金等。

农地征用费是指国家征用集体土地而支付给农村集体经济组织的费用。农地征用费包括征地补偿费、地上附着物和青苗补偿费、菜地开发基金和安置补偿费等，各项费用应参照土地管理法和当地征地费用标准并结合实际情况计取和确定。

当取得土地为城市规划区范围内土地时，开发商须缴纳土地使用权出让金。若开发商需要开发原属于农村集体经济所有的土地时，应先由国家对农村集体征用，开发商才能按照有关规定缴纳土地使用出让金，办理取得土地使用权的手续。

2. 城市房屋拆迁安置补偿费 + 土地使用权出让金

当需要在城市中进行房屋拆迁而取得土地时，土地取得成本主要包括城市房屋拆迁安置补偿费和土地使用权出让金。

城市房屋拆迁安置费用的补偿，因具体情况复杂，该项费用发生时需考虑的因素很多。如拆除原有房屋及附属物补偿费、购置拆迁安置用房费、安置补助费（被拆迁人搬家补助费、临时安置补助费等）、房屋拆迁管理费、房屋拆迁服务费、拆迁过程政府规定的其他有关税费等。

3. 土地的地价款 + 应缴纳税费

当在城市土地市场上直接购买土地使用权取得土地时，土地取得成本主要包括购买土地的地价款和应缴纳的税费。

（二）开发成本

开发成本是在取得开发用地后进行土地开发和房屋建造所发生的直接费用、税金等，可以划分为土地开发成本和建筑物建造成本。这里以建筑物为对象分析其建造成本，主要包括下列几项：

1. 勘察设计和前期工程费

勘察设计和前期工程费，又称专业费用。包括可行性研究、地质勘察、规划、设计、

"三通一平"、招投标、预算编审、工程量报价清单等工程前期所发生的费用。这类费用属技术性很强的专业费用,其目的是使房地产工程项目达到经济上合理、技术上先进、财务上可行,保证房地产项目完成后能取得良好的经济效益、社会效益和环境效益。实践证明:房地产开发投资与造价管理工作的重点由施工建造阶段转移到前期阶段非常必要,所以,该类费用也有增加的趋势,由于加强了前期投资与造价的确定与控制,整个房地产项目的总投资或总造价将会是既经济又合理,避免了投资决策的失误和浪费。因此,该项费用的发生,不是可有可无,而是完全有必要的。

2. 建筑安装工程费

建筑安装工程费包括建造房屋及附属设施所发生的费用。该部分费用主要是施工建造阶段为形成工程实体而发生的人工、建材与设备等耗费,以及建筑商应计取的利润与税金,也是开发商向建筑商支付的工程价款。一般地说,建筑安装工程费在总投资或总造价中占较大比例。

3. 基础设施建设费

基础设施建设费包括所需的道路、给水、排水、电力、通讯、燃气、热力等的建设费用。在房地产开发过程中,该类费用是否需要应区别对待。例如,当开发商购买的为一块宗地且为熟地时,房屋建造完成一般可直接与市政管网设施连接,该类费用则不需要发生;当开发对象为成片土地时,开发范围内无基础设施或基础设施需要改造时,该类费用则需要发生。

4. 公共配套设施建设费

公共配套设施建设费包括所需的非营业性的公共配套设施的建设费。公共配套设施是与生活密切相关的设施。对住宅小区来说,如学校、幼儿园、派出所、邮局、粮店、街道居委会等建筑物是必不可少的设施。该类费用一般按开发项目的建筑面积进行分摊。

5. 开发过程中的税费

开发过程中的税费是指开发过程中应向有关部门上交的有关费用。如人防工程费、墙体材料改革费等。

(三)管理费用

管理费用是房地产开发企业在开发和组织管理过程中发生的间接成本和期间费用,主要包括开发企业的人员工资、办公费、差旅费、办公房屋与车辆折旧费等。该类费用在房地产价格评估中一般按土地取得成本与开发成本之和的一定比率(2%~3%)计取,取费比率视开发企业资质等级确定。

(四)财务费用

财务费用是指房地产开发过程中发生的投资利息和融资费用。

房地产项目的开发通常规模大、需要资金多,开发商除将自有资金投入外,大部分均依靠银行贷款解决,因此需要支付利息。

融资费用是为房地产开发筹措资金而发生费用,在实务中一般按投资利息的一定比率计取。

(五)销售费用

销售费用是房地产开发过程中为预售和项目竣工完成后售房所发生费用。包括两个方面:

(1) 销售费用：包括广告宣传费、销售代理费、销售人员办公费、销售人员工资、商品房交易会展台费、沙盘或模型制作费和售房宣传资料费等。

(2) 其他销售费用：包括房地产交易手续费、产权转移登记费等。

（六）销售税金

销售税金包括营业税、城市维护建设税、教育费附加和印花税等。另外，还有其他销售税费。上述各类销售税费，通常按售价的一定比率计取。

（七）开发利润

开发利润是房地产开发商投入预付资本所应获得的回报，开发利润一般通过利润率计取。一般来说，由于房地产项目开发周期较长，市场变化和风险较多，在房地产价格评估中，开发利润率往往根据项目性质、周期长短、风险大小等因素综合分析确定。

二、房地产商品租赁的理论价格构成

（一）房屋租赁的含义

房屋租赁是指以房屋作为标的物的租赁，是房屋出租人将房屋租给承租人使用、受益，并定期收取租金的行为。在房屋租赁关系中，出租房屋供他人使用、受益并收取租金的一方当事人为出租人。支付租金，使用房屋的一方当事人为承租人。

房地产商品寿命长、价值量大的特点决定了房屋租赁是房地产经营的一种常见的、重要的方式。与房屋销售相比，房屋租赁有其鲜明的特点：首先，房屋租赁只能转移房屋的暂时使用权，而不能转移其所有权，所以承租人不享有房屋的处分权，只能按照租赁合同的规定合理使用房屋，并在租赁期满后，将房屋返还出租人。其次，房屋的租赁过程与消费过程是同时进行的。房屋经过若干次的租赁交易，使用寿命终止，其流通过程结束，价值形态也宣告终结。所以，房屋租赁和房屋出售之间存在一定的替代关系。一般来说，房地产出售价格与租金的关系就像本金和利息的关系，若要求其价格，只要能把握纯收益和还原利率，就可以根据收益还原法求得；相反，若要求其租金，只要能把握价格和期望利率，就能求得纯租金。因此，在同一房地产市场，房地产价格与租金之间是能够比较的。

（二）房屋租赁的理论价格构成

在房屋租赁中承租人只能获得一定时期的使用权，而没有所有权。所以房屋租赁价格，即租金，是分期出售房屋使用权的价格。房屋租赁的经济实质是以租金作为价格的房屋使用价值的零星出售，即承租人以分期付款的办法取得房屋的使用价值。

结合房屋租赁经营的特点，房屋商品租金价格与房屋出售价格有很大不同。其理论价格的具体内容如下：

1. 折旧费

折旧费是按房屋的使用年限，逐渐收回的建房投资，是房屋建造价值的平均损耗。房屋在长期使用过程中，虽然原有的实物形态不变，但因人工的磨损和自然力影响，会发生损耗，其价值逐年下降。这部分因损耗而减少的价值，以货币形态来表现，就是折旧费。折旧费是房屋承租人在房屋分期使用期间所应承担的那部分房屋价值磨损对出租人的补偿。这部分费用的积累是偿还房屋建筑安装工程投资，保证房屋简单再生产的前提条件。

房屋折旧费的计算一般采用直线折旧法计算折旧费，首先应确定房屋造价、耐用年限和净残值。其计算公式（6-4）是：

$$年折旧费 = [房屋造价 \times (1 - 房屋净残率)] \div 耐用年限 \qquad (6-4)$$

房屋造价是建造房屋的投资,指为开发建造房屋所发生的全部费用,由于房屋的结构或建造的地段不同,造价也有较大的差别。

耐用年限是从经济观点来看房屋的正常使用年限。是房屋竣工后能正常使用,在合理维护情况下,不包括意外灾害所能达到的平均使用年限。建设部、财政部制定的《房地产单位会计制度——会计科目和会计报表》对出租房产折旧做了有关规定,提出房屋耐用年限,除了受腐蚀生产用房外,钢筋混凝土结构为50~60年;混合结构为40~50年;砖木结构为30~40年;简易结构为10年。

房屋净残值是指房屋达到规定耐用年限不能再继续使用时,将其拆除的房屋建筑旧料扣除原房屋拆除清理费的残余价值。残余价值一般按房屋造价的百分率计取。房屋净残值率按有关规定,钢筋混凝土结构为零,砖混结构为2%,砖木结构3%~6%,简易房屋为零。

2. 维修费

房租中的维修费,是承租人对房屋所有者为保证房屋正常使用而追加的资本和劳动价值的补偿。

房屋是耐用消费品,一幢房屋能用几十年甚至上百年,房屋在长期的使用过程中,其结构及设备的各部件,会随着使用时间的延长而逐渐损坏。为了保证房屋及设备的正常使用,要投入相应的人力、物力和财力对房屋进行定期修缮和日常保养,这部分投资就是维修费。维修费包括房屋的正常大修和经常维修所需的费用。维修费是房屋租金中必须计入的、不可缺少的组成部分。

维修费常见的计算方法为造价比例法,即按造价的一定比例计算。计算公式(6-5)为:

$$每平方米月维修费 = 房屋造价 \times 维修费率 \div (房屋总建筑面积 \times 12) \qquad (6-5)$$

3. 管理费

管理费是对出租房屋进行必要的经营管理所需要的费用。管理费一般包括:管理工作人员的工资、行政办公费用和有关业务开支等。这项费用同样是租金构成中不可缺少的因素。

4. 税金

税金是指按规定征收的房产税,是房地产经营管理向社会提供积累的方式和义务。房产税以房屋为纳税对象,房产出租的,以房产租金为计税依据,税率为12%。

5. 利息

城市房屋经营管理的租金中,除了逐年收回其建造房屋的投资外,还应在租金中收取房地产企业建造和经营房屋时投入资金的那一部分银行贷款利息。

6. 保险费

房屋保险费是指所有人为使房屋财产免遭意外偶然事件和自然力造成的意外损失,而向保险公司支付的费用。房屋保险费通常也应计入房租中,由房屋承租人负担。房租中的保险费是按照出租房产的现值和保险费率计算的。计算公式(6-6)为:

$$月保险费 = 房屋现值 \times 年保险费率 \div 12 \qquad (6-6)$$

保险费率由保险公司规定。不同风险的房屋,保险费率不同。出租经营房屋投保有利于提高房地产企业在房地产经营中抵御天灾人祸的能力。因此,在房租构成中对进行保险的投保费用加以考虑是十分必要的。

7. 利润

房租中的利润是出租经营房屋的企业和个人应得到的盈利,合理的利润是房产经营者经营活动的目的所在。房屋出租所获得的利润,也是实现扩大再生产的资金来源。它不是指房屋建筑造价的利润,而是房地产经营管理企业职工在房屋流通过程中创造的纯收入的一部分。房地产经营管理企业合理地计算利润,有利于加强和改进企业经营管理水平、提高经济效益,是实现房地产经营扩大再生产的基本条件。房租中的利润部分,应该大体上相当于社会正常的平均利润。

8. 地租

地租是指房屋建设所占用的土地,按规定其使用者向土地所有者提供的土地使用的费用,是土地所有权与土地使用权分离的必然结果。

第四节 房地产定价

一、房地产定价方法

(一) 房地产定价的内涵

房地产定价是房地产市场营销与策划的重要内容,是指以开发商自己开发的房地产为对象,由企业有关人员以市场比较法和成本法为基础,根据企业价格策略,对房地产开发中商品房价格体系进行全面的确定。房地产定价的内涵主要表现为:第一,房地产定价是由开发商的财务、销售以及决策者共同确定;第二,房地产定价主要是为了商品房的出售和出租;第三,房地产定价完全站在开发商立场上以最大、最快实现开发商利润为原则;第四,房地产定价主要使用房地产估价中的市场比较法和成本法两种方法,在此基础上,根据市场营销的定价目标和策略综合确定房地产售价;第五,房地产定价主要是确定商品房的单元价格(即每一套或每一间房子的价格),并由此派生出均价、一次性付款价与分期付款价、现价与期楼价等。

(二) 房地产定价方法

房地产定价方法是根据定价目标确定房地产基本价格范围的技术思路。房地产定价的方法有成本导向定价、竞争导向定价和需求导向定价三种。

1. 成本导向定价

成本导向定价指按开发成本和人为订立的利润比率确定价格。依据不同的财务模型,又分为固定成本加成法、变动成本法、盈亏平衡法和目标利润率法。

固定成本加成法主要从静态出发,立足于房地产销售前与销售中发生的一切成本费用,再加上预期盈利作为销售价格。固定成本加成定价带有明显的卖方市场色彩。

变动成本法是把单位变动成本与单位产品贡献额之和定为售价,其理论依据是只要达到销售量盈亏分界点,贡献额不仅可弥补固定成本,而且会带来利润。当物业面临着严峻的竞争形势时,短期内用此种方法可排挤竞争对手,从而获取市场份额。

盈亏平衡法和目标利润率法分别从保本不亏和获得预期利润两个层面计算企业所能承

受的价格底限。由于它们是以预测的销售量为参数,而销售量又是价格的函数,互动的两种变量很难把握,以此制定的价格也难以与顾客的要求相适应。

2. 竞争导向定价

竞争导向定价是以企业所处的行业地位和竞争地位而制定价格的一种方法。其具体做法有以下三种。一是在区域性市场上处于行业领导者地位的开发商,可借助其品牌形象好、市场动员能力强的优势,使产品价格超过同类物业的价格水平。高价不仅符合其精品定位市场目标,也与以稳定价格维护市场形象的定价目标相一致。万科房地产在深圳住宅市场的力作——俊园,就是在大势趋于平淡的情况下,以每平方米万元以上的高价昂首入市,取得良好的销售效果和经济效益的。二是对于具有向领导者挑战的实力,但缺乏品牌认知度的企业,适宜以更好的性能、更低的价格将看得见的优惠让利于买方。这样可以促进销售,扩大市场占有率,提高企业在行业中的声望。运用此方法一般要对可比性强的领导者物业进行周密分析,在促销中借其声威,并突出宣传自身优势。1998年广州祈福新村推出时,正是针对当地大名鼎鼎的碧桂园采用了挑战者定价,很快成为市场的新热点。三是物业推出时,也可选择当时市场同类物业的平均价格。一般认为平均市价是供求均衡的结果,以随行就市方法定价,既会带来合理的平均利润,又不破坏行业秩序,因而为市场追随者普遍采用。虽然其定价目标缺乏特色,但对于竞争激烈、信息充分、需求弹性较低的房地产市场,不失为一种稳妥方法,尤其适用于产品特色性不强、开发者行业地位一般的物业。

3. 需求导向定价

需求导向定价是以消费者的认知价值、需求强度以及对价格的承受能力为依据,以市场占有率、品牌形象和最终利润为目标,真正按照有效需求来策划房地产价格。在实际运用中又有认知价值和差异需求两种不同的形式。

所谓认知价值定价是指在买方市场条件下,根据购买者对房地产的认知价值定价。认知价值的形成一般基于购买者对有形产品、无形服务及公司商誉的综合评价,它包括实际情况与期望情况的比较、待定物业与参照物业的比较等一系列过程。品牌形象好的物业往往能获得很高的评价。只要实际定价低于购买者的认知价值即物超所值,购买行为就很容易发生。这种"以消费者为中心"营销理念运用的关键在于与潜在购买者充分沟通,掌握调查数据,并对其进行整理分析。

所谓差异需求定价是以不同目标客源的需求强度和总体资金承受能力为参考对象,分别求得各消费层次的有效需求众数来确定房地产价格。该方法可为制定项目全盘价格策略和多层次供房价格体系提供决策参考。不同的定价方法需要不同的条件,也会产生不同的结果。

成本导向定价是计划经济时代的科学管理方法。由于它仅在"知己"的基础上定价,对交易环境、交易对方和交易实现的必要条件都缺乏了解,所以只能制定出基于卖方利益的价格,而不容易与市场消费需求相吻合。竞争导向定价是以"取得赛跑中的胜利"为经营理念,注重行业相对价格,比成本导向定价更贴近市场供求。但交易的实现取决于交易双方的利益吻合,只研究如何在供给群体中合理定位,忽视购买群体的反应,其定价难免一厢情愿。竞争导向定价一定时期内虽有助于制定有效的竞争策略,取得销售成果,但却忽视了需求在价格形成中的重要作用,往往会导致无效供给。需求导向定价则是从市场需求出发制定房地产价格，它能行之有效地激发潜在需求，使房地产产品从根本上存在实现交易的可能性。而且，它能使房地产价格一步到位，避免价格的波动，减少投机。成本导向定价要求对企业自身生产能力有准确的把握，竞争导向定价需要明智的行业定位，而需求导向定价则跨越了供方的思维方式，从供求双方的互动关系中寻找解决问题的思路。

二、房地产定价策略

通过房地产定价方法得出的只是价格可行范围的一维空间，定价策略还需要在水平轴上将之与时间对应，尤其在始点位置更是如此。

（一）撇脂策略和渗透策略

开盘定价是策划与市场的最先接洽点，也是日后价格走势的基准。由于开盘能产生巨大的首因效应，故业内流行"良好的开端等于成功的一半"之说法。综观全局走势，除销售期很短的物业采用稳定均价策略外，开发商一般可选择高开低走的撇脂策略或低开高走的渗透策略。

撇脂策略的高价是相对同种品质物业的均价而言的，其细分市场首先定位于需求弹性最小的高收入人群（挑剔物业品质，对价格最不敏感），以求得最大利润。思路上正如先吸取牛奶上层的精华，再逐层深入。撇脂策略以阶段性高额利润为目标能迅速回收资金，但仅适用于实力和信誉颇佳的大公司和有"新、奇、特"概念的物业。当销售进入迟滞阶段，则需要调低价格，以吸引另一消费层次的人群。1995年李嘉诚开发香港最大的私人屋村时，周密调查后选用的就是先高后低的价格策略。连续三次大幅度降价，反而使多个细分市场反应踊跃，长实集团也获益颇丰。对不同的人群采用不同的价格正是经济学所说的"价格歧视"，也是需求导向定价中差异需求定价法的具体运用。

渗透策略的内涵目标是获得最大的市场占有率，它是通过有竞争力的价格吸引市场关注，刺激购买欲望，以销量促进早期资金回流，一旦树立物美价廉的印象后，再逐渐拉升价位。如1997年绿洲城市花园4888元/m^2的低价进入上海市场，由于其品质（事前调查表明该产品的市场认知价值在5480元/m^2左右）与定价存在较大反差，加之"每天仅售30套，决不多卖"的量控措施，引得每天购房者赶早来售房现场排大队，热销势头被炒得淋漓尽致。绿洲城市花园售价一路攀升，至1998年均价已达到6000元/m^2，这不能不归功于渗透策略运用得恰到好处。从消费行为学的角度，该策略是对买方趋利心理的纵向挖掘。

撇脂策略或渗透策略作为实现长期目标的两种整体定价策略，各有其适用范围。一是从入市环境看，熊市行情只能用撇脂战术，速战速决；而牛市则更适宜用渗透手法，稳扎稳打。二是从聚敛人气方面看，渗透策略略胜一筹，价格节节攀高，既能保证已购者的经济利益，又符合投资者的追涨理念；而价格下滑则会引起人们对物业品质的怀疑，反而影响品牌形象。即使单从投资角度，也容易让消费者旁观惜购，以求价格见底。人气聚敛符合马太效应——强者愈强，弱者愈弱。所以研究和激发消费者的从众心理以聚敛人气，是房地产营销中重要的内容。三是从实施难度上看，渗透策略的关键在于量价配合，撇脂战术则更需要"深入人心"。对于渗透策略，每一价位的物业投放量要小于潜在需求量，前一价位被激发起的有效需求得不到充分满足，在价格还会上涨的预期和预购从速的人气信号激励下，促使人们加入后一价位物业的抢购。但涨价的次数要多，幅度要小，每期的投放量要适度,在这里"控制"的艺术较强。撇脂策略的难度在于市场细分和目标人群认知价值的调查,如每一消费层次人群的认知价值如何量化,公认的参照价格如何选择等。消费需求的研究需要科学系统的设计、客观全面的数据以及深谙人性的分析。否则,就难以制定恰当的价格。总之,整体定价策划的理性抉择要在基于对市场要素、行情发展态势深刻认识的基础之上,与项目营销的定价目标和定价方法保持高度统一。

(二)结合企业生产经营方针和目标的定价策略

房地产价格策略的目标是根据价格组合的总和,设定可以实现预期利润率的价格水平。在定价前,应结合本企业生产经营方针和目标,即房地产销售所要达到的预期目的拟定合理的定价目标。因为价格同时要满足销售收入、市场份额和利润最大化是不可能的,必须决定重点目标是什么。销售收入是企业的重要目标之一,管理者最大的任务是将企业的经营资源进行最佳分配,以实现短、中、长期的销售收入目标。生产部门和营销部门为实现销售收入目标,制定年度计划,根据执行计划开展日常活动。以销售收入为定价目标是指制定实现当前销售额(价格×数量)最大化的价格,但销售收入并不是企业的最终目标,它并不能保证可以带来利润。市场份额既是顾客对企业产品支持率的体现,也是相比竞争对手的企业价格战略的成功度的体现。但市场份额同样不能成为企业目标,盲目追求市场份额将会忽视利润和成本。利润最大化的价格是使当前利润最大化的政策,但并不一定能保证长期利润最大化。对每一个开发商来讲,追求最大利润是最自然不过的,这是定价目标。但将价格定高来获取高额利润,会受到市场制约,价格的高低不过是开发商的一厢情愿而已,而且追求最大利润并不等于追求高价格。实际上,任何商品在消费者心目中都会被衡量值多少钱,这是心理价格,当消费者把心理价格与商品的实际标价相比较时,如果心理价格高于标价,则有利于促使其做出购买决定;反之,则打消购买念头。根据客观经济规律,价格受供求关系的影响很大,在供大于求的房地产市场形势下,单方面追求高价是无知的经济行为。开发商定价高带来的高额利润只是短期的,逐渐会因消费者的不满而拒绝购买,因而减少市场份额,反而会被竞争者利用而争夺市场。以低价入市争取顾客,拥有了消费者市场,从长远来讲在总收益上将给企业带来最大利润。

房地产价格始终是购房者、开发商以及竞争同行最敏感的,当同一地区有多个楼盘参与销售竞争时,价格较低的方案往往能取得好的销售业绩。在定价之前,作为开发商应仔细研究同地区竞争对手的定价和有关楼宇设计、施工质量、建筑材料和销售手段等方面资料,以制定具有竞争力的价格。一般说来,同地区同类房屋以其中实力最雄厚或占有率最高的开发商所定的价格为基础价格,考虑自身位置、设计、技术水平、配套设施等不可或缺的因素,以或高于或低于竞争者的价格出售,但如果高于基础价格则必须具备超过竞争者的有利条件,使顾客愿意支付较高的价格。一般以低于基础价格者容易成功,如果开发商希望在价格上做文章,在与同区域其他楼盘的价格作比较时,只低于比较价格是不够的,最好是低于心理价格。实际价格与心理价格之间差距越大,越有可能释放出势不可挡的销售能量。以取得最大利润作为定价目标是抽象的,如果要将目标具体化,也可将投资利润率作为定价目标,即在总投资基础上加上事先确定的投资利润率计算出售楼的价格。在房地产热火朝天的20世纪90年代初和近几年,房地产市场的投资收益率可高达40%,当市场趋于成熟和规范以及消费者更加理性时,房地产业将保持一个正常的利润,这个利润将会随着经济发展的周期性和房地产业运动的周期性而波动,但房地产业的平均利润将会高于社会平均利润，以高风险、高回报为特征的房地产业的平均利润将维持在 10%~15%。

三、房地产价格调整策略

房地产价格调整是在房地产基础价格制定后，企业根据市场需求和产销具体情况，随时对基础价格进行的一系列修正的行为。无论何种定价策略，它们都有各自的实施条件和利弊结果。但相对于千变万化的市场而言，更需要企业不断主动适应。在企业营销组合中，价格调整是最为便捷、最为有效的一种手段。房地产商品也不例外，特别是在尚未成熟的市场，各种营销手法的 80%~90% 都是在价格上做文章。因此，仔细分析房地产价格调整的实质和方法，是我们进行营销决策的必要前提。

（一）直接的价格调整

直接的价格调整就是对房屋价格的直接上升或下降进行的调整，它给客户提供的信息是最直观明了的。一般来说，价格上调，是说明物有所值，买气旺盛。对于这样的正面消息，开发商是最希望客户尽快了解的，所以往往进行大张旗鼓的宣传，并由此暗示今后价格上升的趋势，以吸引更多的买家尽快入场；与此相反，价格的下调，一方面打击了已购买的客户，该商品房没有起到保值与增值的作用。另一方面减少了顾客近期购买的欲望，都希望价格更低时购买。应该说除非万不得已，房地产开发商通常是不会直接宣布其楼盘价格的下调的，而是通过其他方式间接让客户感受到价格下降的优惠，以维护其正面形象。

直接的价格调整有以下两种方式：

1. 基价的调整

基价的调整就是对一栋楼宇的基础价格进行上调或下降。因为基价是制定所有单元房价格的基础，所以，基价的调整便意味着所有单元房的价格都一起参与调整。这样的调整，每套单元房的调整方向和调整幅度都是一致的，是产品对市场总体趋势的统一应对。

2. 差价系数的调整

我们知道，每套单元房因为产品的差异而制定不同的差价系数，每套单元房的价格则是由房屋基价加权所制定的差价系数而计算来的。但每套单元房因为产品的差异性而为市场所接纳的程度并不一直和我们原先的预估相一致。在实际销售中，我们会发现，有的单元房原先预估不错的实际上并不好卖，有的单元房原先预估不好卖的实际上却好卖，有的单元房原先预估差的也的确是不好卖……

差价系数的调整就是要求我们根据实际销售的具体情况，对原先所设定的差价体系进行修正，将好卖的单元房的差价系数再调高一点，不好卖的单元房的差价系数再调低一点，以均匀各种类型单元房的销售比例，适应市场对不同产品需求的强弱反应。

差价系数的调整是我们经常应用的主要调价手段之一。有时一个楼盘的价格差价系数可以在一个月内调整近十次，以适应销售情况的不断变化，自然，这需要一个完善的决策机制与之相配套。

（二）付款方式的调整

付款方式本来就是房价在时间上的一种折让，它对价格的调整是较为隐蔽的。分析付款方式的构成要件，可以发现，各种付款方式的付款时段的确定和划分、每个付款时段的款项比例、各种期限的贷款利息高低的斟酌是付款方式的三大要件,而付款方式对价格的调整也就是通过这三大要件的调整来实现的。

1. 付款时间的调整

是指总的付款期限的减少或延长,各个阶段付款时间的前移或后推。

2. 付款比例的调整

是指各个阶段的付款比例是前期高、后期低,或是付款比例的各个阶段均衡分布,还是各个阶段付款比例的前期低、后期高。

3. 付款利息的调整

是指付款利息高于、等于或者低于银行贷款利息,或者干脆取消贷款利息。

(三)优惠折扣

优惠折扣是指在限定的时间范围内,配合整体促销活动计划,通过赠送、折让等方式对客户的购买行为进行直接刺激的一种方法。优惠折扣通常会活跃销售气氛,但更多的时候是抛开价格体系的直接让利行为。优惠折扣和付款方式一样,有多种多样的形式,比如一个星期内的限时折扣,买房送空调、送冰箱或者送书房、送储藏室(相当于一个书房或储藏室的建筑面积),购房抽奖活动等。

必须指出的是,优惠折扣要做得好,应该注意以下三点:

首先,要让客户确实感受到是在让利,而不是一种促销噱头。例如,许多销售商总喜欢拿出一套最差的房屋做广告,将它的价格压到成本以内、行情以下,大力宣传,以此招徕客户。实践结果是适得其反,匆匆而来的客户大呼受骗上当,销售率反而持续下滑。

其次,优惠折扣所让的利应该切合客户的实际需求,只有这样才便于促进销售。例如,买了房屋要装修,提供免费装修或送家具是最为合适的。住公房的消费者买商品房,对物业管理费特别敏感,提供两年免物业管理费的优惠也是很恰当的。

第三,不要与其他竞争楼盘的优惠折扣相类似也是一条准则。邯郸学步,终究是没有好的结局。其实,优惠折扣在形式上的缤纷多彩也给我们标新立异提供了可能。

总之,房地产的价格调整是一个较为关键和复杂的环节,需要在销售实践中不断地总结和改进,才能制定出一个科学合理的价格调整策略。

四、房地产价格的心理策略

在形形色色的价格策略应用中,利用楼盘本身的条件,结合消费者的心理定价作组合,并根据销售进程的变化巧妙地对价格进行调整,这样的价格策略可称之为"心理定价突破法",是房地产价格策略组合中比较常用且杀伤力较强的一种方法。

(一)突破心理价格障碍,创造销售势能

一般情形下,任何消费者在购买一件商品特别是价值较高的商品以前,都会有意无意的通过种种信息渠道得到有关此类商品的一些信息(包括价格、规格、质量等),然后根据这些信息及对于这件商品的直观了解,在心里先衡量这个东西到底值多少钱。这个价格就是我们常说的心理价格。

"势能"原本是物理学中的概念,指物体因处于一定高度而具备的能量。销售势能指消费者对其所购买的商品所感觉到的心理价格与实际价格之间的差距。消费群心理价格比实际价格高得越多,由此引发的销售势能就越大,销售速度与销售数量都会得到很大的提升。

在广州市工业大道南端有一著名的金碧花园，自 1997 年秋推向市场后，声誉鹊起，以自己独特的价格策略运用，成为广州市房地产营销策略的典范。

从进入市场的初期开始，开发商及策划者们对于楼盘价格竞争的特殊性就有了一个清醒的认识。首先，房地产的价格与区域概念是紧密相连的，不同地理区域除了有实际价格的差异外，在心理价格上，往往也有较大差异；其次，房地产属于特殊的高价商品，只有在大幅度调整价格的情形下，价格才可能成为销售过程中决定性的"杀手锏"；再次，个体购买过程中往往存在一个"比较价格"的问题，即消费者对于楼盘的价格，除了会拿来和自己原有的心理价格作比较外，还会货比三家，与同区域其他楼盘的价格做比较。如果一个楼盘希望在价格上做文章，只低于比较价格是不够的，最好是远低于心理价格。实际价格与心理价格二者之间差距拉得越大，就越有可能创造更大的势能，释放出来后引起势不可挡的销售风暴。基于以上的认识，开发商及策划者们制定了一整套的价格策略。

首期推出在 1997 年 8 月初，通过市场调查获知，工业大道南端区域内楼盘均价在 $4000 \sim 4500$ 元/m^2 之间，而消费群对此区域心理定价在 $3600 \sim 4000$ 元/m^2 左右。金碧花园针对性地以 3000 元/m^2 的均价一口气推出 12 万 m^2 现楼，同时提出"六个一流"和"八个当年一定实现"的目标，造成了市场轰动效应，吸引了大量买家排队购买，很快将楼盘销售一空，而且获取了极高的市场知名度。

第二期在 1998 年 6 月初推出，以最低价 2500 元，最高价 4000 元，均价 3500 元推入市场。此时，前期资金的快速回笼使得金碧花园在绿化环境、配套等规划上有能力做得更为大胆、更为出色，有力地增强了买家的信心，并强化了心理价位。第二期售价虽然比第一期稍贵，但仍低于比较价格与心理价格，加上第一期销售势能尚未完全释放完毕，因此第二期推出后，再次产生强烈的市场效应，不但在正式发售日一口气将 256 套现楼售卖一空，而且使金碧花园的市场地位空前牢固、强大。1998 年 9 月，金碧花园趁热打铁，一口气以均价 4000 元推出 1000 多套高层单元房。此时，金碧花园已聚集了很旺的人气，形成了强大的品牌影响力，并在消费者中形成了一个忠实的"追捧群"。此时，4000 元均价与周围楼盘价格虽然相近，但由于品牌影响力、小区配套的不断完善已经提升了金碧花园的档次和心理价位，所以 4000 元的均价仍然形成了相当强的价格势能，进入市场后，销售业绩不凡。

通过这个案例的分析可以得知，系统地有节奏地规划价格策略，特别是以"突破心理价位"障碍为主导的策略运用，即便是在大市看跌、竞争激烈的情形下，也能形成强大的销售势能，创造非凡的销售业绩。

（二）提升心理价格，积聚销售势能

这同样是一条通过巧妙的价格策略，获得销售势能的妙招，即通过实际调查获取楼盘大致心理定价后，不是急于压低楼盘实际销售价，而是通过科学的小区规划、一流的设计装修、完美的管理配套等举措，以一种主动的姿态提升楼盘在消费群中的心理价格，从而逐渐拉开心理价格与实际售价的差距，积聚起销售势能。这两种价格策略同样是在实际售价与心理价格之间的差距上做文章，但后者与前面的做法有异曲同工之妙。

其实，一些高素质的楼盘在进入市场后，即便实际售价略高于比较价格或心理价格，市场仍是可以接受的，但其销售速度会受到相当大的影响。而房地产经营的绩效就在于资本运营的效率,加上房地产市场瞬息万变,因而,提升销售速度,以快打慢,做好资金回笼工作便成为房地产项目成败的关键因素之一。在大市看跌、竞争激烈的状态下,巧妙运用价格策略也就顺理成章了。

1997年和1998年间,"锦城现象"一直是广州房地产行业内外都十分关注的热门话题。几度发售,锦城花园都引来了滚滚"买家潮",销售热浪一波强过一波,在整个大势趋于疲软的状态下,取得了令无数开发商羡慕的销售业绩。而令人津津乐道的关键因素,是开发商对价格策略的巧妙运用,即提升心理价位,积聚销售势能,迅速占领市场制高点。

锦城花园推入市场的时候,别墅豪宅一类的楼盘销售正处于一片萧条的困境,而锦城花园又是作为新一代的豪宅推向市场的,其销售阻力可想而知。如果没有好的营销方式作指引,一着不慎就可能满盘皆输。为此,开发商确定了以"提升心理价格,积聚销售势能"的价格策略作为营销的主要策略后,在项目设计、规划配套和推广手法上下了很多功夫,力图由此抬高锦城花园在消费者心目中的心理价位,然后以远低于心理价格的实际售价推出,形成巨大的销售势能,从而使销售水到渠成。

针对如何提高消费者心理价位的问题,开发商做了大量的工作。

第一,楼盘的设计独特且具超前意识,内部典雅大气,外形华美富丽,兼具古典与现代美。

第二,在环境与配套上,小区绿化率超过20%,楼宇都环绕中心花园而建,绿意盎然,环境幽雅。小区内商场、小学、生活娱乐设施一应俱全。

第三,现代化的物业管理,使小区内不但提供完备的硬件保障设施,而且拥有一支现代化、高水准的物业管理队伍,为业主提供全方位、全天候服务。

第四,品牌形象包装上,力图使小区成为21世纪都市家居生活的典范,在买家心中形成良好的印象。

通过各种手段,在正式入市前,开发商已经不声不响地将小区素质提升到了一个非常高的档次,根据对买家心理价格的调查,大家都认为锦城花园价格完全有可能达到1万元/m²以上。不料,就在大家没有一点思想准备的情形下,开发商冷不防抛出一个7500元/m²均价的低价位,与心理价格之间的差距达到2500元以上。一时间,锦城花园售楼部被潮水般拥来的买家挤得水泄不通,一连几次发售,都在几天内全部卖完,在当时波澜不惊的豪宅市场上掀起了热潮。尽管后来锦城花园几次提价,但销售业绩一直独占鳌头。

在应用这种价格策略的时候,由于开发商是主动出击,通过一点一滴的前期投入来积聚价格势能,创造销售奇迹,所以在最终利润的攫取和市场主动性的把握上,有更大的控制力度。但这对开发商的实力与耐心,也是一个严峻的考验,毕竟为提升消费者心理价位所做的努力和资源投入,不是每个开发商都能承受的。

五、案例

A花园定价方案

根据对目标市场的仔细调研和深入分析,本项目的入市价格应当采取低开高走的策略,这样具有较大的弹性空间,入市时有较强的市场竞争力,能让先期入住者的物业具备升值空间，同时也使投资者感到投资有利可图。但也应当注意入市价格太低并非好事，这样会使购买者认为开发商对物业没有足够的信心，所以定价适当与否是影响销售至关重要的因素。

定价问题是策划方案中最重要的问题之一，影响定价的主要内在因素有土地成本和项目定位决定的建设成本等。按照最新规划设想，本项目在占地 45 万 m^2 的土地上建造 28.8 万 m^2 可售建筑（其中别墅 188 套，公寓 2045 套）。在这种规模基础上，预测别墅、公寓每平方米实际成本即完全单位成本(含息)：别墅 2800 元/m^2，公寓 2000 元/m^2。由于土地开发的时间较晚和基础工程等方面的原因，单位面积所付成本较高，这是一个客观事实。

根据可行性研究报告一系列经济指标及项目立项后的再一轮市场调研结果，反复比较周边重点项目和竞争对手的价格销售政策，本着"顺利启动，逐年提升"的价格策略，既考虑项目成本，又考虑项目市场接受能力，从而拟定项目销售定价。

（一）价格方案

1. 公寓入市价格意见

周边档次与 A 花园差不多的楼盘，例如兰山花园、翡翠园、碧水园的公寓价格分别是：

兰山花园 2558～3100 元/m^2；

翡翠园 2800～3800 元/m^2；

碧水园 2600～3500 元/m^2；

在项目周边也有一些地理位置和项目质量差一些的楼盘，如×花园，其二手房也已突破 2000 元/m^2。

本市市内目前的楼价，价格最高的在 4000 多元/m^2，价格最低的也超过 1000 元/m^2。市区内的楼盘价格均在 2500 元/m^2 以上。根据周围众多楼盘的情况，我们认为 A 花园的入市价格不应超过翡翠园，以避免与其展开直接的竞争，但要高于兰山花园的价格。

建议在公开发售的入市均价定在 3000 元/m^2（一次性付款），再考虑到楼层、方位的因素，在实际销售中，最高可达 3600 元/m^2，最低在 2600 元/m^2，这样的入市价格较为合适。如果销售形势好，可将价格提高。

2. 别墅入市价格意见

周边楼盘别墅价格分别为：

翡翠园 3800 元～4500 元/m^2；

君兰高尔夫 4000 元～4800 元/m^2；

本项目别墅价格属于较低的，项目入市价格应低于翡翠园，应定为 3600 元～4200 元/m^2（一次性付款）。

（二）项目价格逐年提升的比例及分析

项目入市价格制定的依据是根据市场接受程度和适度引导消费能力而定的。根据可行性报告的市场分析，入市时价格偏高，市场接受能力较弱。但入市价太低，升幅太大，容易给人不稳定的感觉。所以，得出每半年按 5% 的比例提价，在每半年之初提升价格为宜。

（三）付款方式和进度

付款方式和进度与优惠比例相联系。设计时体现各种方式现值相等原则。初步提出五种付款方式

1. 一次性付款（8.8 折）

付款进度：交纳定金后起一个月内将全部房款交清。

2．三年分期付款（不打折扣）

付款进度：首期10%（15天内全部交清），以后每半年付15%。

3．三年分期付款（9.2折）

付款进度：首期30%（15天内全部交清），半年内20%，以后每半年付10%。

4．建筑分期付款（8.6折）

付款进度：首期20%（15天内全部交清），第二个月内30%，交楼时50%。

5．银行按揭

按揭金额不超过楼款总额的70%。此种方式顾客可任选按揭时间和比例。

（四）优惠条款

1．先购优惠

每期推出别墅先买的前几栋优惠2%（折后占先推出量的10%）；公寓先买的前几套优惠2%（折后占先推出量的5%）。

2．展销会期间优惠

展销会期间购买楼宇的业主优惠2%。

3．业主二次购房优惠

在公司以前开发的小区居住的业主在A花园购房可以享受在原优惠基础上再优惠2%。

（五）附录说明

1．差价确定依据

客厅及主卧朝向（南北向或东西向）；

窗外景观的多少；

是否邻近公路。

2．将公寓价格划分为三个档次

A档：房屋南北朝向，可看到的绿地面积很大，可看到中央花园，不邻近公路（噪声小），在均价的基础上加200元。

B档：房屋南北朝向，可看到的绿地面积较大，可看到部分中央花园，不邻近公路，在均价的基础上加100元。

C档：房屋南北朝向，可看到的绿地多，不能看到中央花园，邻近公路，在均价的基础上减100元。

复习思考题

1．如何根据影响房地产价格因素制定合理的房地产价格？
2．如何认识房地产定价方法的主要特征？
3．如何及时调整房地产价格策略？
4．如何根据消费者心理采取适宜的定价策略？
5．搜集资料，试写出某一楼盘的定价方案。

第七章 房地产投资

房地产投资既是房地产经济活动的起点,同时也是获取期望收益的一种经济活动。以尽可能少的投入获取尽可能多的收益,是理性的房地产投资者的必然要求和选择。客观而准确地估算项目投资额、科学地制定资金筹措方案,对于降低项目投资额,减少建设期利息等项支出,对于利润最大化目标的实现具有重要的意义。同时房地产投资风险的回避也有赖于科学决策和理性判断。通过本章的学习,掌握房地产投资基本概念,房地产投资的过程、特征、原因;熟悉影响房地产投资的主要因素、房地产投资的风险类型、风险识别和回避的方法及投资方案比较与选择;了解房地产投资决策的程序、类型和方法,房地产投资可行性研究的内容。

第一节 房地产投资概述

一、房地产投资的含义

房地产投资,是指投入一定数量的货币资本或某种类型的资产等经济活动,以获得一定利润的经济行为。

在市场经济条件下,投资的领域很多,其中房地产开发是大家最熟悉的一种,房地产投资也是最具有收益、保值、增值和消费四个方面特性,因而广泛受到投资者的青睐,是较理想的投资领域。房地产的投资与其他投资一样,都需要投入一定的生产要素(土地、劳动和资本等),但由于房地产商品和房地产行业的特殊性,使得房地产投资及过程与其他投资项目相比有着显著的差异。

房地产投资是以获取房地产收益为目的,将货币资本投入房地产开发、经营及房地产金融资产的经济活动,它是整个国民经济投资的重要组成部分。房地产开发通常是在土地上建造房屋,然后提供给社会生产或消费。在开发过程中不但需要购买土地(在我国只能购得土地使用权),支付土地取得费,而且还需要投入大量资金用以支付前期工程费、建安工程费、基础设施建设费、市政配套费用、规划费、管理费用、财务费用等。同时,房地产投资还涉及到房地产与金融资产的组合,如房地产抵押贷款的设定、房地产金融资产证券化等。因此,房地产投资一方面表现为实物资产的投资活动,另一方面又表现为金融资产的投资活动。

二、房地产投资的特征

根据房地产和房地产业的特性,房地产投资通常具有下列一些特征:

1. 投资周期长、投资额巨大

房地产投资的过程,实际上就是房地产的开发过程,要一直持续到项目结束。

房地产投资过程要经过许多环节,从土地的获得、建筑物的建造,一直到建筑物的投入使用,时间少则一两年,多则三五年,甚至有可能更长。房地产投资的资金回收期长,其原因为:①房地产投资不是一个简单的资金投入过程,它要受到各方面因素的制约,尤其是房屋建筑安装工程需要较长时间,在北方,一年中施工期只有六个月,投资者把资金投入房地产市场,往往要经过较长时间才能获得利润。②由于房地产总价高,加之市场竞争比较激烈,其购买决策过程比较长。很多消费者在购买时,需申请按揭贷款,从目前趋势看,按揭贷款到达开发商的账户上所需时间越来越长。有时为了促进销售,还需要进行付款方式的创新,降低购房者的首期付款额度,以扩大客源覆盖面,这些因素都大大延长了房地产投资回收期。③如果房地产是以租赁方式进行经营的,则由于租金回收的时间较长,会使整个房地产投资回收期更长。

房地产投资额巨大,少则数百万元,多则数千万元甚至数亿元,主要源于以下几个原因:①土地的购买和开发需支付巨额资金。由于土地资源具有不可替代性,且稀缺程度较高,随着经济的不断发展,城市基础设施的不断改善,地价也在不断上涨。在城市市区,尤其是繁华地段,土地的拆迁成本也非常高。在北京市区,有的房地产项目的拆迁成本要占房价的20%~30%,甚至更高。同时作为自然资源的土地,不能被社会直接利用,必须投入一定的资本进行开发。所有这些因素都使土地的购买与开发的成本提高。②房屋建造等成本及费用比较高。房屋建造等成本包括建筑安装工程费、基础设施建设费、市政配套费等。除此以外,还包括其他一些成本、费用,如管理费用、财务费用等。③房地产的运作、经营成本比较高。一般而论,房地产开发周期长、环节多,涉及的管理部门及社会各方面的关系也多。这使得房地产开发在其运行过程中,包括广告费、促销费、公关费都比较昂贵,从而也增大了房地产投资成本。

2. 投资具有高风险和高收益性

房地产开发周期长,投资数额巨大,投资回收期远远长于一般商品经营。在投资过程中,有很多不确定性因素,使项目面临较大的风险和威胁。这些潜在的风险和威胁可能来自经济、政策、政治、市场或其他方面。较大的风险使投资者不得不谨慎从事,不惜时间和精力,进行投资前期调查研究和分析,以便项目的开发风险降到最低限度。

由于土地资源的稀缺性和不可再生性,以及人类对土地资源需求的日益增长,造成房地产尤其是住宅,经常处于供不应求的状态。这一特定的条件决定了房地产的增值性与保值性,因而房地产投资成为抵御通货膨胀冲击,可以保值增值的最引人注目的投资项目。尽管由于经济周期的作用及经济环境的影响,暂时的、短期的波动在所难免,但从长期看,房地产投资的保值与增值特性是十分明显的。这使得房地产投资具有高收益的特征。

3. 投资对金融的依赖性较强

房地产的巨额投资,使房地产投资者无法完全依赖自有资本,必须在很大程度上依赖金融部门的支持。从另一个角度讲,房地产价值量巨大,消费者也难以完全依赖自己的资金实现消费,需要银行信贷的支持。也就是说,房地产投资在开发和消费两个环节上严重依赖于金融支持,如果没有金融机构的参与,房地产经济的持续发展几乎是不可能的。房地产投资的这一特征与其他产业有很大的不同。

4. 投资受城市规划与环境制约较大

房地产投资所形成的建筑物是整个城市中的一个组成部分，它必然要受到城市规划的制约。城市规划对于土地用途、建筑高度、容积率、建筑密度、建筑物规划红线距离、建筑间距、建筑物色彩等方面都有非常严格的要求，这对于房地产投资有很大的限制和制约作用。城市规划约束及其所蕴涵的风险是投资者不能不慎重考虑的一个重要因素。

5. 投资受宏观国民经济和政府政策影响较大

房地产业是宏观国民经济不可分割的一个重要组成部分，经济增长率、国民收入与消费水平、物价与通货膨胀率等宏观经济变量对房地产业发展有着重要影响。在现实经济运行过程中，宏观经济对于一个房地产投资项目的影响是不能忽视的，随着市场竞争的日益激烈，房地产投资者必须具备适应宏观经济环境的能力。作为一个投资商和开发商，要建筑各种房屋并出售给消费者，就必须了解房地产市场上消费的各种变化，其都是以宏观经济因素的变化为基础。任何一个房地产项目开发，都是一个长期的过程，投资者一定要考察项目的发展前景和增值潜力。这就要求投资者和开发商对项目所在地的经济状况有一定的预测。

房地产投资是固定资产投资的重要组成部分，每一次国家对经济进行调控，固定资产投资都是受到影响最大的一个方面，房地产投资自然也不例外。尤其房地产业对金融业的严重依赖，使得房地产业的风险直接牵扯到金融安全。因此，国家非常重视对房地产业发展的调控，国家的投资政策、金融政策、产业政策、财政政策对房地产投资都有着非常重要的影响。例如，1993年，在房地产业发展过热，危及国民经济安全与健康、协调发展的情况下，国家对房地产业进行宏观调控，收紧"银根"，很多房地产项目由于资金链断裂，后续资金无以为继，不得不停工搁置。当时，很多投资者的损失都是非常惨重的。

6. 投资所形成的资产流动性低

房地产投资的对象是土地、土地上的建筑物及建筑物的附属物，这些资产都具有固定性和不可移动性。有些时候由于某种原因需要对建筑物的用途有所改变，因而对建筑物进行改造，或者重新建造，那也是一个较长的时间过程。虽然从广义的角度讲，房地产投资不仅仅是这些实物性资产的投资，还包括金融性资产的投资，但金融性的资产仍然是基于实物资产形态的。

房地产投资成本高，又有不可移动性和独一无二性，使得同一房地产的买卖不频繁，一旦需要交易，不像一般商品买卖可以在短时间内马上完成轻易脱手，通常需要相对长的时间才能完成交易。因此，当急需资金或有其他急需时，不易将房地产变成现款；如果要快速变现，只有相当幅度的降价。所以说，房地产投资所形成的资产的流动性和灵活性都较低。当然房地产投资也有既耐久又能保值的优点。房地产商品一旦在房地产管理部门登记入册，获取相应的产权凭证后，即得到了法律上的认可和保护，其耐久保值性能要高于其他投资对象。

7. 投资具有保值增值性

房地产投资的保值增值性是由房地产商品的保值增值性决定的。房地产商品不同于其他商品的最重要的特征，就是其保值增值性。所谓保值指的是即便在发生通货膨胀的情况下，房地产商品所内涵的社会实际购买力也不会因此而减少，所谓增值是指从长期趋势来看，房地产商品所内涵的社会实际购买力不断递增的一种经济现象。房地产的保值增值性主要来源于土地的保值增值性，因为房屋建筑本身从建成之日起，就在不断地耗损、贬值，只有土地是在不断增值的。房地产投资的保值增值性为房地产投资设置了一道安全屏障，但由于房地产投资所形成的资产流动性低，使这一优势大打折扣。

需要注意的是，我国的土地价格是有期限的土地使用权价格，对于一宗使用年限较长的土地来说，在其使用年限的前若干年价格可能随着需求的增加而呈现上升趋势，但由于总有一天土地使用年限会降为零，所以，具体一宗有土地使用年限的房地产的价格，从长远来看是趋于下降的。

三、房地产投资的程序

房地产投资的程序是指房地产投资者自有投资意向开始，直至全部收回投资并获得收益、终止投资活动的全过程。一般地该过程可分为投资机会选择与决策分析阶段、前期准备工作阶段、投资实施阶段、投资的回收与终止阶段等四个大的阶段。

1. 投资机会选择与决策分析阶段

房地产投资经济活动，是大量资金投入及运动、循环的过程。一旦作出投资决策或决定，资金的投入就是一个难以逆转的持续过程，决策的准确与否直接影响着投资者的投资收益水平，是投资成功与否的关键。因此，慎重地、科学地作出投资决策，是进行房地产投资的前提。

所谓投资机会选择，主要包括投资机会寻找和筛选鉴定两个步骤。在机会寻找过程中，投资者往往根据自己对区域内房地产市场供求关系及房地产投资类型的认识，寻找投资的可能性，此时投资者应对自己的经验及投资能力，对面临的众多的投资机会快速地判断出实施的可能性，并在接下来的机会筛选鉴定过程中，将具体的投资设想落实到具体的投资方案上或具体的地块上，在进一步分析其主客观条件是否具备的基础上，初步筛选出可以接受的投资机会。投资决策分析，主要是对包括市场分析和投资财务评价等所进行的分析工作。当然，这种分析工作既可以由投资者自己独立进行，也可直接委托给专业的咨询机构进行，其中，市场分析主要是对市场供求政策与环境因素、竞争对手、目标市场等进行的分析；而财务评价则是根据市场分析的结果，就投资的效益与费用所进行的比较分析，一般来说，投资者在投资决策过程中，须在市场分析、财务分析的基础上，进行详细的可行性研究工作，并以可行性研究的结论作为决策的依据。

（1）市场分析

市场分析的重点在于较准确地预测出市场对投资者拟投资的房地产商品的需求情况及竞争程度。科学的市场预测及分析工作，有助于房地产投资者对未来进行合理的决策，有助于正确估计其预期收益。

（2）财务分析

财务分析的主要目的是通过对投资方案现金流量的估计，计算出预期报酬率及其他财务指标，并在进行有关风险分析的基础上，以所得到的结果与期望的收益率进行比较来判断该项投资是否可行。

（3）可行性分析

可行性分析是投资者在进行投资决策前所必须经历的一个重要步骤和环节。它是在进行全面的技术、经济、法律、环境等分析的基础上，对投资方案的可行性、合理性和必要性所作的综合分析与论证工作。

2. 投资前期准备工作阶段

当通过投资决策在确定了具体的投资方案之后,就进入到房地产投资之前的准备工作阶段。因房地产投资多以项目开发建设的形式出现,故其准备工作主要包括:

(1) 对拟投资项目的具体范围及地块的地质特性、规划用途等进行实地调查和咨询取证;

(2) 获取土地使用权;

(3) 进行征地与拆迁工作;

(4) 获得规划许可,进行规划设计并制定出投资实施计划;

(5) 施工现场的"三通一平"或"七通一平"工作;

(6) 进行有关的谈判、协商及协议的签订工作;

(7) 有关房地产政策、法规等的咨询等。

3. 投资实施阶段

房地产投资实施阶段主要是指房地产投资资金的具体投入和使用阶段。在房地产经济活动中,主要是指房地产的开发建设阶段,具体可参见"房地产开发"一章中的有关内容。

4. 投资的回收与终止阶段

这一阶段的工作主要有两个方面:一是将开发的房地产作为商品进行销售,主要有预售和现售两种形式。二是将开发出的房地产物业进行经营,即以经营谋利为目的,它也可以采取两种方式:一是将房地产出租给他人使用,通过收取租金获得收益;二是由投资者自行经营管理,以获取经营收益。

总之上述四个阶段是房地产整个投资过程中不可缺少的组成部分。一方面,它们作为相对独立的阶段而存在,有各自的工作重点和任务;另一方面,它们也是相互联系、相互衔接并依顺序进行的。

四、房地产投资的一般原则

房地产投资的一般原则是指房地产投资者在进行房地产投资决策时应遵循的一般规范或标准,具有普遍性的指导意义。

1. 注重市场调研与策划

房地产投资的目的在于获取利润,但能不能实现预期利润,最终取决于所开发的房地产能不能顺利租售出去。这就需要投资者在作出投资决策前,要对区域房地产市场作全面深入的调研,并根据调研结果对拟开发楼盘进行准确定位,制定切实、有效的营销推广方案,以保证楼盘的顺利租售。

房地产投资前的市场调研涉及到很多方面,具体包括区域宏观经济分析、区域房地产市场调查与分析、拟开发地块的基本情况、竞争楼盘调查与分析、目标客户调查与分析以及地块分析等。现在多数的房地产项目在启动前都作市场调查,只是市场调查的科学性和有效性有所区别。而市场调查的关键就在于其科学性和有效性,这是一项专业性很强、工作量较大的工作。鉴于此,投资者应委托专业的房地产服务公司来完成。

在保证市场调查的科学性、有效性的基础上,结合各方面因素对项目进行准确定位,并制定切实可行的营销推广方案，是项目成功的重要保证。项目定位是一项技术含量非常高的工作，定位准确与否直接关系到项目的成败。准确的定位意味着成功了一半，但错误的定位一定会导致项目的失败。营销方案好坏要求以销售状况作为衡量标准，营销方案不一定要做得很好，但一定要有实效，房子要卖（租）得好、卖（租）得快。这需要方案的制定者有丰富的推广经验，较强的市场把握能力。鉴于该项工作的专业性，与市场调查一样，也往往需要委托专业的房地产中介服务公司来完成。

2. 注重投资规模

西方经济学中的规模收益理论对房地产投资具有一定的借鉴作用。根据该理论，规模过大或过小均不能够获得最大的收益，房地产投资规模的大小应根据投资者的实际情况通过认真分析与估算后合理确定。

3. 注重收益与风险相匹配

风险收益对称原则是投资行为须遵循的基本准则。该原则要求当一项投资风险较大时，必须有较高的收益与之相匹配；当风险相对较小时，收益相对较低也可以为投资者所接受，原因在于可能出现的风险较小。这要求投资者在进行投资决策时应对投资风险与投资收益进行充分权衡，以避免做出错误决策。

4. 实物资产投资与金融资产投资并重

一般情况下，房地产实物资产投资回收期都比较长，在较长的投资回收期中，不确定性因素非常多，可能发生各种意外事件导致投资失败。房地产投资不应将全部资金都投入到回收期较长项目上，应备有应急资金。通常做法是将部分资金投入到变现性比较强的房地产金融资产上，做为机动资金，以备投资在现金流动不好时将这些金融资产变现，满足对现金的需要。

5. 注重投资的安全性

安全性原则是一般投资行为须遵循的首要原则，房地产投资当然也不例外，可能的收益再高，但只要潜在风险超过了能够承受的范围，风险出现的可能就比较大，投资者在进行该项投资的决策时就应非常慎重。在能够保证投资安全的情况下，收益率的高低才具有实际意义。

6. 注重财务杠杆的运用

房地产业是财务杠杆系数较高的行业。有一种说法，房地产业是用别人的钱来做自己的事业。充分运用银行贷款等渠道的资金，只要收益率能够超过贷款成本，借的钱越多，赚的钱就越多，资本收益率也就越高。房地产投资者应该运用财务杠杆原则"借鸡生蛋"，用较小的代价获取较大的收益。当然负债必须适当控制，以避免无限制地扩大财务杠杆的运用造成债务危机。

7. 注重创新

房地产投资的最大风险就是因循守旧，不能够根据市场形势的变化进行创新。无论在什么时候，创新都是房地产企业最重要的竞争力。注重创新的房地产投资，往往竞争力强，吸引力大，所以投资回报常常很高。对房地产投资进行创新，最主要的是进行产品创新，有的时候，物业管理服务等附加产品也可以作为创新的对象。

8. 注重长期战略

由于房地产投资回收期长，投资效益往往要经过相当长的时间才能体现出来，所以房地产投资者多以追求中长期收益为目标。因此，房地产投资不象期货、外汇、股票等投资那样，很快即可获利。房地产投资不仅着眼于近期利益，更期望于长期利益，不仅重视房地产投资的具体战术，更重视房地产投资的总体战略。

五、房地产投资的类别

按投资对象划分，房地产投资分为房地产实业（实物）资产投资和房地产金融资产投资，其中房地产实业投资又可分为开发投资和置业投资；房地产金融资产投资可分为股票投资、企业债券投资、抵押债券投资。

（一）房地产实业资产投资

1. 房地产开发投资

房地产开发投资是指投资者从购买土地使用权开始，经过项目策划、规划设计和施工建设等过程，将开发后的土地或建成后的房屋推向市场租售，转让给新的投资者或使用者，从而收回投资。房地产开发投资主要包括：土地开发、住宅物业、办公物业、商业物业、工业物业、仓储物业等。

2. 房地产置业投资

房地产置业投资是指投入货币资金购买开发商新建物业或房地产市场上的二手物业，然后将其出租给最终的使用者，获取较为稳定的经常性收入。这种投资方式可以克服或削减其他间接投资方式中因代理人的疏忽或不负责任而导致的损失，而且自己可直接投资等。但其缺点是明显的：①投资者必须完全负担投资风险，而且负无限责任；②比其他投资方式承担更多的流动性风险；③投资金额需求较大，个人投资往往因资金有限而无法实现或仅能投资于少量房地产而无法实现风险的分散。

（二）房地产金融资产投资

房地产金融资产投资是指投资者不直接参与房地产项目的开发建设、经营管理，而是通过投资于各种房地产金融资产间接获取房地产收益的投资行为。在国外，为吸收一般投资者投资于房地产业，已创新了数种金融工具，如房地产信托、房地产辛迪加、房地产抵押贷款证券等。目前，我国北京、重庆等城市已开始尝试发行以房地产项目为投资目标的信托计划，并受到市场的广泛欢迎。由于我国还没有出台产业基金法，因此房地产基金的运作在我国还不具备条件，但将来该法规出台后，对促进房地产开发增长，缓解开发商因银根收紧而导致的开发资金不足将发挥重要作用。

1. 房地产股票投资

房地产股票是房地产股份公司为筹措资金向社会公开发行的一种有价证券。房地产股票不能返本，但可以在房地产金融市场上转让。股票持有者享有股东权利，同时有权参与股份公司的盈利分配，取得股息、红利。当然，房地产股票也具有一定风险，但由于房地产的保值增值性，房地产价值从长期看呈现稳定上升趋势。因此，相对而言，投资于房地产股票比其他产业的股票风险相对要小。

2. 房地产企业债券投资

房地产企业债券是房地产企业为筹措长期资金用于房地产开发而发行的一种债务凭证。发行企业债券须具备一定的条件，并经有关部门同意后才可以公开发行。企业债券一般实行固定利率，到期偿还本息，也有的债券是分期付息，到期一次性还本。符合条件的企业债券允许转让、抵押。

3. 房地产抵押债券投资

房地产抵押债券是指以发行主体提供的房地产（例如房屋、土地、工厂等）作抵押发行的、保证到期偿还的债务凭证。发行抵押债券须依法将抵押房地产在主管部门和机关办理抵押登记，未经抵押登记的抵押行为不具有法律效力。债券到期时如果该企业不能还本付息，可依法处置抵押品，债券持有人享有优先受偿权。

六、房地产开发项目投资的影响因素分析

一般情况下，影响房地产开发项目投资的因素主要包括经济因素、政策因素、规划因素等。

（一）经济因素

房地产投资都是在一定的经济环境中进行的，任何房地产投资脱离不开外在的经济环境，因此经济因素对房地产的影响非常大。从房地产投资开发本身看，项目运作需庞大的资金与购买需求来支撑，因此与经济因素息息相关。

1. 宏观经济因素

宏观经济因素对房地产投资的影响是不能忽视的。宏观经济因素对房地产投资的影响，主要表现在金融、财政、经济增长以及通货膨胀等方面。

（1）金融

房地产开发投资额巨大，离不开银行等金融机构的信贷支持，差不多每一个项目都需向银行申请贷款，这使得利率的高低对财务成本、投资成本的影响甚大，从而对房地产投资与开发有着重大影响。影响利率的因素很多，其中最关键的指标是货币供应量（俗称"银根"）。根据供求关系的基本原理，当货币供应量增加时，利率就较低，反之利率会攀升。影响货币供应量的因素归纳起来主要包括两个方面：一是市场因素，二是政府政策。市场因素中最主要的影响因素之一为经常项目的收支情况，即贸易的顺逆差。当出口持续畅销并产生贸易顺差时，所赚进的外汇兑换人民币后，就造成货币供给量的增加，进而使利率下降，这显然有利于房地产投资。反之，贸易逆差时，会因利率的上扬而不利于房地产投资。当然政府会根据经济情况的变化，运用各种政策工具来影响货币供给量。如央行可以通过调整再贴现率或存款准备金率，以及在金融市场上进行公开市场业务（买卖短期证券等）等方式控制银根，当然也可直接调整利率，毕竟我国目前尚未实现利率市场化。

（2）财政

为促进国民经济增长，政府通常进行各种基础设施建设。基础建设投资具有很大的投资乘数作用。大规模的财政支出，通常会带动整体经济与地方经济的发展，为房地产开发投资创造良好的外部环境。然而，公共部门需求增加可能会挤掉私有部门的投资，即存在财政的挤出效应。而且公共部门参与资金市场或资本市场竞逐有限的资金可能会引发利率的上扬，从而对房地产市场产生负面影响。另一方面，政府为谋求财政收支平衡或缩小贫富差距等政策目标所调整的各项税率，包括土地增值税、房屋税、遗产税、所得税，都对房地产投资报酬率有重大影响。

（3）经济增长

经济增长情况作为房地产开发项目的外部环境，对项目投资具有十分重要的影响。经

济增长强劲，这预示着不仅国内生产总值将会快速增长，社会就业水平、人均可支配收入等重要经济指标也都将快速增长，消费需求和投资需求都会大大增强，总体上讲房地产需求空间同样也会增加。这对于房地产投资无疑具有好的作用。相反，如果经济增长乏力，人均可支配收入会有所下降，房地产需求也会相应萎缩，这会使项目投资面临着较大的风险。

(4) 通货膨胀

通货膨胀对房地产投资的影响是比较复杂的。通货膨胀发生时，借款成本降低，极易诱发过度的资金需求，导致房地产投资膨胀。在通货膨胀期间，房地产被认为最能有效地保值，其价格上涨率较高，从而吸引大量资金投入。这些都对房地产投资起到了诱导作用，但同时也很容易造成房地产的过度开发而导致大量房屋的闲置浪费。这一点应深深引起投资者的重视。

2. 区域经济因素

房地产具有极强的区域性，这导致区域经济因素对房地产投资有着直接的影响与关联性，主要表现在以下几方面：

(1) 区域经济发展

房地产的区域性特征，使得区域经济发展对房地产投资影响很大。对于很多房地产投资项目而言，其目标客源主要或首先是地域性的。区域经济的发展状况决定了住宅、写字楼等房地产品的目标客源的收入水平与支付能力，从而制约和影响房地产投资。

(2) 区域产业特征

区域产业特征的差异提供了不同种类的就业机会，这往往决定了各个区域不同层次的就业人口、人口结构以及收入水平等。同时，其产业特征的差异也为房地产业提供了不同的投资机会。这些差异也使得对房地产的需求有所不同，包括不同种类的房地产以及不同的数量需求。

(3) 区域产业的多样性

一个特定区域内产业形态越多，而且其对地方的影响力越均衡，则区域经济越稳固。其原因在于该区域不容易因少数一二类产业的衰退而产生区域性的经济不景气。反之，如果某既定区域内只有少数几类主导产业时，产业景气则区域经济就会特别繁荣，产业不景气则区域经济很可能会迅速衰退。房地产业作为区域产业的组成部分，区域产业组成及结构情况的总体决定性对其影响是显然的。

运输系统与资源，对产业发展的影响甚大，城市往往沿着运输线而发展。资源的开发也会引起资金、人口的流入，进而带动区域经济的增长，推动区域房地产业的繁荣。

(二) 政策因素

房地产及相关政策是国家凭借政权制定的行为准则，包括法律、法规、规章制度、办法等，所有房地产投资主体都必须执行。房地产投资政策的变化可能加大一个项目的投资额，使项目投资利润减少甚至变得在经济上不可行，政策变化也可能会使投资过程中的项目资金链断裂，使项目搁浅停工。在一个城市内政策会影响到开发热点的分布，影响到开发产品形式和施工进度。政策因素对房地产投资的影响是明显而普遍的，对于一个城市的所有地块、所有楼盘的投资都有重要影响，而且会影响到投资的方方面面。在进行房地产投资前，对国家和城市的房地产政策进行研究、分析和预测，是降低房地产投资风险的有效途径。

（三）规划因素

一般而言，城市规划得好坏，影响到房地产投资的回报，影响投资者的正确决策。规划对于房地产投资的影响，主要是通过对规划实施即基础设施投资实施来进行的，从这个角度讲，规划对于房地产投资的影响实际上也就是基础设施投资对房地产投资的影响。基础设施主要包括交通系统、通信网络、园林绿化大型公共设施等。它的建设开发有点、线、面三种形式。一个交叉路口的改造，一座立交桥的修建，都可以称为点状基础设施；一条轨道的兴建，一条街道的扩建都可称作线状基础设施；而对于某个区域进行大规模的市政改造或重新建设都可称做面状开发。一般情况下，点状基础设施的建设对周边房地产（尤其住宅）影响较小，线状基础设施的建设在筹备期和建设期对房地产价格进而对利润影响较大，但在竣工期，这种利好消息对周边物业的影响力大大减弱，面状基础设施建设，影响范围和时间较大，这种影响带动了整个区域的发展，影响整个区域的档次，从而使该区域成为最有吸引力的投资热点区域。

第二节　房地产投资方案比较与选择

一、资金的时间价值的概念

两笔等额的资金，由于发生在不同时期，它们在价值上就存在着差别，发生在前的资金价值高，发生在后的资金价值低。产生这种现象的根源在于资金具有时间价值。

资金的时间价值，是指资金在生产和流通过程中随着时间推移而产生的增值。

资金的时间价值有两个含义：其一是将货币用于投资，通过资金运动使货币增值；其二是将货币存入银行或出借，相当于个人失去了对这些货币的使用权，资金的时间价值体现了对牺牲使用权的损失所应做出的必要补偿。

由于资金存在着时间价值，今天的一笔钱存入银行，随着时间的推移可获得利息，由此，它就比明年的今天所拥有的同样的一笔钱更值钱。今天可以用来投资的一笔资金，随着时间的推移可获得利润，因此，即使不考虑通货膨胀的影响，也比将来任何时期所获得的同样数额的资金更具有价值。资金利息和资金的利润可以说是具体体现资金时间价值的两个方面，是衡量资金时间价值的绝对尺度。

二、单利和复利

我们知道，利息是衡量资金时间价值的绝对尺度，是其最直观的表现，因此是计算资金时间价值的方法。利息通常根据利率来计算，利率是在一个计息期间内所得的利息额与借贷金额（本金）的比值。

利息的计算有单利法和复利法两种。

（一）单利法

所谓单利是指利息和时间成线性关系，即只计算本金的利息，而本金所产生的利息不再计算利息，从而每期的利息是固定不变的一种计算方法。其利息计算公式(7-1)、(7-2)为：

$$I_n = p \cdot i \cdot n \tag{7-1}$$

式中　I_n——利息；
　　　p——本金；
　　　i——利率；
　　　n——计息期。

其本利和公式为：
$$F = p(1 + i \cdot n) \quad (7-2)$$

式中　F——第 n 期期末的本利和。

【例 7-1】 以单利方式借款 1000 元，年利率为 6%，则在第一年末利息额应为：

【解】
$$I_n = 1000 \times 1 \times 0.06 = 60 \text{ 元}$$
$$F = P + P \times i \times n = 1000 + 1000 \times 0.06 \times 1 = 1060 \text{ 元}$$

（二）复利法

将本期利息转为下期的本金，下期本金按本期期末的本利和计息，这种计息方式称为复利。在以复利计息的情况下，除本金计算之外，利息再计利息，即"利滚利"。复利计算公式推导过程见表 7-1 所示。

复利计算公式　　单位：元　　　　　　　　　　　表 7-1

计息期	期初余额（1）	本期利息额（2）	期末本利和 F = （1）+（2）
1	P	$P \cdot i$	$F_1 = p + p \cdot i = P(1+i)$
2	$P(1+i)$	$P(1+i) \cdot i$	$F_2 = P(1+i) + P(1+i) \cdot i = P(1+i)^2$
3	$P(1+i)^2$	$P(1+i)^2 \cdot i$	$F_3 = P(1+i)^2 + P(1+i)^2 \cdot i = P(1+i)^3$
⋮	⋮	⋮	⋮
n	$P(1+i)^{n-1}$	$P(1+i)^{n-1} \cdot i$	$F = F_n = P(1+i)^{n-1} + P(1+i)^{n-1} \cdot i = P(1+i)^n$

由表 7-1 可知，年末本利和复利计算公式（7-3）为：

即：
$$F = P(1 + i)^n \quad (7-3)$$

复利法对资金占用数量、占用时间更加敏感，具有更大的约束力，更充分地反映了资金的时间价值。在技术经济分析中，一般均用复利进行计算。

【例 7-2】 设借入一笔资金 1000 元，规定年利率为 6%，借期为 4 年，分别用单利法和复利法计算第四年末还款金额为多少？

【解】 先用单利计算
$$F = P(1 + ni) = 1000(1 + 4 \times 6\%) = 1240 \text{ 元}$$

再用复利计算
$$F = P(1 + i)^n = 1000(1 + 6\%)^4 = 1262.48 \text{ 元}$$

再比较一下单利和复利计算每年末本利和的情况。在本金和利率相同的条件下，由于计算方法不同，年末利息和年末本利和就不一样。第四年末还款金额，单利是 1240 元，复利是 1262.48 元。

三、现金流量图

1. 现金流量

所谓现金流量是指拟建项目在整个项目计算期内各个时点上实际所发生的现金流入、现金流出，以及流入与流出的差额（又称为净现金流量）。现金流量一般以计息期（年、季、月等）为时间单位，用现金流量图或现金流量表来表示。

2. 现金流量图

现金流量图通常用图示的方法将现金的流入流出，流量值的大小，发生的时点描绘出来。现金流量图包括三大要素：大小、流向、时间点。其中大小表示资金数额，流向指项目的现金流入或流出，时间点指现金流入或流出所发生的时间。

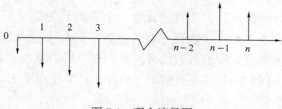

图 7-1 现金流量图

现金流量图的一般形式如图 7-1 所示。

现金流量图的做法是：画一水平线，将该直线分成相等的时间间隔，间隔的时间单位依计息期为准，通常以年为单位。该直线的时间起点为零，依次向右延伸。用向上的线段表示现金流入，向下的线段表示流出，其长短与资金的量值成正比。

四、资金时间价值复利计算的基本公式

资金有时间价值，即使金额相同，因其发生在不同时期，其价值就不相同。反之，不同时点绝对值不等的资金在时间价值的作用下可能具有相等的价值。这些不同时期，不同数额但其"价值等效"的资金称为等值，又叫等效值。资金等值计算公式和复利计算公式的形式是相同的，常用的等值复利计算公式有一次支付的终值和现值公式，等额支付系列的终值，现值、资金回收和偿债基金计算公式。

（一）一次支付复利公式

一次支付又称整付，是指所分析的系统的现金流量，无论是流入还是流出均在某一时点上一次发生。一次支付情形的复利计算式是复利计算的基本公式。现金流量图如图 7-2 所示。

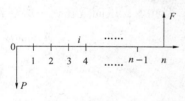

图 7-2 一次支付现金流量图

图 7-2 中的字母表示为：

i——计息期利率；

n——计息的期数；

P——现值（即现在的资金价值或本金），资金发生在（或折算为）某一特定时间序列起点时的价值；

F——终值（即 n 期末的资金值或本利和），资金发生在（或折算为）某一特定时间序列终点的价值。

1. 一次支付终值公式

现有一项资金 P，年利率 i，按复利计算，n 年以后的本利和为多少？根据复利的定义，即可求得 n 年末本利和（即终值）F 的值。一次支付 n 年末终值（即本利和）F 的计算用公式（7-3），即：

$$F = P(1+i)^n$$

式中 $(1+i)^n$ 称之为一次支付终值系数，用 $(F/P, i, n)$ 表示，式 7-3 又可写成公式（7-4），即：

$$F = P(F/P, i, n) \tag{7-4}$$

符号 $(F/P, i, n)$ 意味着 P, i, n 为已知时，求将来值 F，在计算时，可根据资金时间价值的公式直接计算，但有时计算起来较繁琐，可根据公式中的系数 $(F/P, i, n)$，查复利因子表得出终值系数，后与 p 相乘即可求出 F 的值。本书后面介绍的复利计算基本公式中的系数均可查复利表求得。复利表见本书附录复利因子。

【例7-3】 某人借款10000元，年复利率 $i=10\%$，试问5年末连本带利一次需偿还多少？

【解】 根据复利计算公式有：
$$F = P(1+i)^n$$
$$= 10000 \times (1+10\%)^5 = 10000 \times 1.61051 = 16105.1 \text{元}$$

2．一次支付现值公式

按式7-3的逆运算可得出现值 P 的计算公式为式（7-5）：

$$P = \frac{F}{(1+i)^n} = F(1+i)^{-n} \tag{7-5}$$

式中 $(1+i)^{-n}$ 称为一次支付现值系数，用符号 $(P/F, i, n)$ 表示，式7-5又可写成式（7-6）：

$$P = F(P/F, i, n) \tag{7-6}$$

一次支付现值系数这个名称描述了它的功能即未来一笔资金和乘上该系数就可求出其现值。计算现值 P 的过程叫"折现"或"贴现"，其所用的利率称为折现率或贴现率，故 $(1+i)^{-n}$ 或 $(P/F, i, n)$ 也可叫折现系数或贴现系数。

【例7-4】 某人希望5年末有10000元资金，年复利率为10%，试问现在须一次存款多少？

【解】 由式（7-5）得：
$$P = F(1+i)^{-n}$$
$$= 10000 \times (1+10\%)^{-5}$$
$$= 10000 \times 0.6209$$
$$= 6209 \text{元}$$

（二）等额支付系列复利公式

等额支付是指所分析的系数中，现金流入和现金流出可在多个时间点上发生，而不是集中在某一时间点，即形成一个序列现金流量，并且这个序列现金流量数额的大小是相等的，它包括四个基本公式：

1．等额支付序列年金终值公式

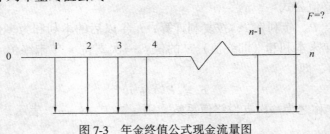

图7-3　年金终值公式现金流量图

其含义是在一个时间序列中，在利率 i 的情况下连续在每个计息期的期末支付一笔等额的资金 A，求 n 年后由各年的本利和累积而成的总值 F，也即已知 A，i，n 求 F，其现金流量图如图 7-3 所示，其计算公式为式（7-7）：

$$F = A\frac{(1+i)^n - 1}{i} \tag{7-7}$$

式中 $\frac{(1+i)^n - 1}{i}$ 称为等额支付系列终值系数或年金终值系数，用符号 $(F/A, i, n)$ 表示。则式（7-7）又可写成式（7-8）：

$$F = A(F/A, i, n) \tag{7-8}$$

【例 7-5】 若 10 年内，每年末存 1000 元，年利率 8%，问 10 年末本利和为多少？

【解】 画出现金流量图，如图 7-4 所示，由式（7-7）得：

$$F = A\frac{(1+i)^n - 1}{i} = 1000 \times \frac{(1+8\%)^{10} - 1}{8\%} = 1000 \times 14.487 = 14487(元)$$

即 10 年末本利和为 14487 元。

2. 偿债基金计算

其含义是为筹集未来 n 年后需要的一笔偿债资金，在利率为 i 时，求每个计息期末应等额存储的余额。也即已知 F，i，n，求 A。其现金流量图如图 7-5 所示。

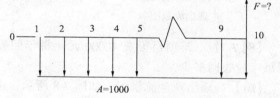

图 7-4 已知年金求终值现金流量图

其计算公式可根据公式（7-7）推导得出式（7-9）：

$$A = F\frac{i}{(1+i)^n - 1} \tag{7-9}$$

式中 $\frac{i}{(1+i)^n - 1}$ 称为等额支付系列偿债基金系数用符号 $(A/F, i, n)$ 表示，则式（7-9）又可写成式（7-10）：

$$A = F(A/F, i, n) \tag{7-10}$$

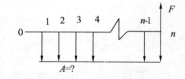

图 7-5 偿债基金公式现金流量图

【例 7-6】 欲在五年终了时获得 10000 元，若每年存款金额相等，年利率为 10%，则每年末存款多少？

【解】 画出现金流量图，如图 7-6 所示，由式（7-9）得：

$$A = F\frac{i}{(1+i)^n - 1} = 10000 \times \frac{10\%}{(1+10\%)^5 - 1}$$
$$= 10000 \times 0.1638 = 1638(元)$$

即每年末存入银行 1638 元，五年后可获得 10000 元。

3. 资金回收公式

其含义是期初一次投资数额为 P，欲在 n 年内将资金全部收回，则在利率为 i 的情况下，求每年应等额回收的资金。也即已知 P，i，n，求 A，其现金流量图如图 7-7 所示。

资金回收公式可根据偿债基金公式和一次支付终值公式来推

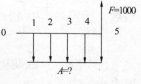

图 7-6 已知终值求年金现金流量图

导出。即式 (7-11):

$$A = F\frac{i}{(1+i)^n - 1} = P\frac{i(1+i)^n}{(1+i)^n - 1} \tag{7-11}$$

式中 $\frac{i(1+i)^n}{(1+i)^n - 1}$ 称为等额支付系列资金回收系数，用符号 $(A/P, i, n)$ 表示，则式 (7-11) 又可写成式 (7-12):

$$A = P(A/P, i, n) \tag{7-12}$$

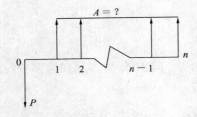

图 7-7 资金回收公式现金流量图

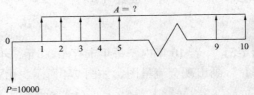

图 7-8 已知现值求年金现金流量图

【例 7-7】 某项目投资 10000 元，每年回收率为 8%，计划在十年内收回全部投资，则每年应收回多少？

【解】 画出现金流量图，如图 7-8 所示，由式 (7-11) 得：

$$A = P\frac{i(1+i)^n}{(1+i)^n - 1}$$
$$= 10000 \times \frac{8\%(1+8\%)^{10}}{(1+8\%)^{10} - 1}$$
$$= 10000 \times 0.14903$$
$$= 1490.3 \text{ 元}$$

即每年应收回 1490.3 元，才能保证十年内收回全部投资。

4. 年金现值公式

其含义是在 n 年内每年等额收支一笔资金 A，则在利率为 i 的情况下，求此等额年金收入的现值总额，也即已知 A，i，n 求 P。其现金流量图如图 7-9 所示。

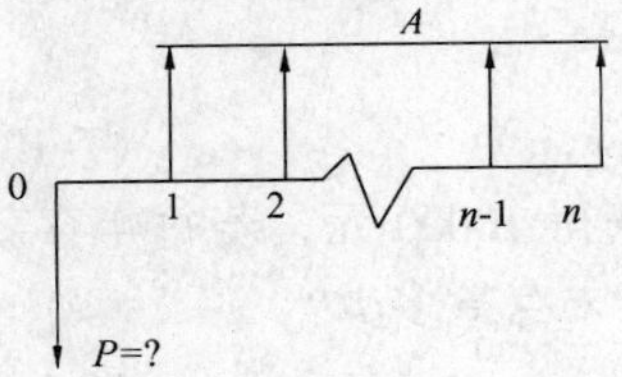

其计算公式可表示为式 (7-13):

$$P = A\frac{(1+i)^n - 1}{i(1+i)^n} \tag{7-13}$$

图 7-9 年金现值公式现金流量图

式中 $\frac{(1+i)^n - 1}{i(1+i)^n}$ 称为等额支付序列现值系数或年金现值系数，用符号 $(P/A, i, n)$ 表示，则式 (7-13) 可写成式 (7-14):

$$P = A(P/A, i, n) \tag{7-14}$$

【例 7-8】 欲期望五年内每年末收回 1000 元，在年利率为 10% 时，问开始需一次投资多少？

【解】 画出现金流量图，如图 7-10 所示，由式 (7-13) 得：

$$P = A \frac{(1+i)^n - 1}{i(1+i)^n}$$
$$= 1000 \times \frac{(1+10\%)^5 - 1}{10\%(1+10\%)^5}$$
$$= 1000 \times 3.7908$$
$$= 3790.8 \text{ 元}$$

即：年初一次性投资 3790.8 元，才能保证五年内每年末收回 1000 元。

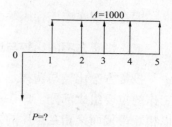

图 7-10 已知年金求现值现金流量图

（三）资金时间价值计算基本公式推导的假定条件

前面讲述了资金时间价值计算的六个基本公式，为了准确地应用这些公式，必须搞清其推导的前提条件。这些条件是：

（1）实施方案的初期投资假定发生在方案的寿命期；
（2）方案实施中发生的经常性收益和费用假定发生在计息期的期末；
（3）本期的期末为下期的期初；
（4）现值 P 是当前期间开始时发生的；
（5）将来值 F 是当前以后的第 n 期期末发生的；
（6）年值 A 是考察期间间隔发生的；当问题包括 P 和 A 时，系列的第一个 A 是在 P 发生一个期间后的期末发生的；当问题包括 F 和 A 时，系列的最后一个 A 与 F 同时发生。

当所遇到问题的现金流量不符合上述公式推导的前提条件时，只要将其折算成符合上述假定条件后，即可应用上述的基本公式。

【例 7-9】 某企业 5 年内每年初需要投入资金 100 万元用于技术改造，企业准备存入一笔钱，以设立一项基金，保证在 5 年内每年技改所需的资金。如果已知年利率为 6%，问企业应该存入基金多少钱？

【解】 这个问题的现金流量图如图 7-11 所示。

从图中看出，此时的等额支付（即年金）是发生在期初（此时年金又称为预付年金），而在等值计算公式中的年金是发生在期末，因此不能直接套用公式，而应该先进行现金流量的调整，调整为正常年金后再利用公式进行计算。

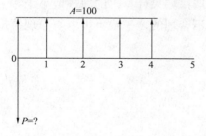

图 7-11 预付年金的等值变换

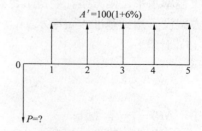

图 7-12 调整后的现金流量图

调整后的现金流量情况可参看图 7-12。

由图 7-12 可知，这是一个已知 A，i，n，求 P 的问题。根据年金现值公式有：

$$P = A'(A/P, i, n) = 100 \times (1 + 6\%) \times (P/A, 6\%, 5)$$
$$= 106 \times 4.2124 = 446.5 \text{ 万元}$$

即企业现在应该存入基金 446.5 万元。

五、投资方案的比较与选择

投资方案比较与选择是寻求合理的经济和技术决策的必要手段,也是房地产投资决策工作的重要组成部分。即在一个项目的开发规划,设计或施工过程售后服务中,从多种可以相互替代而又相互排斥的方案中,筛选出一个最优方案付诸实施,其实质是对经过经济效果检验的若干个方案进行比较优选,取得最好的投资效益,实现利润最大化目标。

根据备选方案的关系不同,决定了所采用的评价方法也会有所不同。一般来讲方案之间存在着三种关系:

(1) 互斥方案:指在各备选方案中存在着互不相容,互相排斥的关系,进行方案比选时,在多个备选方案中只能选择一个,其余的均须放弃,不能同时存在。

(2) 独立方案:指投资项目的各备选方案彼此独立,不相互排斥,在一定条件限制下,选择了其中一个备选方案也还可能再选择其他备选方案以达到整体最优效果。

(3) 相关方案:指在各投资方案之间,其中某一方案的采用与否会对其他方案的现金流量带来一定的影响,进而也影响其他方案的采用或拒绝。

(一) 互斥方案的比较与选择

互斥方案的选择一般先以绝对经济效益方法筛选方案,然后以相对经济效益方法优选方案。参加比选的方案,不论是寿命期相等的,还是寿命期不等的方案,不论使用哪一种评价指标,都必须满足方案的可比性。

1. 寿命期相同的互斥方案的比选

对于寿命期相同的互斥方案,计算期通常设定为其寿命周期,这样能满足在时间上的可比性。

(1) 净现值法

净现值是指方案在整个分析期内,不同时点上的净现金流量按基准折现率折算到基准日期的现值之和。如果计算出的净现值大于零,说明方案的投资能获得大于基准收益率的经济效果,则方案可取;如果计算出的净现值等于零,说明方案的投资刚好达到要求的基准收益率水平,则方案在经济上也是合理的,一般可取;如果计算出的净现值小于零,说明方案没有达到基准收益率水平,则方案在经济上是不合理的,一般不可取。净现值按式(7-15) 计算:

$$NPV = \sum_{t=0}^{n} (CI - CO)_t (1 + i_c)^{-t} \qquad (7-15)$$

式中 NPV——净现值;
$(CI - CO)_t$——第 t 年的净现金流量;
n——项目计算期;
i_c——标准折现率(基准折现率)。

净现值法就是通过计算各个备选方案的净现值并比较其大小而判断方案的优劣:

①分别计算各个方案的净现值,剔除 $NPV < 0$ 的方案;
②净现值大于、等于零的方案是可以接受的方案即: $NPV \geq 0$ 的方案;

③根据净现值最大准则，所有互斥方案中净现值最大的方案为最优方案。

其计算步骤如例 7-10：

【例 7-10】 某房地产公司欲投资房地产，有 A 和 B 两个互斥方案，两个投资项目的服务期均为 20 年，详见表 7-2。年折现率为 10%，试从上述两个方案中选择出一个最佳方案。

各方案现金流量表　　　　表 7-2

方案	初始投资，万元	年收益，万元	年费用，万元	寿命（年）
A	-750	280	180	20
B	-500	200	125	20

【解】①绘制方案的现金流量图如图 7-13 所示。

②分别计算两个方案的净现值

方案 A 的净现值为：

$$NPV_A = -750 + (280 - 180)(P/A, 10\%, 20)$$
$$= -750 + 100 \times 8.5136$$
$$= 101.36 \text{ 万元}$$

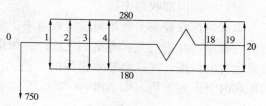

图 7-13　A 方案的现金流量图

方案 B 的净现值为：

$$NPV_B = -500 + (200 - 125)(P/A, 10\%, 20)$$
$$= -500 + 75 \times 8.5136$$
$$= 138.52(\text{万元})$$

③比较 NPV_A 和 NPV_B 可知：NPV_A = 138.52 万元 > NPV_B = 101.36 万元

④计算结果表明方案 B 的净现值最大，方案 B 为最佳方案

(2) 内部收益率法

内部收益率是指项目在整个计算期内各年净现金流量的现值之和等于零时的收益率，即方案净现值等于零时的收益率。用公式表示为式 (7-16)：

$$\sum_{t=0}^{n}(CI - CO)_t(1 + IRR)^{-t} = 0 \quad (7-16)$$

式中　IRR——内部收益率。

根据净现值与折现率的关系（如图 7-14 所示）以及净现值指标在方案评价时的判别准则，可以很容易地导出用内部收益率指标评价投资方案的判别准则，即：

若 $IRR > i_c$　则 $NPV > 0$　方案可以考虑接受

若 $IRR = i_c$　则 $NPV = 0$　方案可以考虑接受

若 $IRR < i_c$　则 $NPV < 0$　方案不可行

从理论上讲，内部收益率的计算是求解一个一元多次方程的过程，直接求解内部收益率是很复杂的，因此，在实际中多采用线性插值试算法求内部收益率的近似解。它的步骤如下：

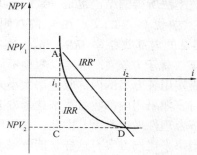

图 7-14　净现值与折现率的关系曲线

①首先选定一个适当的折现率 i_0；
②根据投资方案的现金流量情况，利用选定的折现率 i_0，求出方案的净现值 NPV；
③若求出 NPV>0 则适当使 i_0 继续增大；
　　　　NPV<0 则适当使 i_0 继续减小；
④重复步骤③，直到找到这样的两个折现率 i_1 和 i_2，其所对应求出的净现值 $NPV_1>0$，$NPV_2<0$，其中 i_2-i_1 一般不超过 2%~5%；
⑤采用线性插值公式求出内部收益率的近似解，其计算公式为式（7-17）：

$$IRR = i_1 + \frac{NPV_1}{NPV_1 + |NPV_2|}(i_2 - i_1) \tag{7-17}$$

（3）差额内部收益率法

差额内部收益率又称增量投资收益率，是指两个方案的投资增量的净现值等于零时的内部收益率。在进行互斥方案的比选时，如果直接用各方案的内部收益率的高低作为衡量方案优劣的标准，往往会导致错误的结论，因为分别采用 NPV 法和 IRR 法进行互斥方案的比选时会出现矛盾，即 $NPV_1 < NPV_2$ 而 $IRR_1 > IRR_2$ 如图 7-15（b）所示。

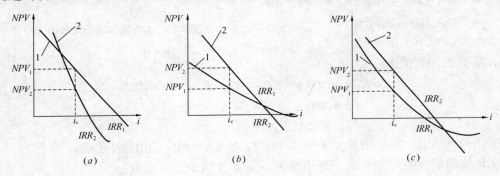

图 7-15　互斥方案净现值函数的三种关系

由于互斥方案比选的实质是分析投资大的方案所增加的投资能否用其增量收益来补偿。一般来说，由于投资规模不同，互斥方案的净现值，函数曲线之间可能存在着三种相互关系，如图 7-15 中的（a）、（b）、（c）所示。在图 7-15（a）中，方案 1 曲线和方案 2 曲线的交点在标准收益率 i_c 的左侧，此时用净现值法和内部收益率法所得的结论是一致的，即 $NPV_1 > NPV_2$，$IRR_1 > IRR_2$，方案 1 优于方案 2。同样，在图 7-15（c）中，两方案曲线的交点在横坐标下，此种情况用净现值法和内部收益率法所得的结论也是一致的，即方案 2 优于方案 1。但在图 7-15（b）中的情况就不同了，曲线 1、2 的交点在 i_c 的右侧，又在横坐标的上方，方案 1 的内部收益率 IRR_1 大于方案 2 的内部收益率 IRR_2，故方案 1 优于方案 2，但从净现值的标准来看，$NPV_1 < NPV_2$，方案 2 优于方案 1，这样以两种不同的方法评价方案，会得出相反的结论。由此可见，如果直接用各方案的内部收益率大小来选择方案，容易得出不合适的结论，所以在多方案选优时，如果用内部收益率来选择方案一定要用差额内部收益率，也即对增量的现金流量的经济合理性做出判断，因此，我们可以通过计算增量净现金流量的内部收益率即差额内部收益率来比选方案，这样就能够保证方案比选后结论的正确性，其表达式为式（7-18）：

$$\sum_{t=0}^{n}[(CI-CO)_2-(CI-CO)_1]_t(1+\Delta IRR)^{-t}=0 \quad (7\text{-}18)$$

其计算与内部收益率的计算相同,也采用线性插值法求得。

采用差额内部效益率指标对互斥方案进行比选的基本步骤如下:

①计算各方案的 IRR,从多个方案中选出 $IRR \geq i_c$ 的所有方案;

②将 $IRR \geq i_c$ 的方案按投资额由小到大依次排列;

③计算排在最前面的两个方案的差额内部收益率 ΔIRR,若 $\Delta IRR \geq i_c$ 则说明投资额大的方案优于投资额小的方案。

如图 7-15(c)所示,方案 2 优于方案 1。

若 $\Delta IRR < i_c$ 则投资额小的方案优于投资大额的方案。如图 7-15(a)所示,方案 1 优于方案 2。

【例 7-11】 某房地产企业有三个投资项目,其寿命期均为 10 年,各方案的初始投资和年收益如表 7-3 所示,试选择最佳方案(已知 $i_c = 10\%$)

各个方案的现金流量 表 7-3

方 案	初始投资,万元	年现金流入,万元	寿命,年
A	-170	44	10
B	-260	59	10
C	-300	68	10

①净现值计算

【解】 根据各个方案的现金流量情况,可由公式(7-14)分别计算出 NPV 为:

$NPV_A = -170 + 44 \times (P/A, 10\%, 10) = -170 + 44 \times 6.145 = 100.34$ 万元

$NPV_B = -260 + 59 \times (P/A, 10\%, 10) = -260 + 59 \times 6.145 = 102.50$ 万元

$NPV_C = -300 + 68 \times (P/A, 10\%, 10) = -300 + 68 \times 6.145 = 117.79$ 万元

由于 NPV_C 最大,根据净现值的判别准则,以方案 C 为最佳方案,如果对上述问题,采用内部收益率指标进行比选结果如何呢?我们来计算一下。

②内部收益率计算对于方案 A 有:

$$-170 + 44 \times (P/A, IRR_A, 10) = 0$$

现分别设 $i_1 = 20\%$,$i_2 = 25\%$,计算相应的 NPV_1 和 NPV_2

$NPV_1(i_1) = -170 + 44 \times (P/A, 20\%, 10)$

$\qquad = -170 + 44 \times 4.192$

$\qquad = 14.448$ 万元

$NPV_2(i_2) = -170 + 44 \times (P/A, 25\%, 10)$

$\qquad = -170 + 44 \times 3.571$

$\qquad = -12.876$ 万元

用线性插值公式 7-18,可算出 IRR 的近似解,方案 A 为:

$$IRR_A = i_1 + \frac{NPV_1}{NPV_1 + |NPV_2|}(i_2 - i_1)$$

$$= 20\% + \frac{14.448}{14.448+|-12.876|}(25\%-20\%)$$
$$= 22.64\%$$

用同样的计算方法求方案 B、方案 C 为：

$$-260+59\times(P/A,IRR_B,10)=0 \quad 得：IRR_B=18.49\%$$
$$-300+68\times(P/A,IRR_C,10)=0 \quad 得：IRR_C=18.52\%$$

可见 IRR_A，IRR_B，IRR_C 均大于为 i_c，且 $IRR_A > IRR_B > IRR_C$ 即方案 A 为最佳方案。这个结论与净现值法计算所得出的结论是矛盾的，下面用差额内部收益率法进行方案比选。

③差额内部收益率计算

由于三个方案的 IRR 均大于 i_c，将它们的投资额由小到大排列为：A→B→C，先对方案 A、B 进行比选。

根据差额内部收益率的计算公式，可有：

$$NPV=-(260-170)+(59-44)(P/A,\Delta IRR_{B-A},10)$$

现分别设 $i_1=10\%$，$i_2=12\%$，计算相应的 NPV_1 和 NPV_2

$$NPV_1=-(260-170)+(59-44)(P/A,10\%,10)$$
$$=-90+15\times 6.145$$
$$=2.175$$
$$NPV_2=-(260-170)+(59-44)(P/A,12\%,10)$$
$$=-90+15\times 5.65$$
$$=-5.25$$
$$\Delta IRR_{B-A}=10\%+\frac{2.175}{2.175+|-5.25|}(12\%-10\%)$$
$$=10.58\%$$

求出 $\Delta IRR_{B-A}=10.58\% > i_c=10\%$

故方案 B 优于 A，保留方案 B，再将方案 B 与方案 C 比选。

$$NPV=-(300-260)+(68-59)(P/A,\Delta IRR_{C-B},10)$$

分别设 $i_1=15\%$，$i_2=19\%$ 计算相应的 NPV_1 和 NPV_2

$$NPV_1=-(300-260)+(68-59)(P/A,15\%,10)$$
$$=-40+9\times 5.0188$$
$$=5.169$$
$$NPV_2=-(300-260)+(68-59)(P/A,19\%,10)$$
$$=-40+9\times 4.339$$
$$=-0.949$$
$$\Delta IRR_{C-B}=15\%+\frac{5.169}{5.169+|-0.949|}(19\%-15\%)$$
$$=18.49\%$$

求出 $\Delta IRR_{C-B} = 18.49\% > i_c = 10\%$

故方案 C 优于方案 B。

最后可得出结论：方案 C 为最佳方案。

(4) 最小费用法

在投资方案分析评价时常会遇到这样一类问题，两个或多个互斥方案其产出的效果相同，或基本相同但都难以进行具体估算，比如一些环保，国防教育等项目，其所产生的效益无法或者说很难用货币直接计量，这样由于得不到其现金流量情况，也无法采用诸如净现值法，差额内部收益率法等方法来对此类项目进行经济评价。在这种情况下，我们只能通过假定各方案的收益是相等的，对各方案的费用进行比较，根据效益极大化目标的要求及费用较小的项目较之费用较大的项目更为可取的原则来选择最佳方案，这种方法称为最小费用法。最小费用法包括费用现值比较法和费用年值比较法。

①费用现值（PC）比较法

费用现值是指利用此方法计算出的净现值只包括费用部分。由于无法估算各个方案的收益情况，只计算各备选方案的费用现值（PC）并进行对比，以费用现值较低的方案为最佳，其表达式为公式（7-19）：

$$PC = \sum_{t=0}^{n} CO_t(1+i_c)^{-t} = \sum_{t=0}^{n} CO_t(P/F, i_c, t) \qquad (7-19)$$

【例 7-12】 某房地产开发项目有两种不同的投资方案，均能满足该投资项目的需要，其有关费用支出如表 7-4 所示，试用费用现值比较法选择最佳方案，已知 $i_c = 10\%$

A、B 两方案费用支出表 表 7-4

项目 费用	投资（第一年末），万元	年经营成本（第 2 至第 10 年末），万元	寿命期（年）
A	620	260	10
B	850	275	10

【解】 根据费用现值的计算公式可分别计算 A、B 两方案的费用现值为：

$PC_A = 620(P/F, 10\%, 1) + 260(P/A, 10\%, 9)(P/F, 10\%, 1)$

$\quad = 620 \times 0.909 + 260 \times 5.759 \times 0.909 = 1924.66$ 万元

$PC_B = 850(P/F, 10\%, 1) + 275(P/A, 10\%, 9)(P/F, 10\%, 1)$

$\quad = 850 \times 0.909 + 275 \times 5.759 \times 0.909 = 2212.26$ 万元

由于 $PC_A < PC_B$ 所以方案 B 为最佳方案

②年费用（AC）比较法

年费用比较法是通过计算各备选方案的等额年费用（AC）进行比较，以年费用较低的方案为最佳方案的一种方法，其表达式为（公式 7-20）：

$$AC = \sum_{t=0}^{n} CO_t(P/F, i_c, t)(A/P, i_c, n) \qquad (7-20)$$

【例 7-13】 根据【例 7-12】的资料，试用年费用比较法选择最佳方案。

【解】 根据公式（7-20）可计算出 A、B 两方案的等额年费用如下：

$$AC_A = 1924.66(A/P,10\%,10) = 1924.66 \times 0.1628 = 313.33 \text{ 万元}$$

$$AC_B = 2212.26(A/P,10\%,10) = 2212.26 \times 0.1628 = 360.16 \text{ 万元}$$

由于 $AC_A < AC_B$，故方案 A 为最佳方案。

2. 寿命期不同互斥方案的比较与选择

对于互斥方案来讲，如果寿命期不相同，那么就不能直接采用净现值法等评价方法对方案进行比选，因为此时寿命期长的方案的净现值与寿命短的方案的净现值不具有可比性。因此为了满足时间可比的要求，就需要对各备选方案的计算期和计算公式进行适当的处理，使各个方案在相同的条件下进行比较，才能得出合理的结论。

为满足时间可比条件而进行处理的方法很多，常用的有年值法、最小公倍数法等。

(1) 年值 (AW) 法

年值 (AW) 法是对寿命期不相等的互斥方案进行比选时用到的一种最简明的方法，它通过分别计算各备选方案净现金流量的等额年值 (AW) 并进行比较，以 $AW \geq 0$，且 AW 最大者为最优方案。其中年值 (AW) 的表达式为公式 (7-21)：

$$AW = \left[\sum_{t=0}^{n}(CI-CO)_t(1+i_c)^{-t}\right](A/P,i_c,n) \\ = NPV(A/P,i_c,n) \tag{7-21}$$

【例 7-14】 某房地产投资项目有 A、B 两个方案，其净现金流量情况如表 7-5 所示，若 $i_c = 10\%$，试用年值法对方案进行比选。

A、B 两方案的净现金流量　　单位：万元　　表 7-5

方案 \ 年序	1	2~5	6~9	10
A	-300	80	80	100
B	-100	50	—	—

【解】 先求出 A、B 两个方案的净现值：

$$NPV_A = -300(P/F,10\%,1) + 80(P/A,10\%,8)(P/F,10\%,1) \\ + 100(P/F,10\%,10) = 153.83 \text{ 万元}$$

$$NPV_B = -100(P/F,10\%,1) + 50(P/A,10\%,4)(P/F,10\%,1) \\ = 53.18 \text{ 万元}$$

然后根据公式：求出 A、B 两方案的等额年值 AW。

$$AW_A = NPV_A(A/P,10\%,10) = 153.83 \times (A/P,10\%,10) = 25.04 \text{ 万元}$$

$$AW_B = NPV_B(A/P,10\%,5) = 53.18 \times (A/P,10\%,5) = 14.03 \text{ 万元}$$

由于 $AW_A > AW_B$ 且 AW_A，AW_B 均大于零，故方案 A 为最佳方案。

(2) 最小公倍数法

此方法是以各备选方案寿命期的最小公倍数作为进行方案比选的共同的计算期，并假设各个方案均在这样一个共同的计算内重复进行，对各方案计算期内各年的净现金流量进行重复计算，直至与共同的计算期相等。计算出在共同的计算期内各个方案的净现值，以净现值较大的方案为最佳方案。

【例 7-15】 根据［例 7-14］的资料，试用最小公倍数法对方案进行比选。

【解】 A 方案计算期 10 年，B 方案计算期为 5 年。则其共同的计算期为 10 年，也即 B 方案需重复实施两次，计算在计算期为 10 年的情况下，A、B 两个方案的净现值。

$$NPV_A = 153.83(万元)$$

$$NPV_B = -100 \times (P/F,10\%,1) + 50 \times (P/A,10\%,4) \times (P/F,10\%,1)$$
$$- 100 \times (P/F,10\%,6) + 50 \times (P/A,10\%,4)$$
$$\times (P/F,10\%,6) = 86.20 \text{ 万元}$$

其中 NPV_B 的计算可参考图 7-16

由于 $NPV_A > NPV_B$ 且 NPV_A，NPV_B 均大于零，故方案 A 为最佳方案。

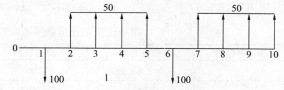

图 7-16　方案 B 的现金流量图（单位：万元）

（二）独立方案的选择

1. 资金不限情况下的方案选择

在对投资方案进行选择时，如果有足够的资金可供使用，此时独立方案的选择，可以采用单个方案的评价评判，即 $NPV \geq 0$ 或内部收益率 $IRR \geq i_c$ 时，方案可以采纳。否则，反之。

2. 资金有限的情况下方案选择

在房地产投资过程中，大多数情况下，资金总是有限的，因而不能实施所有可行的方案，这时问题的实质是排列方案的优先次序，使净收益大的方案优先采纳，以求得最大的经济效益。一般常用的方法有独立方案互斥法和净现值率排序法。本书仅介绍独立方案互斥法。

独立方案互斥法是指在有资金限制的情况下，将相互独立的方案组合成总投资不超过投资限额的组合方案，这样各个组合方案之间的关系就变成了互斥的关系。

【例 7-16】 有 A、B、C 三个独立的投资方案，其净现金流量情况见表 7-6，已知总投资限额为 800 万元，$i_c = 10\%$，试做出最佳投资决策。

A、B、C 三方案净现金流量　单位：万元　　　表 7-6

年序 项目	1	2~10	11
A	-350	62	80
B	-200	39	51
C	-420	76	97

【解】 首先计算三个方案的净现值：

$$NPV_A = -350 \times (P/F,10\%,1) + 62 \times (P/A,10\%,9) \times (P/F,10\%,1)$$
$$+ 80 \times (P/F,10\%,11) = 34.46 \text{ 万元}$$

$$NPV_B = -200 \times (P/F,10\%,1) + 39 \times (P/A,10\%,9) \times (P/F,10\%,1)$$
$$+ 51 \times (P/F,10\%,11) = 40.24 \text{ 万元}$$

$$NPV_C = -420 \times (P/F,10\%,1) + 76 \times (P/A,10\%,9) \times (P/F,10\%,1)$$
$$+ 97 \times (P/F,10\%,11) = 50.08 \text{ 万元}$$

由于 A、B、C 三个方案的净现值均大于零，从单个方案检验的角度来看 A、B、C

三个方案均可行。

但现在由于总投资额要限制在800万元以内,而A、B、C三个方案加在一起的总投资为970万元,超过投资限额,因而不能同时实施。

这里我们采用独立方案互斥法来进行投资决策,其步骤如下:

首先,列出不超过总投资限额的所有组合投资方案,则这些组合方案之间具有互斥的关系。

其次,将各组合方案按投资额的大小顺次排列,分别计算各组合方案的净现值,以净现值最大的组合方案为最佳方案。详细计算过程见表7-7。

用净现值法比选最佳组合方案　单位:万元　　表7-7

序号	组合方案	总投资额	净现值	结论
1	B	200	40.24	
2	A	350	34.26	
3	C	420	50.08	最佳方案为 B+C
4	A+B	550	74.50	
5	B+C	620	90.32	
6	A+C	770	84.34	

计算结果表明:方案B与方案C的组合为最佳投资组合方案,即投资决策为投资方案B与C。

第三节　房地产投资风险

风险就是指损失或失败的可能性,或者说就是发生不愿发生的不幸事件的概率。日常生活中的风险是无处不在的,只是有的风险概率较大,有的风险概率甚微。房地产投资经营如同一切经济活动一样,也存在风险。但由于房地产投资数额大、周转慢、变现能力差,因此风险相对更大,一般房地产市场的风险,大都是指从事房地产投资经营而遭遇损失的可能性。这种损失可能是投入资本的减少与丧失,也可能是实际收益与预期收益的差额损失。

一、风险的含义

房地产投资领域中的风险,是指由于各种难以预测因素的影响,使得房地产投资行为主体的期望目标与实际状况之间发生差异,给行为主体造成经济损失的可能性。

所谓风险要具备两方面条件:一是不确定性;二是产生损失后果,否则就不能称为风险。因此,肯定发生损失后果的事件不是风险,没有损失后果的不确定性事件也不是风险。

二、风险的种类

(一)市场风险

市场风险是指由于房地产市场状况变化的不确定性给房地产投资者带来的风险。它主要有如下几种类型：

1. 流动性和变现性风险

由于房地产不能移动，位置固定，是真正意义上的不动产，投资于房地产上的资金流动性差，变现能力也弱。

房地产是一种特殊的商品。一般的商品交换或买卖，除了商品所有权和使用权转移之外，还伴随着商品实体本身的空间移动，即商品需由生产地点，经过运输到销售地点再到消费者手上，如此，商品移动的度一般较大，有时甚至可超过国界。而房地产则不同，这是由于房屋是固定在土地上的，其交易的完成只能是所有权或使用权的转移，而其实体是不能移动的；其次，房地产价值量大、占用资金多的特点，也决定了房地产交易的完成需要一个相当长的时间过程。这些都体现了房地产的流动性差和变现性弱。也就是说，房地产投资者在急需现金的时候，无法将其手中的房地产很快脱手，想卖就卖。与此同时，即使投资者能较快地完成房地产交易或买卖，也难以以合理的价格成交，而会大大影响其投资收益。所以，房地产不能流动及其变现上的困难，给房地产投资者带来了变现及收益上的风险。

2. 购买力风险

购买力风险是指由于物价总水平的变动引起的风险。例如，投资者投资于某一宗房产的预期收益率为20%，在通货膨胀率为8%的情况下，如仍以原价格出售该房地产，则其实际收益率将下降为12%。虽然房地产具有抗通货膨胀的能力，但如果其提价幅度低于通货膨胀率，则其实际收益率仍会下降。购买力风险也会影响消费者，在收入水平一定及购买力水平下降的情况下，人们会把有限的购买力用到最必需的消费商品上，而降低对房地产商品的消费需求。这样，即使房地产本身具有保值性，但由于人们降低了对它的消费需求，也会导致房地产投资者的出售出租收入减少，从而使其遭受一定的损失。

3. 利率风险

利率风险是指利率的变化给投资者带来损失的可能性。利率的变化对房地产投资者主要有两方面的影响作用：一是对房地产实际价值影响。一般地说，使用高利率折现，会降低投资者的净现值收益。二是房地产债务资金成本的影响。一般地说，贷款利率上升，会直接增加投资的开发成本，加重其债务负担。

(二) 经营性风险

所谓经营性风险，是指由于经营上的不善或失误所造成的实际经营结果与期望值偏离的可能性。这种风险既与企业内在因素有关也与外在经济环境因素的影响有关。影响经营性风险的内在因素主要有三种情况：一是由于投资者得不到准确充分的市场信息而可能导致经营决策的失误。房地产市场与完全自由竞争市场相比存在着较大的差距，就其程度来说，它只能算是一个准市场，即它既不具备完全信息，也不像证券市场及其他商品市场那样，商品实行明码标价，其交易定价也是悄悄进行的。这种在信息不对称情况下的交易定价往往不能反映房地产的真实价值，从而造成其经营成果偏离其期望值。二是由于投资者对房地产交易所涉及的法律条文、城市规划条例及税赋规定不甚了解造成的投资或交易失败。三是因企业管理水平低、效益差引起的未能在最有利的市场时机将手中的物业脱手，以致使其空置过高，经营费用增加，营业净收入（或利润）低于期望值等。而影响房地产经营性风险的外在因素主要是指影响房地产市场、价格及销售等外部因素发生了变化，从而带来的房地产价格或租金发生变化。

（三）财务风险

财务风险是指由于房地产投资主体财务状况恶化而使房地产投资者面临着不能按期或无法收回其投资报酬的可能。产生财务风险原因主要有：一是购房者因种种原因未能在约定的期限内支付购房款致使房地产投资者的资金周转发生严重危机，以至无法实现其利益。二是投资者运用财务杠杆，即大量地使用贷款，实施负债经营。虽然这种方式拓展了投资的利润空间，但同时也增大了投资的不确定性，加大了收不抵支、抵债的可能性。

（四）社会风险

社会风险是指由于国家的政治、经济因素的变动，引起的房地产需求及价格的涨跌而造成的风险。例如，当国家政治形势稳定，经济发展到蒸蒸日上的高潮期时，其房地产价格上涨；而当各种政治风波出现，经济处于衰退期时，则会造成房地产需求下降和房地产价格的急剧下降，因此，投资者必须关注一个国家的政治、经济形势，以避免因政策经济形势的变动而带来的巨额损失。

（五）政策风险

政策风险是指由于国家或地方政府的有关房地产投资的各种政策而给投资者带来的损失。房地产投资是一项政策性极强的业务，受多种政策的影响和制约，例如投资政策、金融政策、产业政策、房地产政策和财税政策等。在一定程度上，这些政策会对房地产投资收益目标的实现产生非常重大的影响，甚至会对房地产业的发展起决定性的影响作用。例如，我国在1993年对房地产业及房地产投资规模进行的调控及1994年出台的土地增值税条例，是导致房地产业在上个世纪90年代的中后期不景气状况的原因之一。

（六）自然风险

自然风险是指由于人们对自然力失去控制或自然本身发生异常变化，如地震、洪涝、火灾、暴风雨、滑坡、崖崩、冰雹等而给投资者带来损失的可能性。这些灾害因素往往又被称为不可抗力，其一旦发生，必然会形成对房地产业的巨大破坏，从而给投资者带来很大的损失。所以投资者可通过向保险公司投保以降低损失。投资者的管理水平及抗灾自救能力都会影响到不可抗力风险。

三、房地产投资风险的识别

1. 风险识别的含义

风险识别是从系统论的观点出发，遵循一定的科学方法，综合考虑房地产开发经营涉及的各方面及开发建设的全过程，筛选、确定开发经营过程中应予以考虑的风险因素并分析风险产生的原因的过程。风险识别是一项连续性的工作，由于项目所处环境条件在不断变化，因此事物所面临的风险也会经常变化。旧风险消失了，新风险出现了；此风险减小了，彼风险则增大了。新科技、新工艺、新材料、消费者偏好和国家政策等的变化均可能引起原风险性质的变化，或导致新的致命风险产生。这就要求风险管理者密切注意原有风险的变化，不断识别新的风险。风险识别也是一项制度性的工作，作为一种科学管理方法，它需要建立有关制度作保障，以便风险识别工作规范化、制度化。

2. 风险识别的方法

在房地产开发过程中，许多风险具有较强的隐蔽性，各种风险往往交织在一起，引起风险的原因更是错综复杂，这就给风险识别带来了一定的困难。因此，风险识别必须采用一些科学的方法，而不能凭主观臆断进行猜测。

风险识别的方法很多，在房地产投资中常用的有：专家调查法、筛选——监测——诊断技术法、流程图分析法等。

（1）专家调查法

是一种利用专家的知识和经验进行风险识别的方法，专家调查法中最常用的两种方法是头脑风暴法和德尔菲法。

（2）筛选——监测——诊断技术法

是指风险管理者通过对企业内部和外部的潜在风险因素进行筛选、监测，并进而找出风险原因的方法。

（3）流程图分析法

是一种通过对流程图的分析，找出影响全局的"瓶颈"，从而识别公司所面临潜在风险的动态分析方法。

四、房地产投资风险的对策

风险对策也称风险防范手段或风险管理技术。

（一）风险回避

回避房地产投资风险，首先应准确识别和预测风险。投资者要降低风险，必须在作出投资决策前，进行深入的可行性研究和风险预测，分析、评估项目投资可能遭遇的各种不确定性风险。其次要针对可能出现的风险制定回避措施。在房地产投资活动中，风险是客观存在的，是不以人的意志为转移的。投资风险回避在于及时地发现或预测到各种潜在风险的同时，能够采取相应的有效措施，化解、缓和、减轻、控制这种风险，最大限度减少投资者预期收益损失的可能性回避和控制风险的基本思想是对某种损失的可能性进行调整，进而尽可能降低各种可能性。如果造成损失的不确定因素有可能出现，也有可能不出现，那么投资过程中尽量避免可能出现的情况。如果造成损失的不确定因素出现的可能有大有小，则要采取措施使出现的可能性尽量小，进而减少损失的可能性。针对同类型的风险，其回避和控制的具体方法也有所不同。

1. 市场竞争风险的回避

市场的容量是有限的，如果竞争对手多，夺去了一些市场份额，留给我们的市场份额就会相应减少。所以对于一个楼盘来讲，深入调查竞争楼盘的详细情况，针对竞争楼盘的情况制定本项目的竞争策略，对于本项目投资收益的大小有着决定性的影响。很多投资者在研究竞争对手时，比较注重出售的同类项目，却忽视了潜在的同类项目，事实上，潜在项目才是最真实的竞争对手。回避市场竞争风险首先要确定竞争对手，在明确竞争对手后，应调查清楚竞争对手的详细信息，包括推出的产品有多大规模？主力户型是什么？主力面积有多大？户型设计有什么优缺点？各户型的销售情况如何？最低价、最高价、均价是多少？付款方式有哪几种？不同付款方式的折扣有多大？什么时候推向市场？采取什么方式推广等，这些问题清楚后，方能够知己知彼，将本项目的风险降至最低。

2. 购买力风险的回避

回避购买力风险，要求投资者对通货膨胀有全面、足够的认识。由于通货膨胀的影响，投资者未来收益的实际价值会有所降低。为避免盲目投资造成的损失，房地产投资方案的评价应在充分考虑通货膨胀的基础上进行。同时，为加速资金周转，缩短项目的投资回收期，投资者可采用预售或预租的方式，以迅速回收资金，降低项目的投资风险和财务成本。

3. 变现性风险的回避

为回避投资的变现性风险，投资者应根据实际情况注意以下几方面：

(1) 做好房地产投资管理。投资管理工作是降低房地产投资变现风险的最根本对策，管理工作做得好，影响到房地产投资变现性风险的各种因素都会得到考虑和有效控制。

(2) 处理好房地产实物资产投资与房地产金融资产投资的搭配比例，保证需要时有足够的可迅速变现的资产，满足对于流动性的临时需求。

(3) 在各方面情况允许的条件下，优先选择容易分割出售的房地产进行投资，因为相对而言，容易分割出售的房地产的变现性要好于不易分割出售的房地产。

(4) 由于"半截子"工程有一定的或很大的资金缺口，投资者应避免进行这类房地产投资。如果某一"半截子"工程确实市场潜力很大，投资者也应在投资决策前，在保证资金供应的同时，聘请专业的房地产服务公司对项目重新定位，重新包装，选择合适时机推向市场。

(5) 由于房地产市场处于不断的变动之中，对投资的房地产的市场价格影响很大，从而可能引发变现性风险。所以房地产投资者在投资前，必须充分考虑，保证有能力持有房产足够时间，以便在市场繁荣时期出售房产。如果没有能力持有房产足够的时间，就有可能在市场萧条时被迫出售，那将会遭受难以估量的损失，而且有可能是致命的打击。

4. 金融风险的回避

金融风险来自于金融政策的调整和贷款利率的提高两个方面。回避金融风险也应从这两方面着手。

(1) 充分把握国家金融政策。俗话讲，山雨欲来风满楼。国家金融政策的调整一般情况下都是有先兆的。为回避房地产投资的金融风险，投资者必须密切注意关注国家金融政策的任何变化，通过种种迹象判断可能出现的政策调整，从而在国家金融调整政策出台之前，及早做出安排，利用金融政策的调整来获取盈利，或者降低金融政策调整所带来的损失。国家金融政策的调整是和经济周期、房地产周期的发展变化密切相关的，只有认清国家经济发展的形势，才能更好地降低房地产投资金融风险。

(2) 预测银行贷款利率的变化。银行贷款利率提高的频率相当普遍，为回避由此带来的金融风险，可采用以下措施：①在签定银行贷款合同时，选择固定利率；②在评价投资方案时，按可能升高的银行贷款利率来进行，预先就对银行贷款利率的提高做出防范措施；③在进行投资方案评价时，对银行贷款利率进行敏感性分析，充分考虑贷款利率提高可能带来的金融风险。

5. 社会风险的回避

经济周期、政治风波以及国家政策的变化，都会给房地产投资带来很大的风险。

(1) 经济周期的衰退和萧条阶段，投资规模和需求总量都会大大萎缩，原有发展规划和投资计划发生削减，造成房地产需求减少，房地产价格下降，从而加大了房地产投资的社会风险。这就要求投资者在作出投资决策前，应对整个国家和投资所在城市的宏观经济进行深入的调查研究，准确判断宏观经济走势，以避免受宏观经济影响而造成不应有的损失。经济周期在各国家和地区是有规律可循的，我们在深入研究经济周期的同时，时刻关注宏观经济的变化，关注各主要宏观经济指标的走向，对于识别风险是有益的。

（2）政治和经济密不可分，政治或军事因素对房地产投资的社会风险的影响是巨大的，需投资者引起高度的重视。政治风波一旦发生，必然导致经济震荡的发生，从而使房地产价值发生骤变，加大房地产投资的风险。政治风波本身虽是突发的，但有时是可以判断一二的，这对投资者的警觉性和嗅觉性提出了要求。但通常情况下，这种风险不好预测，一旦发生时，投资者都是非常被动和难以逃避的，所以，在政治风波的识别上，应把握好的是，对于存在潜在政治或军事风波的国家和地区，要慎重投资。

（3）国家（房地产）政策的改变，尤其是调整性政策的出台，必然导致某些房地产项目受到不利影响，结果导致此类房地产项目的社会风险加大。在房地产投资中楼堂馆所投资的商业风险，受政策改变的影响最大。因为每当中国经济状况出现过热，或者中国经济实行调整政策时，压缩固定资产投资规模几乎成了惯用的手段，而每当压缩固定资产投资规模时，楼堂馆所必然是首当其冲地受到压缩。政策变化也是形成房地产周期最主要的因素，房地产周期本身又是形成投资社会风险的一个因素。由于房地产投资的周期较长，决定了投资者在投资全面启动前，须准确判断2~3年后，房地产市场还有没有空间。如果市场只是存在暂时的空间就要求投资者慎重决策，以免贸然投资造成巨大损失。

6．经营风险的回避

房地产管理水平的高低，决定了房地产项目收入支出的大小，也就决定了房地产项目抵御经营风险的能力。管理水平高的房地产项目，其经营支出低而经济收益高，这样就保证了尽快收回投资，保证了在外部环境变坏的情况下也能维持，所以管理水平高的房地产项目，其抵御经营风险的能力强。相同类型的房地产项目，为什么有的亏损，有的盈利，很大程度上决定于房地产的管理水平。房地产投资者在投资时，为了降低经营风险，必须对房地产项目经营过程中的管理水平做出准确评价。必要时，甚至可以高薪聘请专业管理公司进行房地产管理，进而保证房地产管理的高水准。

7．财务风险的回避

财务风险主要来自于投资收益不足以偿付贷款利息，进而导致投资失败。贷款利息过高的原因可能有两个方面：

（1）贷款利率本身就高于投资收益率；

（2）投资回收期过长，导致财务成本过高，侵蚀了投资收益，带来财务风险。

对于（1）的状况，主要回避办法为：一方面投资前对贷款利率的变化趋势有一个准确的估计，另一方面，在对项目投资收益有一个基本认识的情况下，如果投资收益的确有较大潜力可挖掘，则通过精心策划，积极运作，努力提高投资收益；如果投资收益缺乏提升空间，则在充分科学论证后，放弃该项投资。对于（2）的情况，主要回避办法为通过采取各种有效措施，尽力缩短项目的销售周期，进而缩短投资回收期，降低投资的财务成本，避免财务风险的发生。

8．自然风险的回避

自然灾害、意外事故、战争和政变等不可抗力的发生，事先都有预兆。如果房地产投资者加强管理，做好预防工作，那么就可以提前防范，从而降低风险损失。比如在估计不可抗力将发生之前，将房地产迅速变现，就可充分避免不可抗力风险。

此外，投资者通过投保等手段，可以将自然灾害风险和意外事故风险转嫁给保险公司，从而保证在发生灾害时，得到一定的赔偿。当然，房地产投资者在投保时，需要支付保险金。但所支付的保险金数额，与发生灾害时获取的赔偿相差悬殊，因此投资者应加强管理，以预防为主。所以，房地产投资者投保以降低自然灾害和意外事故风险的做法是值得和必要的。

（二）风险转移

风险转移是房地产开发企业风险管理中非常重要而且广泛应用的一项对策，分为非保险转移和保险转移两种形式。

根据风险管理的基本理论，房地产开发过程的风险应由有关各方分担，而且风险分担的原则是：任何一种风险都应由最适宜承担该风险或最有能力进行损失控制的一方承担。符合这一原则的风险转移是合理的，可以取得双赢或多赢的结果。例如：项目投资过程中，项目决策的风险应由业主承担，设计风险应由设计方承担，而施工技术风险应由承包商承担，等等。否则，风险转移有可能付出较高的代价。

1. 非保险转移

非保险转移又称合同转移，因为这种风险转移一般都是通过签订合同的方式将风险转移给非保险人的对方当事人。

（1）业主将合同责任和风险转移给对方当事人。例如：可通过房地产开发建设合同转移风险。

（2）第三方担保。合同当事人的一方要求另一方为其履约行为提供第三方担保，担保方所承担的风险仅限于合同责任，即由于委托方不履行或不适当履行合同以及违约所产生的责任。例如一般房地产建设工期较长，施工期间将面临建材、设备市场价格波动等风险，投资者可在协议条款中载明，因承建方造成工期延误及其损失时，责任和费用由承建方承担。

2. 保险转移

保险转移通常直接称为保险，即通过参加保险，以较小数额的保费代价，避免承受较大的风险。保险这种风险转移形式之所以能得到越来越广泛的应用，原因在于符合风险分担的基本原则，即保险人较投保人更适宜承担有关的风险，对于投保人来说，某些风险的不确定性很大（风险很大），但是对于保险人来说，这种风险的发生则趋于客观概率，不确定性较低，即风险降低。

不过，不是所有的风险都可以通过保险来转移的，保险公司经营范围只包括纯粹风险。所以，房地产投资风险的转移，部分性受到限定。

（三）风险自留

风险自留，是指投资者预期某些风险不可避免时，自行设立基金，自行承担风险变现后的财务后果。风险自留有主动与被动，计划性与非计划性之分。

1. 计划性风险自留

计划性风险自留是主动的，有意识的、有计划的选择，是风险管理人员在经过正确的风险识别和风险评价后作出的风险对策决策，是整个房地产投资过程风险对策的一个组成部分，也就是说，风险自留绝不可能单独运用，而应与其他风险对策结合使用。

2. 非计划性风险自留

由于风险管理人员没有意识到房地产投资过程某些风险的存在，或者不曾有意识地采取有效措施，以致风险发生后只好由自己承担，这样的风险自留就是非计划性的和被动的，被迫采取自身承担损失的风险处置方法，这往往造成严重的财务后果。

如在房地产的开发建设中，可以在工程概预算时设置不可预见费，在开发项目运营过程中，可建立意外损失基金。这将在一定程度上转移风险。

（四）损失控制

损失控制是一种主动，积极的风险对策，损失控制又可分为预防损失和减少损失两方面工作，预防损失措施的主要作用在于降低或消除损失发生的概率，而减少损失措施的作用在于降低损失的严重性或遇到损失的进一步发展，使损失最小化。

第四节 房地产投资决策与可行性分析

一、房地产投资决策

在进行投资前，对房地产投资项目的市场可行性、财务可行性及技术可行性进行全面、深入论证，最大限度降低投资风险，是整个房地产投资过程的首要环节，也是房地产投资能否顺利进行并最终获取收益的重要条件。

（一）房地产投资决策的含义

一般而言，决策就是在目标既定的情况下，寻找可以达到目标的各种可行方案，然后对这些方案进行比较分析，最终选出一个最优方案的过程。具体而言，房地产投资决策就是分析拟建房地产投资项目的必要性和可行性，将可以达到目标的不同方案进行比较和计价，并作出判断，选择最优方案的过程。

房地产投资决策对房地产业的稳定、健康发展具有重要意义。房地产项目在空间上是不可移动的，一旦实施了投资方案，就很难变更，因而项目启动后，投资回收的迫切性也要求尽量缩短工期，以便在最佳时期投入市场，因此项目也很难终止，同时房地产投资还关系着经济发展和城市建设，它的总量确定、空间布局十分复杂，这些情况都决定了房地产投资决策的重要性。房地产投资决策的科学水平，实际上表明了房地产业和房地产市场发育的成熟程度。

（二）房地产投资决策过程

房地产投资决策过程是指在房地产投资决策中提出问题、分析问题、解决问题的过程，包括以下各项程序。

1. 确定决策目标

房地产投资决策过程始于决策目标的确定。在展开相应的工作前，应明确决策目标是什么，只有在确定了决策目标后，才能够遵循该目标进行决策。确定决策目标是整个投资过程的关键环节，它直接决定了后续工作开展所须遵循的原则。

2. 市场调查

市场调查是房地产投资决策活动的前提和基础，在地块已选定的条件下，房地产投资决策前的市场调查工作主要是弄清楚投资项目所在城市的宏观环境与房地产市场、区域环境与房地产市场、地块基本情况、竞争楼盘、目标客户需求特征等，其目的在于明确投资环境、竞争对手及客户需求，以便为投资决策提供依据。

3．拟定备选投资方案

根据房地产投资决策目标和市场调查所获信息，初步拟定备选投资方案，它要求整体详尽性与相互排斥性相结合，以避免方案选择过程中的偏差。整体详尽性是指拟定的各种备选方案应尽量包括有可能找到的方案，因为方案的数量越多质量越好，选择的余地就越大。相互排斥性指在不同方案中只能选用一个方案，在拟定备选方案的过程中，还应考虑可能出现的意外变动，并对主要的参数及可能出现的误差和变动，进行预测性分析。

4．房地产投资方案评估及方案选择

方案评估就是根据确立的决策目标和所提出的各种可行方案以及衡量效益、标准、预期的结果等，分别对各方案进行衡量。方案的选择则是就每一个方案结果进行比较，选出最可能实现决策预期目标或期望收益最大的方案，作为初选的最佳方案。方案评估的标准包括方案的作用、效果、利益、意义等，应具有技术可能性和经济合理性。选择方案的方法通常有经验判断法、数学分析法和试验法三类。经验判断法是依靠决策者的经验进行判断，常用的有淘汰法、排队法、分类法等。数学分析法是应用决策论的定量化方法进行方案选择，常用的有概率分析法、期望值、决策树等。试验法则是在管理决策中，特别是在新方法的采用，新工艺的试验中所采用的一种选择方法，可视为正式决策前的试验。

5．实施房地产投资决策方案

方案的实施是决策过程中至关重要的方案的具体措施和政策。

6．追踪调查方案实施

在方案选定以后，就可制定实施，执行一个大规模的决策方案通常需要较长的时间，在这段时间中，情况可能会发生变化。而初步分析只产生对于该问题的一个初步估计。因此，在进行方案计划的设置及解决不确定性问题时，方案应不断加以变动和完善。同样，任何继续性活动过程由于涉及多阶段控制，定期的分析也是必要的。这是在变动的环境中获取最优结果的唯一途径。另一方面，外部环境和内部条件的不断变动也需要通过不断修正方案来消除不确定性，以适应变化的情况，进行必要的调整。

（三）房地产投资决策的类型和方法

房地产投资决策贯穿于整个房地产投资活动的全过程。从不同的角度按照国家规定的建设程序，根据房地产业乃至整个国民经济的规模、方向、结构、布局及有关方针政策，在市场研究的基础上运用科学分析的方法对房地产决策过程加以分类，将有助于决策者把握各类决策的特点，根据决策问题的特征，用相应的方法，进行有效决策。

1．长期决策和短期决策

这是按决策影响的时间长短进行的分类。长期决策是指有关组织今后发展方向的长远性、全局性的重大决策，又称长期战略决策，如投资方向选择、投资规模的确定等问题的决策。短期决策则是实现长期战略目标所采取的短期策略手段，又称短期战术决策，如日常的资金分配等问题的决策。

2．战略决策、战术决策和业务决策

这是按决策的重要性进行的分类。战略决策是所有决策问题中最重要的。战略决策所要解决的是全局性的问题，即确定一个长远的房地产投资目标或方向。战术决策所要解决的是局部性、短期性的问题，是为保证战略决策实施而采用的项目投资决策。业务决策，又称执行性决策，是日常工作中为提高生产效率、工作效率所作的决策，涉及范围较小，对投资活动只产生局部影响。

3. 程序化决策和非程序化决策

这是按决策问题的重复程度进行的分类。程序化决策是指按原来规定的程序、处理方法和标准去解决管理中经常重复出现的问题，又称重复性决策、定型化决策、常规决策。它可以通过制定规定程序、决策模型和选择方案的标准，由计算机处理。非程序化决策是解决以往无先例可循的新问题，具有极大的偶然性和随机性，很少发生重复。这类决策又称为一次性决策、非定型化决策和非常规决策，通常是有关重大战略问题的决策，由于非定型化决策需要考虑内外部条件变动及其他不可量化的因素，除采用定量分析外，决策者个人的经验、知识、洞察力和直觉、价值观等主观因素对决策有很大的影响。

4. 确定型决策、非确定型决策和风险型决策

这是按决策问题的可控程度进行的分类。确定型决策是指决策者确知自然状态的发生，在稳定或者可控条件下进行的决策，每一个方案只有一个确定的结果，方案的选择结果取决于对各方案结果的直接比较。风险型决策也称随机决策，即决策方案未来的自然状态不能预先肯定，可能有几种状态，但每种自然状态发生的概率是可以做出客观估计的，所以不管哪个决策方案都是有风险的。这类决策的关键在于如何得出各备选方案成败的可能性（概率），并以此衡量各自的利弊，作出最优选择。非确定型决策是在不稳定条件下进行的决策，决策方案未来的自然状态可能有多种，但无法预先作出明确估计，且各种自然状态的概率亦无法确定，似乎每个备选方案都有可能获得成功，也隐藏着失败的可能。在不稳定条件下进行有效的决策，关键在于决策人员对信息资料掌握的程度，信息资料的质量以及对未来形势的准确判断。这类决策主要是根据决策人员的直觉、经验和判断能力来进行的。

二、房地产投资可行性研究

（一）房地产投资可行性研究概述

可行性研究是我国于 20 世纪 70 年代末从国外引进的新兴科学。它是在投资决策前，对建设项目进行全面的技术经济分析、论证的科学方法。可行性研究就是在工程项目投资决策前，对与项目有关的社会、经济和技术等方面情况进行全面、深入的技术经济分析、比较和论证；对项目的经济、社会经济效益进行科学的预测和评价。并在此基础上，综合研究建设项目的技术先进性和适用性、经济合理性以及建设的可能性和可行性，由此确定该项目是否应该投资和如何投资等，为决策部门最终决策提供可靠、科学的依据，并作为开展下步工作的基础。

可行性研究的根本目的是实现项目决策的科学化、民主化，减少或避免投资决策的失误，提高项目开发建设的经济、社会和环境效益。

我国以前曾经在较长一段时期中，没有重视项目的可行性研究，许多项目未经审慎的可行性研究就草率上马，结果造成建设项目经济效益低下和社会资源极大浪费。1980 年后，我国研究了西方国家在投资决策上充分进行可行性研究的经验，经过反复酝酿，逐步完善了我国基本建设程序，以法令的形式规定了建设项目可行性研究的地位，以保证项目

决策更客观、更科学。

目前指导我国进行可行性研究的主要文献有联合国工业发展组织在1978年、1980年分别编写的《工业可行性研究手册》和《工业项目评价手册》。1983年国家计委颁发了《关于颁发建设项目进行可行性研究的试行管理办法的通知》，对我国进行可行性研究的原则、编制程序、编制内容、审查等作了详细规定。1993年4月国家计委和建设部联合颁发了《关于建设项目评价工作的若干规定》和《建设项目经济评价方法与参数》。要求各个投资主体、各种投资来源、各样筹资方式兴办的大中型和限额以上的建设项目，原则上应按建设项目经济评价方法和相应的参数进行财务评价和国民经济评价。

房地产开发是一项综合性经济活动，投资额大，建设周期长，涉及面广。要想使开发项目达到预期的经济效果，同建设项目一样也必须做好可行性研究工作使房地产投资决策建立在科学而不是经验或感觉的基础上。

20世纪90年代以来，房地产业逐步成为国民经济重要的新兴产业，推动和支持了国民经济持续、快速、健康发展。但是，也存在着大量房地产项目不进行现场调查，不做可行性研究，盲目上马，结果造成大量房屋闲置和资金积压的现象，由于房地产开发项目本身的开发体制、开发程序、开发周期、财会制度等有别于其他行业，使得一般的投资项目评价方法不能完全适用于房地产开发项目，这也是造成房地产开发项目可行性研究开展不力的一个原因。为了引导房地产业健康发展，减少房地产开发的盲目性，1994年标准定额研究所与建设部房地产行业根据《关于建设项目经济评价工作的若干规定》的要求，组织有关部门成立课题组，开展《房地产开发项目经济评价方法》的研究，并于2000年完成。同年，建设部批准，《房地产开发项目经济评价方法》在全国房地产开发项目中试行。

《房地产开发项目经济评价方法》是在我国房地产开展项目经济评价工作现状的基础上，借鉴国内外投资项目经济分析的理论和实践，按照现行房地产财税制度的要求，通过对房地产开发经营的特点进行深入分析研究，建立了房地产开发项目经济评价指标体系和报表体系，规范了房地产开发项目经济评价中使用的概念、术语和科目，明确了房地产开发项目的市场调查与预测、项目策划、投资估算和成本估算等方面的内容，引入了房地产开发产品成本和经营成本的新概念，实现了开发产品成本向经营成本的合理转化，解决了这一领域中长期存在的问题。

（二）房地产投资可行性研究的作用

对投资项目进行可行性研究，其主要作用在于为投资决策从技术经济多方面提供科学依据，以提高项目决策的成功率，促进投资决策的科学化。不仅如此，可行性研究在投资项目的管理方面还发挥着许多作用。

1. 作为项目投资决策及有关部门批准投资的依据

一个房地产项目的开发建设，特别是规模较大项目，投入资金额度非常大，不能只凭经验或感觉进行决策，而是要通过投资决策前的可行性研究，明确该房地产项目的市场定位与营销战略、项目选址与建设条件、建筑规模与功能标准、建设方案、资金筹措、成本收益测算及风险分析、经济效益分析等，以此作为房地产项目投资决策的依据。国家规定，凡是没有经过可行性研究的房地产项目，不能批准设计任务书，不能进行设计，不能列入计划。

2. 作为筹集建设资金的依据

银行等金融机构都把可行性研究报告作为建设项目申请贷款的先决条件。他们对可行性研究报告进行全面、细致的分析评估后，才能确定是否给予贷款。

3．作为开发商与有关部门签定协议、合同的依据

项目所需的建筑材料、协作条件以及供电、供水、供热、通讯、交通等很多方面，都需要与有关部门协作。这些供应的协议、合同都需要根据可行性研究报告进行协商。有关技术引进和建筑设备进口必须在可行性研究报告审查批准后，才能据以同国外厂商正式签约。

4．作为编制下阶段规划设计的依据

在可行性研究报告中，对项目的规模、地址、建筑设计方案构想、配套设施和公用辅助设施的种类等都进行了分析和论证，推荐了建设方案。可行性研究报告批准后，规划设计工作就可据此进行，不必另作方案比较选择和重新论证。

（三）房地产投资可行性研究的依据

一般情况下，进行房地产开发项目可行性研究需遵循以下依据：

（1）国家和地区经济建设的方针、政策和长远规划；

（2）经由权威部门批准的项目建议书或具有同等效力的文件；

（3）经批准的城市总体规划、详细规划、交通等市政基础设施规划；

（4）国家计委、建设部联合颁发的《房地产开发项目经济评价方法》；

（5）地块的自然、地理、气象、水文地质资料；

（6）有关工程技术方面的标准、规范、指标、要求等资料；

（7）国家所规定的经济参数和指标；

（8）开发项目初步规划方案。

（四）房地产投资可行性研究的内容

由于开发项目的性质、规模和复杂程度不同，其可行性研究的内容不尽相同且各有侧重。根据建设部颁布的《房地产开发项目经济评价方法》中对可行性研究的要求，一般房地产开发项目可行性研究的内容应主要包括以下几个方面：

1．项目概况

它包括项目名称，开发建设单位，项目的地理位置，项目所在地的周围环境情况，项目的性质和主要特点，项目开发建设的社会、经济意义，可行性研究工作的目的、依据和范围等。

2．项目用地的现场调查及拆迁安置

它包括开发项目用地范围内的各类土地面积及使用单位的调查，人口调查，拆迁计划的确定，安置方案的确定，拆迁、安置、补偿所需费用的估算。

3．投资环境研究

投资环境主要包括相关区域社会经济状况、城市基础设施状况、土地使用制度、国家和地区政府的金融和税收政策、政府的其他鼓励措施等。

4．规划设计方案选择与资源供给安排

规划设计方案选择既包括市政规划方案的选择，又包括项目构成、平面布置和建筑规划方案的选择。资源供给安排主要是分析建筑材料的需要量、采购方式及供应计划，施工力量的组织，项目施工期间的水、暖、电、煤气、交通、通讯等市政设施供应状况。

5. 项目地理环境和附近地区有关发展项目

这一部分主要是分析和就项目所处的地理环境（邻里关系）、项目用地的现状（熟地还是生地、需要哪些前期土地开发工作）、项目附近地区近期开工建设或筹备过程中与本项目可能发生竞争关系的同类项目或可能发生影响关系的其他项目（如修路或建市场）。这可以帮助开发商了解所处的市场状况，科学的为自己所开发的项目进行市场定位。

6. 市场分析及开发建设规模的确定

此方面的含义是指必须按照开发项目的特点，就当地与所开发项目相关的土地市场、普通住房市场、写字楼市场的供求关系、市场价格、交易数量等分别进行分析，以确定所开发项目的主要服务对象及项目开发建设的规模和标准。

7. 开发建设计划

开发建设计划从内容上看包括前期开发计划（指从项目立项、可行性研究、规划设计方案审批、土地使用权购买、土地开发、开工许可证取得直至开工前准备等一系列工作的计划）、工程建设计划（指各单项工程的开、竣工时间，进度安排，市政工程的配套建设计划等）、建设场地的布置及施工队伍的选择等。

8. 项目开发组织机构和管理项目的安排

其内容包括开发项目的管理机制，机构设置，人员培训计划，管理人员的配备方案，管理费用支出估算等。

9. 开发项目经济评价基础数据的选定

这部分工作主要包括项目总投资估算，项目投资来源和资金筹措方式的确定，开发成本、经营成本估算、销售收入、出租收入、经营收入和其他相关收入估算。

10. 环境影响及环境保护

环境影响分析的含义包括两个方面：一是分析开发项目所处地区的环境状况、主要污染源和污染物对项目效益的影响；二是开发项目可能引起的周围生态变化。环境保护分析的含义包括项目设计过程中拟采用的环境保护标准、控制污染与生态变化的初步方案、环境保护投资估算以及存在的问题与建议。

11. 项目经济效益的评价

项目经济效益评价是项目可行性研究中最核心、最关键的部分，在这一部分要充分利用上述各部分的分析研究结果，对项目的经济可行性进行分析。通过项目的现金流量分析，从全部投资和自由资金两个方面对反映项目经济效益的财务内部收益率、财务净现值等技术经济指标进行分析测算。同时，还要对项目资金的来源与应用、贷款偿还能力等进行分析，从而对开发商安排融资计划提供参考数据。

12. 风险分析

风险分析的目的是就项目面临的主要风险因素如建造成本、售价、租金水平、开发周期、贷款利率和可建设建筑面积等因素的变化，对项目经济效果评价的主要技术经济指标，如财务内部收益率、财务净现值等的影响程度进行定量研究；对当地政治、经济、社会条件等方面可能变化带来的影响进行定性分析。

13. 可行性研究的结论

可行性研究的结论主要是利用项目经济效益、社会效益和环境效益的评价结果，对项目的综合效益进行分析评价，以判断项目的可行性。

（五）可行性研究的工作步骤

1. 接受委托

项目建议书获得批准后，投资者即可委托专业的房地产投资咨询公司对拟开发项目进行可行性研究。双方签订合同协议，明确规定可行性研究的工作范围、目标意图、进度安排、收费标准、结算方式及违约责任等等内容。开发商在与房地产投资咨询公司达成合作协议后，应积极配合咨询公司的工作，及时为咨询公司提供项目建议书和其他相关的基础资料。咨询公司在接受委托后，应明确委托者的目的和要求，明确研究内容，制定工作计划，并认真收集有关资料，以保证可行性研究的顺利、按时完成。

2. 市场调查

房地产投资咨询公司应从市场调查入手，对地块情况（含地块自身、地块周边及地块规划设计条件）、房地产市场供求、项目定位、项目初步规划方案、价格、竞争能力等进行全面的技术经济分析论证，以便确定项目的经济规模和项目构成。

房地产投资咨询公司须根据项目建议书的要求，结合市场调查，在收集到的资料和数据的基础上，建立若干可供选择的开发方案，进行反复的方案论证和比较，会同委托部门明确方案选择的重大原则问题和优选标准，采用技术经济分析的方法，评选出合理的方案。研究论证项目在技术上的可行性，进一步明确项目规模、构成及开发进度。

3. 财务评价和国民经济评价

对经上述分析后所确定的最佳方案，在准确估算项目投资、成本及收入基础上，对方案进行详细财务评价和国民经济评价，研究论证项目在财务上的可行性和盈利能力。

4. 编制可行性研究报告

经过上述分析和评价，即可编制详细的可行性研究报告，推荐一个以上可行性方案和实施计划，提出结论性意见、措施和建议，供决策者作为依据。

复 习 思 考 题

1. 试述房地产投资的含义及特征。
2. 试述房地产投资的一般原则。
3. 试述房地产投资的形式。
4. 影响房地产开发项目投资的因素有哪些？
5. 房地产投资风险的主要类型有哪些？
6. 试述应如何回避各类房地产投资风险？
7. 试述房地产投资决策的过程、类型及方法。
8. 何谓可行性研究？如何认识可行性研究在房地产投资决策过程中的作用？
9. 简述房地产投资可行性研究的内容及工作步骤。
10. 某企业拟从银行贷款，年利率为6%，该企业每年偿还能力为2万元，要在5年内全部还清贷款，该企业现在可从银行贷款多少？反之，假如某企业现在从银行一次贷款50万元，拟在5年内还清，问逐年等额偿还额应是多少元？
11. 某厂基建5年，每年初向银行贷款1000万元，年利率8%，投产时一次偿还，问5年末共支付给银行本利和多少？

12. 某企业5年以后需10万元作为技术改造经费，若年利率为8%，每年存入相同数量的金额。则在年末存款时，每次应存多少基金？当改为年初存款时，每次又应存入多少基金？

13. 某贷款金额1万元，年利率为8%，分5期于每年末等额偿还，求每期的偿付值？若在每年初偿还，每期偿付值又应是多少？

14. 某企业拟从银行贷款，年利率为6%，拟定一次贷款分两期偿还。贷款后第2年偿还10万元，第4年偿还20万元。问该企业现从银行可贷款多少万元？

15. 已知 A、B 为两个独立项目方案，其净现金流量见表所列，若基准贴现率为12%，试按净现值和内部收益率指标判断它们的经济性。

A、B 方案净现金流量　　　　　　　　　　　　单位：万元

方案＼年份	0	1	2	3~8
A	−120	20	22	25
B	−50	10	12	15

16. 已知 A、B 为两个互斥项目方案，其有关资料见表，在基准收益率为15%时，哪个方案为优？

A、B 方案的有关资料表

方案	初始投资，万元	年收入，万元	年支出，万元	经济寿命，年
A	−120	20	22	25
B	−50	10	12	15

第八章 房地产融资

资金对于房地产业的发展来说，就犹如人体需要血液一样。因此，一方面，房地产业的持续、快速、良性的发展，离不开金融业的强有力支持；另一方面，房地产业的健康发展又会大大地促进金融业的发展，为金融资产投资者提供一个新的投资领域。通过本章学习，掌握房地产融资的概念以及它的资金来源形式，了解房地产融资的风险分析，能进行房地产融资决策。

第一节 房地产融资概述

一、房地产融资的必要性分析

房地产行业的经营特点突出表现在资金投入量大、投资回收期长等方面，因此任何一家房地产企业要想在竞争激烈的房地产市场中生存发展，必须具备强大的筹措资金能力。现代社会，大型房地产项目动辄投资数十亿元人民币，少则也要投资数千万元，即使资本实力雄厚的房地产行业龙头公司也往往面临资金紧缺周转困难的局面，因此如何有效地筹措资金就成为房地产开发商的首要工作。从实践活动来看，房地产融资不但促进了房地产开发建设，有利于房地产市场的繁荣，而且改善了居民住房条件，在宏观层面上也拉动了内需，对我国国民经济的整体推动作用相当明显。

二、房地产融资的概念

所谓房地产融资是指房地产开发企业为了建设某一项目，确保其顺利进行并产生合理利润而设立项目部或项目公司，然后以该项目的未来现金流作为主要还款来源，以项目本身的资产作为贷款主要保障的融通资金的活动。实质上，房地产项目融资就是项目参与各方经充分论证和协商后，以该项目的潜在经济价值为基础吸纳利用社会资金的行为。

三、房地产的融资形式

房地产的融资形式一般分为六种，即企业自有资金、银行等金融机构贷款、证券市场融资、杠杆租赁融资、预售楼盘、合作开发（开发商与开发商间的合作；开发商与工程承包商之间的合作）。

1. 企业自有资金

房地产开发企业进行项目开发时，必须拥有一定数额的自有资金（现金和现金等价物），这笔资金实质上是项目融资的基础。房地产开发企业投入适量资金，可以提高项目的承受风险的能力，同时也使提供项目贷款的金融机构获得了一定程度的安全保障，银行只有在确信房地产开发企业具备雄厚资金实力的前提下，才会考虑发放项目贷款。在项目中企业自有资金投入越多，贷款银行的风险就越少，因为充足的自有资金为不同性质的风险提供了资金保障。

2. 房地产贷款

房地产开发企业为了建设项目向银行等金融机构借入资金形成房地产贷款。房地产贷款是房地产企业筹集资金的重要手段。从我国央行信贷政策的松紧对房地产行业的显著影响来看，贷款是房地产企业的主要融资手段。房地产贷款基本种类包括信用贷款、担保贷款、抵押贷款。信用贷款即指银行根据企业的资信等级发放的贷款；担保贷款指银行等机构凭借第三方担保向借款人发放的贷款；抵押贷款指银行向企业或个人发放贷款时，将其房地产或有价值的其他资产向银行抵押，作为偿还保证而获得的贷款。从贷款的还款期限长短不同，可分为短期借款和长期借款。短期借款一般指必须在一年内偿还，主要用于房地产开发企业短期资金周转目的的贷款。长期借款一般偿还期限都在一年以上，涉及个别大型项目时，房地产开发企业签订的贷款期限长达 5~7 年。短期借款与长期借款的利息成本有很大差别，对房地产开发商进行项目融资预算有很重要的影响。一般来说，短期贷款利率较高，发放贷款条件却较宽松。

3. 证券市场融资

房地产企业在证券市场上公开发行股票与债券是一种重要的筹资方式，由于我国居民储蓄水平较高，资金充沛，因此，房地产企业完全可以通过在证券市场上发行股票与债券，集中社会闲散资金用于项目开发建设，既缓解了向银行贷款的压力，又可提高资金使用效率并有效改善居民的住房条件。房地产企业在具体选择融资方式时，要合理安排企业的股权结构和债权结构，使企业的融资成本尽可能最小化。房地产上市公司股票可分为普通股和优先股两种；房地产债券一方面可根据发行主体的不同分为政府债券和企业债券，另一方面按资金来源的差异，我们可以把房地产债券分为国内债券和国际债券。一般来说，发行债券的综合成本要小于发行股票的成本，对房地产企业而言，只要项目净收益率高于债券利率和发行成本之和，就发挥出了筹资的作用。

4. 杠杆租赁融资

在房地产项目开发商安排下，由杠杆租赁结构中的资产出租人融资购买项目资产，然后租赁给承租人，所租财产的所有权在承租方付清最后一笔租金后归承租方所有。融资租赁对项目发起人来说具有一些突出优点。首先，该项目的控制权仍属于项目发起人，一般金融租赁协议中都明确规定，作为承租人的项目开发商拥有租赁资产的使用、经营、维护等权利，这表明采用融资租赁时，该项目资产实质归项目开发商所有。其次，融资租赁方式使得房地产开发商可以实现全额融资，在一般的项目融资过程中，房地产开发商都必须投入相当数量的自有资金，来为银行等金融机构提供贷款做出保证。但在融资租赁中，由金融租赁公司的部分资金和银行贷款完全可以解决项目所需资金，项目开发商不需要投入自有资金。最后，采用融资租赁方式的成本一般都低于向银行贷款的融资成本，只要项目的建设符合国家产业发展战略，房地产开发商就可以享受租前偿费的益处，即房地产开发商支付的租金被当作费用支出，直接计入项目成本，不需缴纳税收，减少了税务成本。

在融资租赁模式下，房地产开发商要考虑项目的现金流状况和税务结构。融资租赁的复杂性表现在参与者数量多，主要包括资产出租人、银行或其他金融机构、承租人、融资顾问（包括律师、投资银行、保险机构）等。融资租赁的运作过程需要五个阶段，即项目投资、租赁、建设、经营和中止协议。运作过程的特点是在开发商确定投资建设一个项目后，将该项目资产和权益转让给租赁融资机构，然后再将该项目资产从资产出租人手中转租回来，另外在融资协议期满时，开发企业须以事先约定价格购回该项目资产。

5. 预售楼盘

对于房地产开发企业来说，按照某种合同规定预收购房机构或个人的购房定金是筹集资金的重要手段，这是由于房地产开发投资大、周期长的特点决定的。即使大型房产公司也难以一次筹集到所需全部资金，通过预售既可筹集到必要建设资金，又可将项目开发的风险分散给广大投资者。预售楼盘还可以使房地产开发企业资金回笼速度加快，并用于进一步开发。房地产公司预售楼盘的基础在于房地产本身的保值增值和需求旺盛的特性，预售楼盘的实践中有两种形式：预售商品房和楼宇按揭。

预售商品房，是指房地产开发企业将正在建设中的房屋预先出售给承购人，由承购人支付定金的行为，这实质上是一种特殊的期货买卖形式。由于房价的变动，预售楼盘的房地产开发企业面临着一定的风险，当商品房市价上升，开发企业就会承受一定损失；反之则会获益。预售商品房必须遵守国家有关部门的政策和法规，房地产开发企业预售商品房的收入必须用于该房屋工程的建设；开发企业在预售活动开始前必须取得开发土地的使用权证书，并持有建设工程规划许可证；满足国家规定的自有资金投入达到30%的条件，同时房地产开发商已确定完工交付日期，并获得了《商品房预售许可证》。满足上述条件后，才可以开始预售活动，筹集资金。

楼宇按揭，这种业务是由房地产开发商、金融机构、购房者共同参与下进行的，可以有效解决拟开发建设的项目急缺资金的问题。一般做法是：房地产开发公司为加快资金回收，推出现楼或楼宇期货，购楼者交付一定比例的首期付款，然后向银行申请购楼贷款，交清余下款项，购楼者将自己的物业权益交给银行作抵押，直到购楼者还本付息完毕后，即可获得该楼层的所有权，这种按揭业务使房地产企业获得了开发资金，加快了资金周转，提前释放转移了项目风险，并与银行形成了良好的融资关系。

6. 合作开发

房地产开发企业在资金紧缺，从银行融资面临困难时，可以考虑联合其他房地产企业，共同出资进行该项目的开发，双方的利益和责任按照出资比例来确定，这样可以达到缓解资金压力、降低开发风险的目的。在房地产项目开发过程中还普遍存在一种情况，即房地产开发企业与项目承包商合作，也就是由工程承包商自己出资进行项目的建设、施工。对于实力强大、有一定规模的承包商而言，为了扩大市场份额，愿意投入自有资金进行项目的建设。这样，房地产开发企业的风险部分转移给了承包商，但是相应地开发企业也要支付承包商出资的工程款项的利息，不过一般该利息低于同期贷款利率。这样类型的合作开发还有一个潜在优点，即工程承包商由于投入了自有资金，所以在项目建设过程中就承担了相当的压力，为减少资金的时间成本，承包商一般都会准时甚至提前完工，当然房地产开发企业也必须仔细监督工程质量，确保承包商不会为减少投入而采取偷工减料的手段。

四、房地产融资一般程序

房地产开发企业完成项目融资要先后经历投资决策、融资决策、融资模式与结构安排、融资双方协商谈判和执行融资协议这五个阶段。

1. 投资决策

确定投资决策时要考虑该项目所处行业特点和发展前景，及房地产项目市场环境和自然环境的基本情况，比如对项目所在区域气候水文地质生态环境的分析。同时，还必须对宏观经济的整体形势做出判断，如果国民经济快速发展，人民收入水平不断提高，房地产项目的建设、销售、运营都有良好的前景，房地产行业通常在经济繁荣的情况下得到迅速发展。

2. 融资决策

房地产开发商进行融资决策时，必须决定采用何种融资模式，在项目融资实践中，开发商一般须聘请具有专业经验和雄厚实力的融资顾问参与设计规划具体的融资活动，虽然开发商须付出一定成本来获得咨询或建议，但考虑到融资计划的复杂性及对项目成功的重大影响，房地产开发企业仍然会不惜重金寻找专业融资团队的帮助。

3. 融资模式与结构安排

关于融资结构的设计，通常由投资公司或商业银行中的项目融资部门与房地产公司项目部联手确定设计出最有利的融资结构，所谓"最有利"含义包括采用这种融资结构会使项目风险最小化，使项目参与各方的收益都得到充分的保障，制定这样的融资结构必须对项目的债务承受能力做出准确判断和估计，并设计出稳健合理的融资和担保方案。这个过程要求房地产开发商与融资顾问有良好的沟通渠道，双方优势能有效互补，观点分歧要迅速解决。

4. 融资双方协商谈判

当融资方案确定后，房地产开发企业与银行等金融机构开始就融资协议的细节进行漫长的谈判，融资顾问要发挥协调双方利益、控制谈判节奏的作用，促成融资合同文本的签署。

5. 执行融资协议

房地产企业与资金供给方达成项目融资的正式文件后，项目所需资金开始到位，房地产开发企业要组织建筑承包商、原材料供应商、房地产项目工程监理等正式投入到项目建设运营中去，发放贷款的银行或其他金融机构也要派出专家组，对项目的建设进度、工程质量和资金使用情况进行监督、调查，以确保项目按计划顺利施工。

总体而言，项目融资的重中之重是房地产项目开发商要做好项目评价和风险分析工作，只有以实事求是的态度和细致入微的调查，房地产项目的发起人才能有效的控制化解各类风险，获得预期收益。

五、房地产融资一般原则

房地产融资是房地产企业进行项目开发的前提和基础，涉及多方面的利益主体，是一个复杂的系统工程，因此，房地产开发企业必须首先确定好设计原则，然后才可以根据这些原则的指导，顺利完成项目融资。

1. 项目融资结构和模式首先要贯彻分散风险的原则

在开发商、提供贷款的银行及承包商，原材料供应商之间合理分担项目风险，使项目开发商的风险最小化是融资结构的核心问题。例如，在项目建设中项目开发商要承担全部风险，但在项目完工投入使用后，房地产开发企业就只承担一定范围内的风险，其余风险则由提供贷款的银行承担，有限追索是分散风险的有力手段，在有限追索条件下，发放贷款的银行只在某特定时间或规定范围内有权对项目开发企业进行追索活动，贷款银行对于追索形式和程度的选择根据是项目本身的风险（包括投资规模、投资结构、开发商财务状况、行业经验、管理能力等因素）。房地产开发企业争取有限追索的条件是审慎考虑项目收益，设计出合理完善的融资结构。

2. 坚持千方百计降低成本的原则

房地产业是资金密集型产业，投资周期长，回收慢，这些不利情况决定了房地产开发商必须严格控制成本。在开发项目时尽可能与国家产业政策相吻合；在遵守税法条件下，合理避税；同时在选择融资渠道时，要综合考虑本企业及项目的特点，尽量达成对己有利的贷款安排；在选择承包商时要仔细考虑其技术实力和资信程度等因素；在原材料采购时，要与供应商签订战略合作协议，实行集体采购，充分利用电子商务平台交易减少各项成本。

3. 长期融资与短期融资相结合的原则

在房地产企业项目融资实践中，经常灵活选择不同期限的融资计划来满足项目开发，运营的资金需求，房地产开发企业要根据项目的工期、实施难度、未来的市场需求、金融市场中利率的变化来考虑融资期限的长短。一般来说，房地产项目开发企业都会尽可能结合短期与长期融资协调融资结构面临的各种系统或非系统性风险。

4. 融资结构最优化原则

项目开发中的融资结构含义是在房地产企业进行项目融资时，由自有资金和非自有资金，长期融资与短期融资，不同利率及融资期限等因素形成的组合体。优化融资结构是房地产项目开发成功的基础。房地产开发企业应综合考虑融资成本和融资的潜在收益及资金使用效率等因素，尽可能使融资结构中的各要素多元化、合理化。根据开发企业自身的财务状况和经营管理能力，实行股权融资债权融资相结合，长期融资与短期融资相结合，国内筹资与国际筹资相结合的灵活策略，降低融资成本，提高资金使用效率。在设计和优化融资结构时，房地产开发企业要特别注意债务与现金流的比率关系，尽量避免不同种类的债务集中度过高形成清偿高峰，债务结构一旦恶化会对房地产开发企业造成极大压力，形成恶性循环，只要一笔小额贷款无法按期归还就会对借款企业的资信程度造成极大影响，融资企业在固定利率与浮动利率的选择对融资成本的影响也非常明显。当金融市场利率水平较高，向下波动的可能性增大时，房地产企业要尽可能签订浮动利率协议，反之如房地产企业恰好面对较低的利率水平，则宜采用固定利率贷款，因为这样可以有效地锁定贷款的利息成本，减少利率上升带来的波动风险。另外，如房地产企业选择外汇贷款时，应注意规避汇率风险，尽可能选择汇率波幅较小的品种，对于房地产类上市公司而言，要在股权融资和债权融资之间做出适当安排，可转换债券是我国房地产上市公司偏爱的融资方式，兼有股票和债券的优点，转换方式简单易行，对于发行公司和投资者都是富有吸引力的选择。

综上所述，房地产公司要始终坚持以上四种原则，结合公司和项目的具体特点，做出合理有效的融资安排，增强抵御各种风险的能力，为项目的建设、运营奠定良好的基础。

第二节 房地产融资的风险分析

由于房地产开发周期长、投入资金大、涉及合作方多，又具有明显的地域性等复杂特征，从市场研究到土地获得、投资决策、项目策划、规划设计、市场营销、建设施工、建材采购、广告推广、销售服务和物业管理等一系列环节都孕育着风险。而且开发过程涉及发展改革委员会、规划土地局、建设厅（局）、消防局、环保局等多个政府工作部门，这就使得房地产项目周期拉长、成本上升，有可能影响预期盈利。

一、影响房地产融资的风险因素

1. 完工风险

所谓完工风险是指可能出现无法按时保质保量将项目投入到生产运营当中的情况。在项目开发过程中，包括勘察、设计、施工、材料、监理等诸多环节，如果开发公司以出包方式委托建筑商完成工作，就会由其负责赔偿事宜，在出现问题的情况下，可能对公司产生不良影响。因此，银行经常要求工程承包商提供完工担保或履约保函，并为建筑设备等购买保险；另外开发上还必须注意建立有效的监控制度，保证材料采购和招标选择及施工监理等事项的妥善安排。

2. 原材料和能源供应的风险

建筑原材料的价格水平波动和供应渠道的通畅对项目的顺利实施会产生重大的影响，所以开发商与工程承包商要尽可能选择最有实力的供应商并签订有约束力的协议，使供货价格和数量能稳定在合理的水平上。

3. 市场需求风险

个人购买者的偏好日益多样化，增加了房地产公司的开发难度和销售费用。开发商要想避免出现产品积压滞销的局面，要尽可能做好前期的项目广告宣传活动，不断开发新品种，注意学习国外优质项目的设计经验并结合我国的建筑风格，摸清潜在目标客户的消费心理。

4. 利率与汇率风险

项目的借款成本和采购进口建筑材料成本受利率和汇率影响很大。房地产开发商应争取签署灵活的贷款协议，或通过利率互换等金融工具化解风险。汇率风险亦可委托投资机构在外汇期货市场中实现锁定成本的目标。

5. 土地风险

土地储备是房地产开发企业的生存基础，也好似不可缺少的非再生资源。土地成本对房地产开发商来说非常重要；获得土地的价格受国家宏观经济形势、土地政策、供求关系及所处位置的直接影响。国家有关部门对土地以公开市场拍卖、招标等形式出让，这给房地产企业带来很大资金压力，而且政策变更对公司已有储备土地也带来很大不确定性，因为土地储备过多，占用资金量太大，影响企业的资金周转率和利润率。假如不能及时开发储备土地，企业还要交闲置费。因此，房地产开发商要加强对土地市场的政策研究，尽可能降低土地价格的波动性，对已有土地的开发要有计划有步骤地进行。

6. 行业风险

房地产开发项目融资中，开发商要注意所在行业的特性带来的风险防范。房地产开发受经济发展周期和宏观经济政策影响大，而且该行业严重依赖其他行业，例如对金融业的高度依赖，尤其是银行的住房抵押贷款业务，另外，建筑业、建材行业、机械工业、化工行业等作为房地产业开发中必不可少的环节，都对项目的实施有显著影响。房地产开发商在项目建设过程中，要加强与金融机构的沟通，建立长久的战略合作伙伴关系，在筹集资金时要采取直接融资与间接融资相结合的手段，在原材料方面，要选择实力强大的战略供应商并实施有计划的集中采购，只有这样才能有效化解行业依存度高的风险。

7. 其他风险

比如政府政策法规的变化导致的风险，包括财政政策和货币政策、环保要求和税率水平的变动等因素造成的风险。这些属于不可预见和不可控制的风险。

二、对房地产融资风险的应对

在上述分析的基础上，对风险的应对可以采用四种基本方式。投资者必须清楚风险是和收益相伴的，不能将风险应对行动视为资源浪费，而应将其作为会产生收益的一种投资。

1. 风险回避

风险回避就是拒绝承担风险，即完全规避风险。它对投资项目可行性研究而言，意味着可能彻底改变方案甚至否定项目建设。例如，风险分析显示产品市场存在严重风险，若采取回避风险对策，应作出缓建或者放弃项目的建议。需要指出，回避风险对策，在某种程度上意味着丧失项目可能获利的机会，因此只有当风险因素可能造成的损失相当严重或者采取措施防范风险的代价过于昂贵，得不偿失的情况下，才应采用风险回避对策。

2. 风险降低

降低风险可以采取以下措施：

（1）对从事技术经济分析的人员进行教育和培训来提高大家对潜在风险的警觉。

（2）与其他方分担风险。

（3）采取降低风险损失的保护措施。

（4）建立使项目建设前后保持一致的系统。

3. 风险转移

风险转移是将项目可能发生的风险的一部分转移出去的风险防范方式。风险转移可分为保险转移和非保险转移两种。保险转移是向保险公司投保，将项目部分风险损失转移给保险公司承担；非保险转移是将项目的一部分风险转移给项目承包方，如项目技术、设备、施工等可能存在风险，可在签订合同中将部分风险损失转移给合同方承担。但转移风险可能会造成风险显著增加，这是因为接受风险的一方可能没有清楚意识到他们面临的风险。

4. 风险自留

不是所有的风险都是可以转移的，或者说转移是不经济的，那些造成损失小、重复性较高的风险是最适合自留的。同样，投资者也会将那些可获高利回报而甘愿为之冒险的项目留给自己。

第三节 房地产融资决策

一、资金成本

（一）资金成本的概念及意义

1. 资金成本的一般含义

资金成本是指企业为筹集和使用资金而付出的代价。广义地讲，企业筹集和使用任何资金，不论是短期的还是长期的，都要付出代价。狭义的资金成本仅指筹集和使用长期资金（包括自有资金和借入长期资金）的成本。由于长期资金也被称为资本，所以，长期资金的成本也可称为资本成本。在这里所说的资金成本主要是指资本成本。资金成本一般包括资金筹集成本和资金使用成本两部分。

（1）资金筹集成本

资金筹集成本是指在资金筹集过程中所支付的各项费用，如发行股票或债券支付的印刷费、发行手续费、律师费、资信评估费、公证费、担保费、广告费等。资金筹集成本一般属于一次性费用，筹资次数越多，资金筹集成本也就越大。

（2）资金使用成本

资金使用成本又称为资金占用费，是指占用资金而支付的费用，它主要包括支付给股东的各种股息和红利、向债权人支付的贷款利息以及支付给其他债权人的各种利息费用等。资金使用成本一般与所筹集的资金多少以及使用时间的长短有关，具有经常性、定期性的特征，是资金成本的主要内容。

资金筹集成本与资金使用成本是有区别的，前者是在筹措资金时一次支付的，在使用资金过程中不再发生，因此可作为筹资金额的一项扣除，而后者是在资金使用过程中多次、定期发生的。

2. 资金成本的性质

资金成本是一个重要的经济范畴，它是在商品经济社会中由于资金所有权与使用权相分离而产生的。

（1）资金成本是资金使用者向资金所有者和中介机构支付的占用费和筹资费。

作为资金的所有者，它决不会将资金无偿让渡给资金使用者去使用；而作为资金的使用者，也不能无偿地占用他人的资金。因此，企业筹集资金以后，暂时地取得了这些资金的使用价值，就要为资金所有者暂时地丧失其使用价值而付出代价，即承担资金成本。

（2）资金成本与资金的时间价值既有联系，又有区别。

资金的时间价值反映了资金随着其运动时间的不断延续而不断增值，是时间函数，而资金成本除可以看作是时间函数外，还表现为资金占用额的函数。

（3）资金成本具有一般产品成本的基本属性。

资金成本是企业的耗费，企业要为占用资金而付出代价、支付费用，而且这些代价或费用最终也要作为收益的扣除额来得到补偿。但是资金成本只有一部分具有产品成本的性质，即这一部分耗费计入产品成本，而另一部分则作为利润的分配，不能列入产品成本。

3. 决定资金成本高低的因素

在市场经济环境中，多方面因素的综合作用决定着企业资金成本高低，其中主要因素有：总体经济环境、证券市场条件、企业内部的经营和融资状况、项目融资规模。

(1) 总体经济环境

总体经济环境决定了整个经济中资本的供给和需求，以及预期通货膨胀的水平。总体经济环境变化的影响，反映在无风险报酬率上。显然，如果整个社会经济中的资金需求和供给发生变动，或者通货膨胀水平发生变化，投资者也会相应改变其所要求的收益率。具体地说，如果货币需求增加，而供给没有相应增加，投资人便会提高其投资收益率，企业的资金成本就会上升；反之，则会降低其要求的投资收益率，使资金成本下降。如果预期通货膨胀水平上升，货币购买力下降，投资者也会提出更高的收益率来补偿预期的投资损失，导致企业资金成本上升。

(2) 证券市场条件

证券市场条件影响证券投资的风险。证券市场条件包括证券的市场流动难易程度和价格波动程度。如果某种证券的市场流动性不好，投资者想买进或卖出证券相对困难，变现风险加大，要求的收益率就会提高；或者虽然存在对某证券的需求，但其价格波动较大，投资的风险大，要求的收益率也会堤高。

(3) 企业内部的经营和融资状况

主要是指经营风险和财务风险的大小。经营风险是企业投资决策的结果，表现在资产收益率的变动上。财务风险是企业筹资决策的结果，表现在普通股收益率的变动上。如果企业的经营风险和财务风险大，投资者便会有较高的收益率要求。

(4) 融资规模

企业的融资规模大，融资成本较高，比如，企业发行的证券金额很大，资金筹集费和资金占用费都会上升，而且证券发行规模的增大还会降低其发行价格，由此也会增加企业的资金成本。

4. 资金成本的作用

资金成本是企业财务管理中的一个重要概念，国际上将其列为一项"财务标准"。企业都希望以最小的资金成本获取所需的资金数额，分析资金成本有助于企业选择筹资方案，确定筹资结构以及最大限度地提高筹资的效益。资金成本的主要作用如下：

(1) 资金成本是选择资金来源、筹资方式的重要依据

企业筹集资金的方式多种多样，如发行股票、债券、银行借款等。不同的筹资方式，其个别的资金成本也不尽相同。资金成本的高低可以作为比较各种筹资方式优缺点的一项依据，从而挑选最小的资金成本作为选择筹资方式的重要依据。但是，不能把资金成本作为选择筹资方式的惟一依据。

(2) 资金成本是企业进行资金结构决策的基本依据

企业的资金结构一般是由借入资金与自有资金结合而成，这种组合有多种方案，如何寻求两者间的最佳组合，一般可通过计算综合资金成本作为企业决策的依据。因此，综合资金成本的高低是评价各个筹资组合方案、作为资金结构决策的基本依据。

(3) 资金成本是比较追加筹资方案的重要依据

企业为了扩大生产经营规模，增加所需资金，往往以边际资金成本作为依据。

(4) 资金成本是评价各种投资项目是否可行的一个重要尺度

在评价投资方案是否可行时,一般是以项目本身的投资收益率与其资金成本进行比较,如果投资项目的预期投资收益率高于其资金成本,则是可行的;反之,如果预期投资收益率低于其资金成本,则是不可行的。因此,国际上通常将资金成本视为投资项目的"最低收益率"和是否采用投资项目的"取舍率",同时将其作为选择投资方案的主要标准。

(5) 资金成本也是衡量企业整个经营业绩的一项重要标准

资金成本是企业从事生产经营活动必须挣得的最低收益率。企业无论以什么方式取得的资金,都要实现这一最低收益率,才能补偿企业因筹资而支付的所有费用。如果将企业的实际资金成本与相应的利润率进行比较,可以评价企业的经营业绩。若利润率高于资金成本,可以认为经营良好;反之,企业经营欠佳,应该加强和改善生产经营管理,进一步提高经济效益。

(二) 资金成本的计算

1. 资金成本计算的一般形式

资金成本可用绝对数表示,也可用相对数表示。为便于分析比较,常用相对数表示,称之为资金成本率,其一般计算公式为式 (8-1):

$$K = \frac{D}{P - F}$$

或

$$K = \frac{D}{P(1 - f)}$$

(8-1)

式中 K——资金成本率(一般也可称为资金成本);

P——筹资资金总额;

D——使用费;

F——筹资费;

f——筹资费费率(即筹资费占筹资资金总额的比率,F/P)。

资金成本是选择资金来源、拟定筹资方案的主要依据,也是评价投资项目可行性的主要经济指标。

2. 各种资金来源的资金成本

(1) 优先股成本

公司发行优先股股票筹资,需支付的筹资费有注册费、代销费等,其股息也要定期支付,但它是公司用税后利润来支付的,不会减少公司应上缴的所得税。优先股资金成本率可按公式 (8-2) 计算:

$$K_p = \frac{D_p}{P_o(1 - f)}$$

或

$$K_p = \frac{P_o \times i}{P_o(1 - f)} = \frac{i}{1 - f}$$

(8-2)

式中 K_p——优先股成本率;

P_o——优先股股票面值;

D_p——优先股每年股息;

i——股息率。

【例 8-1】 某公司发行优先股股票,票面额按正常市价计算为 200 万元,筹资费率为 4%,股息年利率为 14%,求其资金成本率是多少?

【解】 由公式(8-2)计算得优先股资金成本率:

$$K_p = \frac{200 \times 14\%}{200 \times (1-4\%)} = \frac{14\%}{1-4\%} = 14.58\%$$

即资金成本率 14.58%。

(2) 普通股的成本

确定普通股资金成本的方法有股利增长模型法和资本资产定价模型法。

①股利增长模型法。普通股的股利往往不是固定的,因此,其资金成本率的计算通常用股利增长模型法计算。一般假定收益以固定的年增长率递增,则普通股成本的计算公式(8-3)为:

$$K_s = \frac{D_c}{P_e(1-f)} + g = \frac{i_c}{1-f} + g \tag{8-3}$$

式中　K_s——普通股成本率;
　　　P_e——普通股票面值;
　　　D_c——普通股预计年股利额;
　　　i_c——普通股预计年股利率;
　　　g——普通股利年增长率。

【例 8-2】 某公司发行普通股正常市价为 56 元,估计年增长率为 12%,第一年预计发放股利 2 元,筹资费用率为股票市价的 10%,求新发行普通股的成本是多少?

【解】 按公式(8-3)计算:

$$K_s = \frac{2}{56 \times (1-10\%)} + 12\% = 15.96\%$$

普通股的成本率是 15.96%。

②资本资产定价模型法。这是一种根据投资者对股票的期望收益来确定资金成本的方法。在这种前提下,普通股成本的计算公式(8-4)为:

$$K_s = R_f + \beta(R_m - R_f) \tag{8-4}$$

式中　R_f——无风险报酬率;
　　　β——股票的贝他系数;
　　　R_m——平均风险股票必要报酬率。

【例 8-3】 某期间市场无风险报酬率为 10%,平均风险股票必要报酬率为 14%,某公司普通股 β 值为 1.2。求股票留存收益的成本率是多少?

【解】 按公式(8-4)计算:

$$K_s = 10\% + 1.2 \times (14\% - 10\%) = 14.8\%$$

得股票留存收益成本率为 14.8%。

(3) 债券成本

企业发行债券后,所支付的债券利息列入企业的费用开支,因而使企业少缴一部分所得税,两者抵消后,实际上企业支付的债券的利息仅为:债券利息×(1-所得税税率),因此,债券成本率可以按公式(8-5)计算:

$$K_B = \frac{I(1-T)}{B(1-f)} \text{ 或 } K_B = i_b \cdot \frac{1-T}{1-f} \tag{8-5}$$

式中　K_B——债券成本率；
　　　B——债券筹资额；
　　　I——债券年利息；
　　　i_b——债券年利息利率；
　　　T——所得税税率。

【例 8-4】 某公司发行总面额为 500 万元的 10 年期债券，票面利率为 12%，发行费用率为 5%，公司所得税税率为 33%。求该债券的成本率是多少？

【解】 按公式（8-5）计算：

$$K_B = \frac{500 \times 12\% \times (1-33\%)}{500 \times (1-5\%)} = 8.46\%$$

得知债券成本率是 8.46%。

若债券溢价或折价发行，为更精确地计算资金成本，应以实际发行价格作为债券筹资额。

【例 8-5】 假定上述公司发行面额为 500 万元的 10 年期债券，票面利率为 12%，发行费用率为 5%，发行价格为 600 万元，公司所得税率为 33%。求该债券成本率是多少？

【解】 由公式（8-5）计算：

$$K_B = \frac{500 \times 12\% \times (1-33\%)}{600 \times (1-5\%)} = 7.05\%$$

得知该债券成本率为 7.05%。

(4) 银行借款成本

向银行借款，企业所支付的利息和费用一般可作企业的费用开支，相应减少部分利润，会使企业少缴一部分所得税，因而使企业的实际支出相应减少。对每年年末支付利息、贷款期末一次全部还本的借款，其借款成本率用公式（8-6）计算：

$$K_g = \frac{I(1-T)}{G-F} = i_g \cdot \frac{1-T}{1-f} \tag{8-6}$$

式中　K_g——借款成本率；
　　　G——贷款总额；
　　　I——贷款年利息；
　　　i_g——贷款年利率；
　　　F——贷款费用。

(5) 租赁成本

企业租入某项资产，获得其使用权，要定期支付租金，并且租金列入企业成本，可以减少应付所得税，因此，其租金成本率用公式（8-7）计算：

$$K_L = \frac{E}{P_L} \times (1-T) \tag{8-7}$$

式中　K_L——租赁成本率；
　　　P_L——租赁资产价值；
　　　E——年租金额。

（6）保留盈余成本

保留盈余又称为留存收益，其所有权属于股东，是企业资金的一种重要来源。企业保留盈余，等于股东对企业进行追加投资。股东对这部分投资与以前缴给企业的股本一样，也要求有一定的报酬，所以，保留盈余也有资金成本。它的资金成本是股东失去向外投资的机会成本，故与普通股成本的计算基本相同，只是不考虑筹资费用，其计算公式(8-8)为：

$$K_R = \frac{D_1}{P_0} + g = i + g \tag{8-8}$$

式中　K_R——保留盈余成本率。

3. 加权平均资金成本

企业不可能只使用某种单一的筹集方式，往往需要通过多种方式筹集所需资金。为进行筹资决策，就要计算确定企业长期资金的总成本——加权平均资金成本。加权平均资金成本一般是以各种资本占全部资本的比重为权重，对个别资金成本进行加权平均确定的，其计算公式为式（8-9）：

$$K = \sum_{i=1}^{n} \omega_i \cdot K_i \tag{8-9}$$

式中　K——平均资金成本率；

　　　ω_i——第 i 种资金来源占全部资产的比重；

　　　K_i——第 i 种资金来源的资金成本率。

【例 8-6】 某企业账面反映的长期资金共 500 万元，其中长期借款 100 万元，应付长期债券 50 万元，普通股 250 万元，保留盈余 100 万元；其资金成本分别为 6.7%、9.17%、11.26%、11%。求该企业的加权平均资金成本率是多少？

【解】 由公式（8-9）计算：

$$6.7\% \times \frac{100}{500} + 9.17\% \times \frac{50}{500} + 11.26\% \times \frac{250}{500} + 11\% \times \frac{100}{500} = 10.09\%$$

得企业的加权平均资金成本率为 10.09%。

上述计算中的个别资本占全部成本的比重，是按账面价值确定的，其资料容易取得。但当资本的账面价值与市场价值差别较大时，如股票、债券的市场价格发生较大变动，计算结果会与实际有较大的差距，从而贻误筹资决策。为了克服这一缺陷，个别资本占全部资本比重的确定还可以按市场价值或目标价值确定。

二、融资决策

最佳的筹资方案是指既使企业达到最佳资本结构、资金成本较低，又可以使企业所面临风险较小（处于企业可承受的范围内）的筹资方案，因此，在进行筹资决策时，应同时考虑到风险与资本结构对项目的影响。

（一）经营风险和财务风险

1. 经营风险

经营风险指企业因经营上的原因而导致利润变动的风险。影响企业经营风险的因素很多，主要有：

(1) 产品需求

市场对企业产品的需求越稳定,经营风险就越小;反之,经营风险就越大。

(2) 产品售价

产品售价变动不大,经营风险则小;否则,经营风险就大。

(3) 产品成本

产品成本是收入的抵减,成本不稳定,会导致利润不稳定,因此,产品成本变动大的,经营风险就大;反之,经营风险就小。

(4) 调整价格的能力

当产品成本变动时,若企业具有较强的调整价格的能力,经营风险就小;反之,经营风险则大。

(5) 固定成本的比重

在企业全部成本中,固定成本所占比重较大时,单位产品分摊的固定成本额就多。若产品量发生变动,单位产品分摊的固定成本会随之变动,最后导致利润更大幅度的变动,经营风险就大;反之,经营风险就小。

2. 财务风险

一般地,企业在经营中总会发生借入资金。企业负债经营,不论利润多少,债务利息是不变的。于是,当利润增大时,每单位货币利润所负担的利息就会相对地减少,从而使投资者收益有更大幅度的提高。这种债务对投资者收益的影响称作财务杠杆。借入资金后,企业的自有资金利润率可按公式 (8-10) 计算:

$$i = [i_j + (i_j - i_0) \cdot r](1 - T) \tag{8-10}$$

式中　i——自有资金利润率(税后利润与自有资金之比);

i_j——息前税前利润率(支付利息和交纳所得税之前的利润与资金总额之比);

i_0——借入资金利息率;

r——负债比例(借入资金与自有资金之比)。

财务风险是指全部资本中债务资本比率的变化带来的风险。当债务资本比率较高时,投资者将负担较多的债务成本,并经受较多的负债作用所引起的收益变动的冲击,从而加大财务风险;反之,当债务资本比率较低时,财务风险就小。

(二) 经营杠杆系数和财务杠杆系数

1. 经营杠杆系数

在上述影响企业经营风险的诸因素中,固定成本比重的影响很重要。在某一固定成本比重的作用下,销售量变动对利润产生的作用,被称为经营杠杆。由于经营杠杆对经营风险的影响最为综合,因此,常常被用来衡量经营风险的大小。

经营杠杆的大小一般用经营杠杆系数表示,它是企业计算利息和所得税之前的盈余(简称息前税前盈余)变动率与销售额变动率之间的比率,其计算公式为式 (8-11):

$$DOL = \frac{\frac{\Delta EBIT}{EBIT}}{\frac{\Delta Q}{Q}} \tag{8-11}$$

式中　DOL——经营杠杆系数;

$\Delta EBIT$——息前税前盈余变动额；

$EBIT$——变动前息前税前盈余；

ΔQ——销售变动量；

Q——变动前销售量。

企业一般可以通过增加销售额、降低产品单位变动成本、降低固定成本比重等措施使经营杠杆系数下降，降低经营风险，但这往往要受到条件的制约。

2．财务杠杆系数

与经营杠杆作用的表示方法类似，财务杠杆作用的大小通过财务杠杆系数表示。财务杠杆系数越大，表明财务杠杆作用越大，财务风险也就越大；财务杠杆系数越小，表明财务杠杆作用越小，财务风险也就越小。财务杠杆系数按公式（8-12）计算：

$$DFL = \frac{\frac{\Delta EPS}{EPS}}{\frac{\Delta EBIT}{EBIT}} \tag{8-12}$$

式中　DFL——财务杠杆系数；

ΔEPS——普通股每股收益变动额；

EPS——变动前的普通股每股收益；

$\Delta EBIT$——息前税前盈余变动额；

$EBIT$——变动前息前税前盈余。

上述公式还可以推导为：

$$DFL = \frac{EBIT}{EBIT - I}$$

式中　I——债务利息及优先股利息。

3．总杠杆系数

从以上介绍可知，经营杠杆通过扩大销售影响息前税前盈余，而财务杠杆通过扩大息前税前盈余影响收益。如果两种杠杆共同起作用，那么，销售额稍有变动，就会使每股收益产生更大的变动。通常把这两种杠杆的连锁作用称为总杠杆作用。总杠杆作用的程度，可用总杠杆系数（DTL）表示，它是经营杠杆系数和财务杠杆系数的乘积，其计算公式（8-13）为：

$$DTL = DOL \cdot DFL \tag{8-13}$$

总杠杆作用的意义：首先，在于能够估计出销售额变动对每股收益造成的影响。其次，它可以说明经营杠杆与财务杠杆之间的相互关系，即为了达到某一总杠杆系数，经营杠杆和财务杠杆可以有很多不同的组合，比如，经营杠杆度较高的公司可以在较低的程度上使用财务杠杆；经营杠杆度较低的公司可以在较高的程度上使用财务杠杆，等等。这有待公司在考虑了各有关的具体因素之后做出选择。

三、资本结构

资本结构是指企业各种长期资金筹集来源的构成和比例关系。短期资金的需要量和筹集是经常变化的，且在整个资金总量中所占比重不稳定，因此，不列入资本结构管理范围，而作为营运资金管理。在通常情况下，企业的资本结构由长期债务资本和权益资本构成。资本结构指的就是长期债务资本和权益资本各占多大比例。

1. 融资的每股收益分析

判断资本结构合理与否，其一般方法是以分析每股收益的变化来衡量，能提高每股收益的资本结构是合理的；反之，则不够合理。由经营杠杆和财务杠杆的分析可知，每股收益的高低不仅受资本结构的影响，还受到销售水平的影响，处理以上三者的关系，可以运用融资的每股收益分析的方法。

每股收益分析是利用每股收益的无差别点进行的。所谓每股收益的无差别点，指每股收益不受融资方式影响的销售水平。根据每股收益无差别点，可以分析判断出什么样的销售水平下适于采用何种资本结构。每股收益 EPS 可以根据式（8-14）算出：

$$EPS = \frac{(S - VC - F - I)(1 - T)}{N} = \frac{(EBIT - I)(1 - T)}{N} \quad (8-14)$$

式中 S——销售额；
  VC——变动成本；
  F——固定成本；
  I——债务利息；
  T——所得税率；
  N——流通在外的普通股股数；
  $EBIT$——息前税前盈余。

在每股收益无差别点上，无论是采用负债融资，还是采用权益融资，每股收益都是相等的，如公式（8-15）所示。

若以 EPS_1 代表负债融资，以 EPS_2 代表权益融资，有：

$$EPS_1 = EPS_2$$

$$\frac{(S_1 - VC_1 - F_1 - I_1)(1 - T)}{N_1} = \frac{(S_2 - VC_2 - F_2 - I_2)(1 - T)}{N_2}$$

在每股收益无差别点上，$S_1 = S_2$，则：

$$\frac{(S - VC_1 - F_1 - I_1)(1 - T)}{N_1} = \frac{(S - VC_2 - F_2 - I_2)(1 - T)}{N_2} \quad (8-15)$$

能使上述公式成立的销售额 S 为每股收益无差别点销售额。

【例 8-7】 某公司原有资本 700 万元，其中债务资本 200 万元（每年负担利息 24 万元），普通股资本 500 万元（发行普通股 10 万股，每股面值 50 元）。由于扩大业务，需追加筹资 300 万元，其筹资方式有两种：

一是全部发行普通股：增发 6 万股，每股面值 50 元；
二是全部筹借长期债务：债务利率仍为 12%，利息 36 万元。
公司的变动成本率为 60%，固定成本为 180 万元，所得税率为 33%。
将上述资料中的有关数据代入条件公式（8-15）：

$$\frac{(S-0.6S-180-24)\times(1-33\%)}{10+6}=\frac{(S-0.6S-180-24-36)(1-33\%)}{10}$$

求解得 $S = 750$(万元)

此时的每股收益额由公式（8-14）计算：

$$\frac{(750-0.6\times 750-180-24)\times(1-33\%)}{10+6}=4.02(元)$$

从上述每股收益无差别分析中，可以得知，当销售额高于 750 万元（每股收益无差别点的销售额）时运用负债筹资可获得较高的每股收益；当销售额低于 750 万元时，运用权益筹资可获得较高的每股收益。

2. 最佳资本结构

以上用每股收益的高低作为衡量标准对筹资方式进行的选择，其缺陷在于没有考虑风险因素。从根本上讲，财务管理的目标在于追求公司价值的最大化或股价最大化。然而只有在风险不变的情况下，每股收益的增长才会直接导致股价的上升，实际上经常是随着每股收益的增长，风险也加大。如果每股收益的增长不足以补偿风险增加所需的报酬，尽管每股收益增加，股价仍然会下降。所以，公司的最佳资本结构应当是可使公司的总价值最高，而不一定是每股收益最大的资本结构。同时，在公司总价值最大的资本结构下，公司的资金成本也是最低的。公司的市场总价值 V 应该等于其股票的总价值 S 加上债券的价值 B，即公式（8-16）：

$$V = S + B \tag{8-16}$$

式中　V——公司的市场价值；
　　　S——股票的市场价值；
　　　B——债券的市场价值。

为简化起见假设债券的市场价值等于它的面值。股票的市场价值则可通过公式（8-17）计算：

$$S = \frac{(EBIT-I)(1-T)}{K_S} \tag{8-17}$$

式中　$EBIT$——息前税前盈余；
　　　I——年利息额；
　　　T——公司所得税率；
　　　K_S——权益资本成本。

此时 K_S 可采用资本资产定价模型计算。公司的资金成本，则利用加权平均资金成本（K_W）来表示，即为公式（8-18）：

$$K_w = K_b\left(\frac{B}{V}\right)(1-T) + K_S\left(\frac{S}{V}\right) \tag{8-18}$$

式中　K_w——加权平均资本成本；
　　　K_b——税前的债务资本成本。

【例 8-8】　某公司年息前税前盈余为 500 万元，资金全部由普通股成本组成，股票账面价值 2000 万元，所得税率 40%。该公司认为目前的资本结构不合理，准备用发行债券购回部分股票的办法予以调整，求最佳资本结构？

【解】 经咨询调查,目前的债务利率和权益资本的成本情况见表8-1。

不同债务水平对公司债务资本成本和权益资本成本的影响 表8-1

债券的市场价值 B(百万元)	税前债务资本成本率 K_b	股票 β 系数值	无风险报酬率 R_f	平均风险股票必要报酬率 R_m	权益资本成本率 K_s
0		1.20	10%	14%	14.8%
2	10%	1.25	10%	14%	15%
4	10%	1.30	10%	14%	15.2%
6	12%	1.40	10%	14%	15.6%
8	14%	1.55	10%	14%	16.2%
10	16%	2.10	10%	14%	18.4%

根据表8-1的资料,即可计算出筹借不同金额的债务时公司的价值和资本成本(见表8-2)。

公司市场价值和资本成本 表8-2

债券的市场价值 B(百万元)	股票的市场价值 S(百万元)	公司的市场价值 V(百万元)	税前债务资本成本率 K_b	权益资本成本率 K_s	加权平均资本成本率 K_w
0	20.27	20.27		14.8%	14.80%
2	19.20	21.20	10%	15%	14.15%
4	18.16	22.16	10%	15.2%	13.54%
6	16.46	22.46	12%	15.6%	13.36%
8	14.37	22.37	14%	16.2%	13.41%
10	11.09	21.09	16%	18.4%	14.23%

从表8-2中可以看出,在没有债务的情况下,公司的总价值就是其原有股票的市场价值。当公司用债务资本部分地替换权益资本时,一开始公司总价值上升,加权平均资金成本下降;在债务达到600万元时,公司总价值最高,加权平均资金成本最低;债务超过600万元后,公司总价值下降,加权平均资金成本上升,因此,债务为600万元时的资本结构是该公司的最佳资本结构。

四、资本结构的调整

(一)影响资本结构变动的因素

资本结构的变动,除受资本成本、财务风险等因素影响外,还要受到其他因素的影响,这些因素主要有:

1. 企业因素

企业因素主要是指企业内部影响资本结构变动的经济变量,主要包括以下三个方面:

(1)管理者的风险态度

如果管理者对风险极为厌恶,则企业资本结构中负债的比重相对较小;相反,如果管理者以取得高报酬为目的而比较愿意承担风险,则资本结构中负债的比重相对要大。

(2) 企业获利能力

息税前利润是用以还本付息的根本来源。息税前利润越大，即总资产报酬率大于负债利率，则利用财务杠杆能取得较高的净资产收益率；反之则相反。可见，获利能力是衡量企业负债能力强弱的基本依据。

(3) 企业经济增长

增长快的企业，总是期望通过扩大筹资来满足其资本需要，而在股权资本一定的情况下，扩大筹资即意味着对外负债。从这里也可看出，负债筹资及负债经营是促进企业经济增长的主要方式之一。

2. 环境因素

环境因素主要是指制约企业资本结构的外部经济变量，主要包括以下四个方面：

(1) 银行等金融机构的态度

虽然企业总是希望通过负债筹资来取得净资产收益率的提高，但银行等金融机构的态度在企业负债筹资中起到决定性的作用。在这里，银行等金融机构的态度就是商业银行的经营规则，即考虑贷款的安全性、流动性与收益性。

(2) 信用评估机构的意见

信用评估机构的意见对企业的对外筹资能力，起着举足轻重的作用。

(3) 税收因素

债务利息从税前支付，从而具有节税功能；而且，一般认为，企业所得税率越高，节税功能越强，从而举债好处越多，因此，税率变动对企业资本结构变动具有某种导向作用。

(4) 行业差别

不同行业所处的经济环境、资产构成及运营效率、行业经营风险等是不同的，因此，上述各种因素的变动直接导致行业资本结构的变动，从而体现其行业特征。

(二) 资本结构调整的原因

尽管影响资本结构变动的因素很多，但就某一具体企业来讲，资本结构变动或调整有其直接的原因。这些原因，归纳起来有：

(1) 成本过高

即原有资本结构的加权资本成本过高，从而使得利润下降。它是资本结构调整的主要原因之一。

(2) 风险过大

虽然负债筹资能降低成本、提高利润，但风险较大。如果筹资风险过大，以至于企业无法承担，企业可预见的破产成本会直接抵减因负债筹资而取得的现时杠杆收益，企业此时也需进行资本结构调整。

(3) 弹性不足

所谓弹性是指企业在进行资本结构调整时原有结构应有的灵活性，包括：筹资期限弹性、各种筹资方式间的转换弹性等。其中，期限弹性针对负债筹资方式是否具有展期性、提前收兑性等而言；转换弹性针对负债与负债间、负债与资本间、资本与资本间是否具有可转换性而言。弹性不足的企业，其财务状况将是脆弱的，它的应变能力也相对较差。弹性大小是判断企业资本结构是否健全的标志之一。

(4) 约束过严

不同的筹资方式，投资者对筹资方的使用约束是不同的。约束过严，在一定意义上有损于企业财务自主权，有损于企业灵活调度与使用资金。正因为如此，有时，企业宁愿承担较高的代价而选择那些使用约束相对较宽的筹资方式。这也是促使企业进行资本结构调整的动因之一。

(三) 资本结构调整的方法

针对这些调整可能性与时机，资本结构调整的方法可归纳为：

1. 存量调整

所谓存量调整是指在不改变现有资产规模的基础上，根据目标资本结构要求，对现有资本结构进行必要的调整。具体方式有：

(1) 在债务资本过高时，将部分债务资本转化为股权资本，例如，将可转换债券转换为普通股票。

(2) 在债务资本过高时，将长期债务收兑或提前归还，同时筹集相应的股权资本额。

(3) 在股权资本过高时，通过减资并增加相应的负债额，来调整资本结构（现实中，这种方法是较少采用的）。

2. 增量调整

它是指通过追加筹资量，从而增加总资产的方式来调整资本结构。具体方式有：

(1) 在债务资本过高时，通过追加股权资本投资来改善资本结构，如将公积金转换为资本，或者直接增资。

(2) 在债务资本过低时，通过追加负债筹资规模来提高负债筹资比重。

(3) 在股权资本过低时，可通过筹措股权资本来扩大投资，提高股权资本比重。

3. 减量调整

它是通过减少资本总额的方式来调整资本结构。具体方式有：

(1) 在股权资本过高时，通过减资来降低其比重（股份公司则可回购部分普通股票等）。

(2) 在债务资本过高时，利用税后留存归还债务，用以减少总资产，并相应减少债务比重。

复习思考题

1. 房地产融资的概念。
2. 房地产融资的形式有哪些？
3. 简述资本成本的作用。
4. 简述房地产资金的循环过程。
5. 某企业有一投资项目，预计报酬率为35%，目前银行借款利率为12%，所得税率40%，该项目须投资120万元。请问：如该企业欲保持自有资本利润率24%的目标，应如何安排负债与自有资本的筹资数额？
6. 假设某企业与银行签订了周转信贷协议，在该协议下，它可以按12%的利率一直借到100万元的贷款，但必须按实际所借资金保留10%的补偿性余额，如果该企业在此协议下，全年借款为40万元，那么借款的实际利率为多少？

7. 承上例，假如企业另外还需为信贷额度中未使用部分支付0.5%的承诺费，那么实际利率为多少？

8. 假设某公司的资本来源包括以下两种形式：

（1）100万股面值为1元的普通股。假设公司下一年度的预期股利是每股0.10元，并且以后将以每年10%的速度增长。该普通股目前的市场价值是每股1.8元。

（2）面值为80万元的债券，该债券在三年后到期，每年年末要按面值的11%支付利息，三年后将以面值购回。该债券目前在市场上的交易价格是每张95元（面值100元）。

另设公司的所得税率是33%。该公司的加权平均资本成本是多少？

9. 某公司拟筹资2500万元，其中发行债券1000万元，筹资费率2%，债券年利率为10%，所得税率为33%；优先股500万元，年股息率7%，筹资费率3%；普通股1000万元，筹资费率为4%，第一年预期股利10%，以后各年增长4%。试计算该筹资方案的加权资本成本。

10. 某企业目前拥有资本1000万元，其结构为：负债资本20%（年利息20万元），普通股权益资本80%（发行普通股10万股，每股面值80元）。现准备追加筹资400万元，有两种筹资方案可供选择：

（1）全部发行普通股。增发5万股，每股面值80元；

（2）全部筹措长期债务。利率为10%，利息为40万元。企业追加筹资后，息税前利润预计为160万元，所得税率为33%。

要求：计算每股收益无差别点及无差别点的每股收益并确定企业的筹资方案。

第九章 房地产宏观调控

房地产业作为国民经济中的一个重要产业,其发展速度、规模及发展周期与国民经济的发展速度、规模及经济周期紧密相关。对房地产经济的宏观调控是促使其健康运行的基本保证。通过本章的学习,要求掌握房地产业在国民经济中的地位与作用,房地产宏观调控的必要性及主要调控手段,深刻理解宏观调控对促进房地产业与国民经济协调发展的重要意义。

第一节 房地产业在国民经济中的地位和作用

一、房地产业在国民经济中的地位

(一) 房地产业是国民经济的基础性产业

基础性是指一个产业或行业是社会再生产和各种经济活动的载体,是国民经济中不可缺少的组成部分,能较大程度地制约其他产业和部门的发展。

房地产业是国民经济的基本承载体,主要是指房地产业作为在工业化、城市化和现代化兴起、发展过程中所形成的一个独立产业,在推动工业化、城市化和现代化进程的同时,已经成为现代经济大系统中一个重要的组成部分。在现代经济条件下,房地产是人们进行社会生产和其他经济活动以及科学、文化、教育、卫生等活动的基础和空间条件,是社会生产和人类生活的基本要素。在当今世界上许多经济发达的国家和地区,房地产业已经成为经济繁荣的基本支撑点,是为生产乃至整个社会活动提供基础性条件的重要产业。美国房地产业对GDP的影响是14%,其国内私人投资的最大部分是房地产,约占全部投资的50%以上。英国、意大利、法国等欧洲国家的房地产业净产值占国民收入6%~9%之间,日本1980~1990年房地产业的总产值占国内生产总值的比例约为9.4%~10.9%,与建筑业持平或略高于建筑业。目前在我国房地产业作为一个新兴的产业,20世纪90年代以来得到了迅速的发展,其增长速度高出国民经济增长速度的1倍,年均增长速度为20%左右;其增加值占GDP的比例大约在5%左右,其中上海等城市房地产业产值已占GDP的10%左右。2004年房地产开发投资达13158亿元,增长28.1%。如此快速发展的房地产业有力地促进了国民经济的增长。

房地产业成为国民经济的基础性产业主要体现在以下几个方面:

1. 房地产是社会一切部门不可缺少的物质条件

在社会经济生活中,房地产业提供的商品和劳务兼有生活资料和生产资料的双重属性。一方面,它作为人们生活的基本要素满足人们住的需求,为人们安居乐业创造条件;另一方面,它又作为社会生产的基本要素贯穿社会生产和再生产的各个环节,成为任何社会活动,尤其是城市经济活动所必需的基础性物质条件。房地产业发展的规模、水平、速度都将直接决定并影响着其他行业的规模、结构、布局、发展水平和速度。同时，任何行业也必然会拥有相当数量的房地产，并作为产业部门固定资产的重要组成部分，直接参与价值生产和价值实现的经济过程。

2．房地产业是社会劳动力生产和素质提高的先决条件

国民经济的发展在很大程度上取决于社会生产力的发展，而劳动者是生产力中最基本、最活跃的因素。当代经济的竞争归根结底是人才、劳动力素质的竞争。而住宅是劳动力维持生命、恢复体力和养育后代的基本生活消费资料。如果没有住宅及与之相配套的文化、娱乐、教育、卫生、体育、公共设施等的用地和用房，就没有劳动力的生产和再生产，劳动力素质也难以得到提高。

3．房地产业是城市经济建设与发展的重要物质基础

在现代经济条件下，土地、房屋、道路及其他建筑物和公用设施是城市资产中最重要的组成内容。因此，这些资产的开发和建设直接影响城市的形成与发展规模。房地产业作为城市经济的重要组成部分，它影响着一个城市经济结构是否合理以及基础设施建设的配套、完善程度，是决定一个城市能否持续、高效运行的基本条件。

4．房地产业是国民经济积累资金的重要来源

房地产业是一个高附加值的产业，利用土地开发和房屋建设，可以为国家提供大量的积累资金。我国从1988年开始实行城市土地有偿使用，土地出让金已经成为城市地方政府的重要收入来源。另外，房地产税收是国家财政收入的重要来源。在美国，1986年房产税占总收入的7.4%，占州政府和城市政府收入的14.3%。2000年和2001年，在全国地方财政收入中，契税收入由1999年的96亿元，分别提高到131亿元和157亿元，分别比上年增长36.6%和19.8%。据有关资料显示，我国目前房地产征税相当于财政收入的2%左右，而房地产开发、经营、物业管理和中介服务的发展与提高，对国家财政的贡献程度将更大。

5．房地产业对国民经济的发展具有稳定而长远的影响

房地产是构成整个社会财富的重要内容，对国民经济的发展具有稳定而长远的影响。2004年全国房地产开发完成投资13158亿元，约占GDP的10%左右。另外，从财富构成来说，发达国家房地产价值占其国家总财富的比重也非常高，20世纪80年代美国的房地产价值占该国总财富的73%。1985年，日本的土地资产为952万亿日元，占国家总财富的57.1%。1990年，由于地价高涨，土地资产上升为2338万亿日元，是同年日本GDP的5倍多，占国家财富的64%。20世纪90年代，日本泡沫经济破灭，也使得国家财富大幅缩水。1994年底我国城市达622个，城市建成区面积达到17939.5km^2，其中收益性土地约为11160km^2，按当年基准地价计算，土地资产价值量约为4.1万亿元。我国房地产业年收益率约为8%～13%，按9%计算，每年城市土地的社会收益量可达3690亿元，相当于1994年全国国内生产总值的1/10左右，超过了当年全国城市市区创造的国内生产总值之和，对国民经济有深远影响。

(二) 房地产业是国民经济的先导性产业

产业的先导性是指该产业的产业关联度达到一定强度，它的繁荣与萧条，成为其他相关产业生产经营的机遇、市场空间和条件，从而具有导向的功能。

房地产业是国民经济的先导性产业。首先，在国民经济的运行周期中，各个行业的简

单再生产和扩大再生产都是以房地产业的发展为前提条件的,因此,相对于经济运行周期各阶段的出现,房地产业常常有先行半步的示范作用;其次,房地产业是产业链长、关联度大的产业,是提供最终产品的部门。它既有一定的前后衔接性,又有侧向关联性,从而形成以其为中心的产业圈体系。因而,它的健康发展,能够直接或间接地引导和影响相关产业的发展。据美国、日本等发达国家的经验数据显示:房地产业每增加1个单位产值,可带动其他关联产业增加1.5~2个单位产值;按照世界银行的测算模型,我国住宅建设每投入100元,可以创造相关产业170~220元的需求,每销售100元就可以带动130~150元的其他产业的销售。房地产业的增长对带动其他产业成长、拉动经济增长有很重要的意义。20世纪90年代以来,房地产业得到了迅速发展,其增长速度高出国民经济增长速度的1倍,年均增长速度为20%。2004年我国GDP增长率达到9.5%,房地产业的贡献不言而喻。

房地产业与其相关性较大的几个产业的具体关系分析如下:

1. 房地产业与建筑业

房地产业的发展、大量的土地开发和房屋建设直接为建筑业的发展提供了广阔的市场空间和发展机会。一方面,建筑业为房地产业提供大量劳务和技术服务;另一方面,建筑业的发展要以房地产业的发展为前提条件,二者之间是共命运、同发展、息息相关的。

2. 房地产业与建材、冶金、化工、电子、机械以及电器、家具、纺织、装饰等行业

房地产业的发展,能直接促进建材、冶金、机械等基础工业的发展。据粗略统计,房地产开发建设过程中所需要的建筑材料共有23个大类、1500多个品种,涉及建材、冶金等50多个行业的产品。我国房屋建筑成本中约70%是材料的消耗,每年耗用钢材总产量的25%、木材的40%、水泥的70%、玻璃的70%、预制品的25%、运输量的8%。房地产业对其他行业的发展具有明显的带动效应,所谓"房地产兴,百业盛;房地产衰,百业滞。"

购房并非简单的一次性消费,伴随着住房消费,还必须有配套的装潢、家具、电器等消费。据统计,我国每消费100元住宅,可以带动130~150元的其他商品的消费。

房地产业对各种消费服务市场也有相关的启动效益,包括物业管理服务的兴起和发展,直接参与商业、旅店服务业活动,为城市第三产业注入了新的活力。

房地产业的兴旺,为这些产业提供了立足的场所,扩大了对这些产业的社会需求,直接或间接地促进了这些产业的发展。

3. 房地产业与金融业的互动作用

房地产业与金融业有着密切的关系。房地产投资数量大、资金周转期长,较一般产业的发展更需要金融业的支持。同时,房地产具有不可移动性和耐久性以及保值和增值的作用,从而使得不动产的信托、抵押成为现代信用的基础,也是最安全可靠的投资领域。金融机构从保值的角度出发,往往鼓励购买房地产,或者直接投资经营房地产,使房地产金融投资服务成为金融业的一项主导和传统的业务。因此,房地产业的景气会带动金融业的兴旺;房地产业低迷,首当其冲受损的就是金融业。在发达国家和经济发达地区,银行用于房地产的贷款和投资,一般要占它们投资存款总额的1/3,高的可达70%。在中国香港,1985年银行贷款总额中,有30.4%是建造物业发展贷款和购买楼房贷款。截止2003年4月,我国房地产贷款余额占商业银行各项贷款余额的17.6%。

（三）房地产业已成为国民经济的支柱产业

所谓支柱性产业，是指在国民经济发展中起着骨干性、支撑性作用的行业。

一个产业能否是支柱产业，一般有四个基本条件：一是在国民经济发展中有着举足轻重的地位，其增加值在国内生产总值（GDP）中占5%以上，对国民经济的贡献突出；二是具有较大的市场发展空间和增长潜力；三是符合产业结构演进方向，有利于产业结构优化；四是产业的关联度强，能够带动众多的相关产业发展。

2003年8月31日国务院发布的《国务院关于促进房地产市场持续健康发展的通知》，充分肯定了中国房地产业对社会经济发展的贡献，首次明确做出了"房地产业关联度高，带动力强，已经成为国民经济的支柱产业"的判断。根据上述目标，结合我国经济发展的战略目标和实践情况来看，房地产业完全有条件成为国民经济发展中的支柱产业，具体依据如下：

1. 房地产业就其产业性质来看，既能为生产乃至整个社会经济活动提供基础性条件，属于生产要素产业，也能为人们提供基本的生活资料。房地产业为社会提供的房地产商品，是国民经济各行业最基本和最重要的生产资料，是社会活动不可缺少的物质条件和空间场所：①占房地产70%左右的住宅，是直接关系到国计民生的基本生活资料。另外房地产业的生产方式采用综合开发的形式，为城市总体规划的实施、基础设施的配套、投资环境的改善、城市化进程的加快以及城市的现代化提供了可能；②房地产市场的建立与发展，促进了社会主义市场体系的健全与完善，房屋和土地作为生产要素参与流通，使其得以按市场规律进行优化配置和合理使用，成为国民经济循环链中的重要物质要素；③土地有偿、有期限地使用和住宅商品化，有利于引导消费，转变消费观念和调整消费结构，并能为城市建设开辟资源渠道，实现城市建设资金的合理循环与周转，促进城市经济的发展。

在房地产业的增加值占国内生产总值的比重方面，从全国来看，1987年仅为1.13%，2001年为2.0%；从局部来看，一些地区如上海等，这一比例已超过5%。据资料显示2003年上海房地产业增加值在GDP中的比重已经由1989年的0.7%上升至7.4%，对全市经济增长的贡献率已达10%左右。由于上述的统计数据在统计对象和核算方法方面都未与国际通行方法接轨，使得统计的房地产增加值偏低。如果按国际通行的统计方法："2000年我国房地产业增加值占国内生产总值的比例已达到6%左右。"（国家统计局固定资产投资统计司李启明司长在2001年中国房地产业首脑峰会上的讲话）。

2. 我国是一个发展中的人口大国，对房地产尤其是住宅有着旺盛的需求。尽管住宅建设取得了很大成效，2000年底我国城镇人均住房建筑面积为20.4m^2，人均居住面积10.25m^2，虽已超过人均居住面积10m^2的小康水平，但从总体上看，城镇居民的居住水平与发达国家人均居住面积40m^2左右的水平相比，与城镇居民日益增长的需求相比仍有较大差距。住房市场的潜在需求还很大，住房苦乐不均的问题还很普遍，尚有1.5亿m^2旧房屋面临改造，156万个家庭缺房，35万个家庭人均住房建筑面积在8m^2以下。我国的住宅建设有着广阔的发展空间。

据世界各国统计资料显示，住宅投资随人均GDP的增加而增加，当一个国家人均GDP达到1000美元左右时，就进入了解决居民居住问题的关键时期，住宅投资将出现持续快速增长，逐步成长为支柱产业。根据党的"十六"大报告中提出的第三步发展战略，我国将从现在到 2020 年，实现 GDP 比 2000 年翻两番的目标，人均 GDP 达到 3000 美元，这无疑将极大地促进房地产的消费和需求。2003 年，我国 GDP 增速达 8.5%，超过 11 万亿元，人均突破 1000 美元。这预示着我国住宅业未来的发展空间巨大，前景光明。

同时，城市化进程的加快也需要建设大量住宅，据预测 2010 年我国城镇人口比例将达到 45%，城市人口的增量将达到 2.8 亿左右，需要住房 56 亿 m^2，每年新增城市人口需要新建 5 亿 m^2 左右的住房。

目前，我国正处于工业化、城市化的加速发展时期，特别是随着社会经济的发展和人们收入水平的不断提高，居住消费将继续成为主要的消费热点，人们用于居住消费的支出将有较大幅度的提高，居住消费的范围，也将从单一的住宅实物消费扩大到包括物业管理服务、中介服务、法律服务等连带消费领域。由此可以看出，房地产市场对住宅的需求量极大，我国的住宅业和房地产业发展的空间十分广阔，这为房地产业的增长提供了坚实的市场基础。

3. 一些国家的经济发展实践表明，随着生产社会化、现代化和劳动生产力水平的不断提高，在国内生产总值和就业人口的构成中，第一产业的比重呈下降趋势，第二产业的比重一般经历由上升逐步转入下降的变化，第三产业的比重则呈上升的趋势。房地产业作为为生产和生活服务的第三产业，对国民经济的贡献度较其他行业更大，更具有推动国民经济增长的能量。在许多经济发达国家和地区，房地产业所提供的社会财富，在国内生产总值中的比重都已超过 10%，甚至高达 20%。已成为国民经济的支柱产业，得到了迅速的发展。我国已进入全面建设小康社会时期和加快推进社会主义现代化建设的新阶段，也进入了工业化发展的加速时期。因此，客观上要求包括房地产业在内的第三产业有一个大的发展。参照国外房地产发展的经验，我国目前正处于房地产业作为支柱产业的初步形成时期。

4. 房地产业对相关行业所产生的关联度，较其他行业更强，它所带动的上下游相关产业，不仅数量多、范围广，而且能够带动其他行业质量的提高和产业的发展，这种关联作用是全方位、多层次的（具体可参见前面有关章节的内容）。

二、房地产业在国民经济中的作用

房地产业作为一个在工业化、城市化进程中发展起来的现代产业，它充当着社会生产和生活的基本载体的功能，在社会经济生活中起着十分重要的作用。

1. 房地产业的发展有利于解决我国的住房问题

住房作为人民生活的基本消费资料，是人民安居乐业和社会稳定的关键所在。可以说住宅是社会文明进步的一种表现形式，不同的住宅水平反映了社会的发展水平、社会的文明水平和社会进步步伐。全面解决城镇普通居民的住房问题是关系到人民生活水平提高和社会经济发展的事关全局的战略问题。在改革开放初期的 1978 年，我国城镇人均居住面积只有 $3.5m^2$，到 1991 年达到了 $6.7m^2$。1998～2002 年，全国城镇住宅竣工面积约 34 亿 m^2，约 5 亿 m^2 的危旧住房得到改造，近 5000 万个城镇家庭改善了住房条件。城镇人均住宅建筑面积由 1998 年的 $18m^2$，提高到 2004 年的 $25m^2$ 左右，户均住宅建筑面积可达到 $70m^2$，可满足居民基本居住需要。住宅功能、配套设施水平也有明显提高。我国房地产业的快速发展有力地缓解了我国的住房压力，为提高人民生活水平和稳定社会安定起到了积极的作用。

2. 房地产业的发展有利于产业结构的调整、优化和升级

目前,我国三大产业的增加值结构与发展水平相同的国家相比,还存在着一定的结构偏差,与发达国家相比,差距更大。这种结构偏差主要表现在两个方面:一是第二产业的比重过高,一般占到50%左右,与发展水平相同的国家比要高出10%~20%;二是第三产业的比重太低,1996~1999年第三产业的比重,以当年价格和不变价格计算分别为32%和28%,与发展水平相同的国家相比,低了10%~20%。所以,我国三大产业结构调整的主要任务就是要大力发展第三产业。其中,房地产业就是一个要重点发展的产业。因此,房地产业的发展,不仅可以为第二产业的产品结构优化带来机遇,也可以为第三产业的发展创造出更为广阔的需求空间。

3. 房地产业的发展能够带动经济的发展

国民经济是一个相互联系的结构体系,房地产业是一个产业关联度很高的产业,能直接或间接地引导和影响很多相关产业的发展。对国民经济体系的影响力较大。据初步统计,直接与房地产业相关的行业多达50个以上,房地产业不仅与建筑业、建材业、金融业有直接的紧密联系,它还影响到钢铁、化工、塑料、机电等基础工业和制造业。带动家用电器、家具等民用工业和旅游、园林、商业、咨询等第三产业的兴起和繁荣。

我国已经进入工业化发展的加速时期,这一阶段是房地产业作为支柱产业的形成时期,各产业的发展都需要房地产业的快速发展,房地产业的发展也将对经济的发展起到巨大的推动作用。90年代以来,房地产业一直是我国经济发展的热点,对我国经济保持较快增长起到了重要的作用。从推动中国经济高速发展的"三驾马车"——投资、消费和出口对中国经济发展的作用来看,投资特别是房地产投资的地位相当突出。据统计,2001年,房地产投资对我国GDP增长的直接贡献率为1.3%,间接贡献率为0.6%~2%,两者相加共计1.9%~2.5%。这充分表明房地产业的发展对GDP的增长起促进作用,能带动经济的发展。

4. 房地产业的发展可加快城市发展建设的步伐,加速城市化进程

城市化是完成落后农业国向发达工业国跨越的必由之路,也是实现经济结构优化和产业结构提升的重要途径。目前发达国家已完成了这个历史性进程。由于特定的社会经济条件和历史原因,我国城市化进程相对比较缓慢。从现阶段我国经济发展实际看,较低的城市化水平已经成为制约我国经济和社会持续发展的主要因素。积极稳妥地推进城市化进程势在必行。房地产业的发展可加快城市发展建设的步伐,加速城市化进程。我国2002年城区建成面积为25973km^2,比1985年的建成区面积增加了176%。

首先,房地产业的不断发展,能够促进城市建设与改造,改善城市硬件设施,完善城市功能,优化城市产业结构,提高城市的集聚效益,促进城市经济的持续繁荣和发展。由于我国实行房地产和城镇基础设施的综合开发和配套建设,在城市建设资金投入能力有限的情况下,可以通过房地产投资的发展来带动城市基础设施的建设,主要是道路、供水、供电、排污、通信、绿化、环保等基础设施,从而完善城市功能。

其次,通过房地产综合开发,一方面可使国家通过税收渠道聚集更加可观的财政收入,为城市建设积累资金;另一方面,可通过土地使用权的有偿出让,使各级城市的政府部门获得巨额出让金。这不但增强了城市的经济实力,更为重要的是为城市建设和发展开

辟了稳定的资金来源，加快了城市发展建设的步伐，为经营城市提供了丰富的物质基础，加速城市化进程。

5．房地产业能够优化城市居民的消费结构，带动消费市场的拓展

在住宅商品化的条件下，住房消费已成为居民家庭消费中的一个非常重要的组成部分。在传统的经济体制下，我国实行的是一种低工资分配政策，对住房实行的是实物性、行政性分配政策，人们对住房消费没有选择的自由，租金支出占生活总消费的比例不到2%，因此，无法形成合理的消费结构。

随着经济的发展，居民收入水平的提高和住房制度的深化，个人购买住房已成为当今的消费热点，城镇居民个人已成为住房消费的主流。2003年全年商品房销售额7671亿元，增长34.1%，其中销售给个人的比重为92.5%。同时，人们购房并非简单的一次性消费，伴随着住房消费，还必须有配套的装潢、家具、电器等消费。据统计，我国每消费100元的住宅，可以带动130~150元的其他商品的消费。这无疑促进了社会总需求的增加，拓展了消费市场。

6．房地产业的发展促进了城乡居民就业

房地产业是一个劳动力密集型产业，2002年我国房地产业的从业人员为118万人，比2001年增加了11万人，比1985年增加了227%。同时，房地产的发展也带动了房地产评估、经纪、咨询类中介服务和物业管理等企业的发展。为相当一部分下岗、转岗人员提供了再就业的机会。此外，房地产投资的兴起也使建筑行业得到了持续增长的机会。2002年我国建筑行业的从业人员为2245.19万人，比2001年增长了6.4%，比2000年增加了250万个工作岗位，间接地为我国农村剩余劳动力向非农业的转变作出了贡献。

第二节　房地产经济宏观调控的必要性和目标

一、房地产经济宏观调控的必要性

1．房地产业在国民经济中的重要地位需要宏观调控

房地产业是国民经济的重要产业部门，是具有先导性、基础性的支柱产业。是经济的寒暑表，对国民经济的健康运行有直接的影响。

房地产是社会生产和人类生活的基本要素，房地产业是为生产乃至整个社会活动提供基础性条件的重要产业。房地产业的产业链长，和国民经济中的其他产业关联度强，它的发展状况，直接影响相关产业的发展，对建筑业、建材业（如钢铁、水泥、墙体材料、装修材料等）甚至有决定性的作用。同时，住宅建设和消费的发展，还会带动家电、家具和家用装饰品及其产业的发展。尤其值得注意的是，房地产业与金融业所具有的共生共荣的互动关系，更使得房地产业的发展可以借助金融活动的超强渗透力而对整个经济整体起到全方位的影响。实践已经证明，每当经济复苏，经济建设高潮来临之时，最先的投资热点总是在房地产业，而当经济衰退，市场不景气时，首当其冲的又是房地产业。所以，房地产业是拉动我国国民经济发展的新经济增长点。2003年全年商品房销售额7671亿元，增长34.1%。2002年上海房地产业的增加值已占全市GDP的6.9%。2003年已升至7.4%，上海GDP两位数的增长中约有1%是房地产增加值贡献的。根据发达市场经济国家的经

验，房地产业的增加值占国民生产总值的比重可以达到10%左右。正是由于这种重要地位和作用，决定了房地产业的发展，直接影响社会总供给与总需求的总量平衡和结构平衡，对整个国民经济的发展至关重要。对房地产业的宏观调控，就成为政府对整个国民经济实施宏观调控的重要组成部分。

2. 市场经济条件下发展房地产市场需要宏观调控

宏观调控是政府的基本职能之一，它是社会主义市场经济的内在要求，我国的社会主义市场经济是国家宏观调控下的市场经济。以市场配置资源为基础，相对于计划经济体制来说有利于提高社会资源配置效率，但同时必须看到市场配置资源也存在着自发性、滞后性、盲目性等问题和缺点，容易造成大起大落等不稳定状态。而且，我国的社会主义市场经济尚处于初级阶段，市场机制尚不完善，房地产各级市场中存在着严重的信息不对称。为了克服市场经济的弱点，保证国民经济的健康稳定发展，政府必须对市场经济的运行实施宏观调节与控制，以达到社会资源配置最优化的目的。房地产经济是整个国民经济的重要组成部分，是市场经济中的一个子系统。按照社会主义市场经济体制的要求，既要充分发挥市场机制对房地产资源配置的基础性作用，同时又要发挥政府的货币政策、财政政策、产业政策和计划机制的协调作用，真正使房地产资源配置达到高效率。

土地和房屋是重要的社会资源，特别是作为房屋等建筑物基础的土地是一种稀缺资源，不可再生，土地资源的合理配置是关系到整个国民经济可持续发展的重大战略问题。所以，世界各国政府对房地产经济的调控和干预相对较强。我国上世纪90年代初，房地产业一度出现发展过热的问题，主要原因在于对房地产的源头——土地供应控制不力所造成的。事实证明，在社会主义市场经济条件下，政府对房地产经济的宏观调控是十分必要的。

3. 房地产业持续稳定健康发展需要宏观调控

同其他产业相比，房地产业具有一系列特点：①房地产是不动产，位置固定不能移动，一旦形成建筑物就难以调整，所以必须由政府出面进行合理规划和控制；②房地产投资具有投资量大、周期长的特点，从投入到产出一般要二三年的时间，投资决策正确与否，要经受较长时间的考验，对房地产投资的调控显得格外重要；③房地产是价值量巨大、使用年限特别长的超耐用品，对整个社会总供给量和总需求量的总量平衡及结构平衡关系极大，对房地产投资必须实施有效控制；④房地产交易是一种产权交易，要依法通过产权转让来完成，如产权的界定、分割、组合、重组、转移等都要靠法律来确认和保护，因而更需要用法律手段规范其运行。

上述特点决定了政府对房地产业的宏观调控较之其他产业的宏观调控更为重要。只有针对这些特点采取相应的对策措施，才能引导房地产业健康发展。

4. 房地产消费的社会保障性需要宏观调控

住房是最基本的生存资料，是人们的栖息场所。但是住房的价值量大，是价格昂贵的超耐用品，低收入者按市场价格买不起住房，市场手段不能解决这一问题。据全国城市社会经济调查总队对10个城市的3000户家庭的生活意向调查，城镇居民把住房看成是世纪之交第四个关注的热点问题，关注率高达65.4%。住房问题关系到居民的基本生活和整个社会的安定。房地产开发的利润往往与产品的档次成正比，房地产开发商在商言利，每个开发商都会开发追逐利润高的高档商品房。这就需要政府参与其中，实施宏观调控，保障中低收入家庭的住房问题。即使在发达国家亦如此。如美国的《住宅法》规定，低收入者及退休老人租住符合政府规定要求的住房，只需支付家庭收入25%的租金，超过部分由政府付给租房主。日本则运用财政和金融手段，创造了独特的住宅金融公库模式，向普通居民提供长期低息的住宅资金。中国是社会主义国家，在为中低收入家庭提供住房保障方面更是义不容辞。经济适用房就是我国政府为了解决城市中低收入家庭的买房难题而提供的一种公共福利。仅在2000年，经济适用房的施工面积就达到近2亿m^2，计划总投资1800亿元，已经成为商品住宅的重要组成部分。2004年4月13日我国出台第一部《经济适用住房管理办法》，确保经济适用住房的各项优惠政策落实到中低收入家庭。

二、房地产经济宏观调控的目标

房地产业是整个国民经济的重要组成部分，与其他产业相比既有其共性又有其特殊性。因此，对房地产经济的宏观调控既要服从全社会的国民经济宏观调控的总目标，从全面出发考虑，同时由于房地产业本身的特点，具体的调控目标也有其特殊的要求。

1. 实现房地产经济的总量基本平衡

即实现房地产市场供给量和需求量的基本平衡。这是房地产经济宏观调控的首要目标。实现供求总量基本平衡是实现房地产价格基本稳定的前提，也是实现其他宏观调控目标的基础。

实现供求总量基本平衡的关键是正确预测市场需求量，因为市场供给量可通过政府对土地市场等的调控来实现，但市场需求是受诸多因素的影响，尤其是投资性需求量的变数很大，难以做到准确预测。所以政府对供求（总量）实施宏观调控的难点在于预测市场需求量。根据国际惯例，房地产供需总量的平衡系数（即未销售面积在供给面积中的比重）在0.2～0.3之间，供需基本平衡。

由于房地产供给和需求的特殊性在实现供给和需求总量平衡时，要注意以下几点：

（1）房地产商品空间位置固定性的特点造成其供给和需求区域性特别强，更多的是要求在一个地区或城市内实现供给总量和需求总量的基本平衡。

（2）房地产市场需求存在着潜在需求和有效需求的区分，潜在需求是指房屋消费的欲望，而有效需求则是指有支付能力的实际需求。房地产商品的供给总量不能以潜在需求为依据，而是必须与市场有效需求总量相平衡。

（3）房地产经济作为一个子系统，不仅要实现自身的供给和需求的平衡，而且要放在整个国民经济范围中加以考察，协调房地产业与整个国民经济，特别是地区经济发展的适当比例，实现平衡发展。

2. 优化房地产产业结构，提高资源配置效率

结构协调和结构优化是房地产经济宏观调控的重要目标。结构协调，主要是指与现阶段经济发展水平相适应，协调发展；结构优化则是指产业结构的升级换代和最优化。通过结构优化，以充分合理地利用房地产资源，实现资源配置效率的最优化。主要包括两个方面内容：

（1）从国民经济全局来说，房地产业的发展要与其他产业相协调，既带动相关产业发展，又保持与其他产业的适当比例，平衡发展。我国现阶段房地产业增加值在国内生产总值中所占比例偏低，有较大的增长空间，随着经济发展其比重将逐步提高。

(2) 房地产业内部的供给结构要与市场需求结构相协调，包括产品结构、价格结构。生产用房与消费用房、厂房、商业用房、办公楼、居民住宅、娱乐设施等各类用房，要符合市场需求的比例。一般来说，住宅建设应占主体地位。同时，由于不同收入阶层对住房需求各不相同，所以房地产商品也应满足各个阶层的居住需求，既要有适应高收入阶层的高档商品房，也要有满足中低收入家庭居住的中低价商品房。

3. 确保房地产业持续、稳定、健康发展

这是房地产经济宏观调控的最终目标。与国民经济一样，房地产经济也应该确保持续、稳定、健康发展的目标，这对于促进生产发展，保证居民居住水平和居住质量的提高具有重要意义。

所谓持续发展，就是指房地产经济的长期发展，不仅要考虑当前的发展，而且要为今后的长期发展创造必要的条件，决不能片面追求当前的发展，而损害今后的发展。

所谓稳定发展，就是要保持适当的增长速度，避免忽高忽低、大起大落的波动。

所谓健康发展，就是要按比例的协调发展，取得较好的经济效益。

1998年以来，我国房地产业保持了高速发展，但房地产价格也逐年攀升，以上海为例，2000年至2003年间上海房价已连续四年保持上涨态势。2000年同比上涨4.5%，2001年为7.8%，2002年为13.2%，2003年为25%左右。2003年我国有4个省、市、区商品房价格增幅超过30%，最高的省份达到52.5%。1997年东南亚等国家金融危机的发生告诉我们：房价上涨过快会使得房地产业成为暴利行业，过多的银行资金投向房地产业，金融风险集聚，房地产市场价格脱离其价值，必然有一天会出现滞涨现象，此时，投资性购房者会纷纷抛售手中房源，房价出现暴跌。房地产市场在大起大落间元气大伤，而银行等金融机构的呆坏账又居高不下，债台高筑，经济萧条，对整个产业乃至宏观经济发展都带来负面影响。1997年，香港房地产泡沫破灭，房价一路下跌，至2003年下跌了65%左右，给香港经济带来了严重的负面影响。

此外，房价升降牵动着百姓心，房价上涨过快，使真正想要改善居住条件的普通购房者难以承受高昂的房价，惟有望"楼"兴叹。而房价大跌，又会使拥有住房的百姓的个人资产不断"缩水"，引发其对政府的不满情绪。所以保持房价的相对稳定或稳步提高对确保房地产业持续、稳定、健康发展有重要意义。

第三节　房地产宏观调控的主要手段

为了实现房地产经济宏观调控的目标，政府必须运用适当的政策手段进行有效的调节和控制，房地产经济宏观调控的主要手段有经济手段、法律手段、行政手段和启发引导手段。

一、经济手段

房地产宏观调控的经济手段是指政府按照房地产经济规律，运用经济杠杆，即税收、利率、价格、投资等经济机制，调整各经济主体之间的经济利益，从而调控房地产市场的一种手段。在市场经济条件下，经济手段是政府调控房地产经济的主要形式。

1. 金融手段

金融手段是指政府通过信贷限制及利率调整，控制资金投放房地产业的数量和结构，从而影响房地产经济活动，使房地产投资总量和投资结构与房地产市场需求的总量和结构相适应。我国从1988年开始伴随着改革开放的深入，逐步发展起了房地产金融。时至今日，随着房地产投资的不断发展，中国人民银行先后出台了一系列支持房地产业发展，防范金融风险的政策措施，有力地保证了房地产市场的健康发展。

1997～2002年中国人民银行8次下调存贷款利率，以一年期贷款利率为例：1995年为12.6%，2002年为5.31%。同时，为了鼓励购房，住房抵押贷款利率低于同档次利率。这些措施促进了房地产业的迅速发展。对扩大内需、推动经济增长做出了重要贡献。进入2002年以来，部分地区房地产信贷投放过快，隐含潜在危机，2003年第三季度央行货币政策执行报告指出，目前我国房地产市场60%以上的资金来源于信贷资金，房地产贷款余额占商业银行各项贷款比重高达17.8%。2003年6月中国人民银行发布《关于进一步加强房地产信贷业务管理的通知》（一般称为央行［121］号文件），要求商业银行从土地、开发、施工、销售等各个环节加强贷款管理，房地产开发贷款受到严格限制。2004年10月28日央行宣布基准利率上调0.27%。针对房价上涨过快，2005年3月17日央行调整商业银行自营性个人住房信贷政策，将现行的住房贷款优惠利率回归到同期贷款利率水平，实行下限管理。这些措施都是运用金融手段对房地产经济进行的宏观调控。

2. 税收手段

税收调控手段是指政府通过变动税种和税率调节国民收入分配和再分配的方向和规模，进而影响房地产经济的各项活动。税收对房地产经济宏观调控的作用主要体现在以下两个方面：

（1）税收对房地产市场消费需求的调节作用

在房地产交易中，税种增加，税率提高，会增加消费者的购买成本，从而使市场需求减少；反之，减少税种，降低税率，会使需求增加。

（2）税收对房地产市场供给的调节作用

对房地产开发企业的税种增加，税率提高，导致投资的预期收益减少，抑制房地产投资的增长；反之，税种减少，税率下降，投资的预期收益增加，促使房地产开发投资上升。

当前我国城市房地产税费过多过高是影响房价的一个重要因素。根据建设部的一项研究表明，我国房地产建设成本构成中，建筑安装成本只占42%，地价和税费占到58%，而国际上的一般情况是，建筑安装成本要占到72%，地价和税费只占28%。由此可见，我国房地产价格构成中，地价和税费比例过高，还要进一步采取措施降低税费。

二、法律手段

市场经济是法制经济，国家通过规范经济活动的准则来调节市场经济的有序运行。对房地产业进行宏观调控的法律手段，是指政府通过立法和司法，运用法律、法规来规范房地产经济运行秩序，管理房地产经济活动的一种方法和手段。

法律手段具有强制性、规范性和稳定性的特点，并具有普遍约束性，是房地产经济活动的准则，它通过规范房地产市场主体行为，市场竞争行为和政府管理房地产经济行为，来协调各方面利益，引导房地产业健康运行。因此，法律手段是实施房地产业宏观调控的重要手段，运用法律手段管理房地产经济，主要是通过房地产立法和司法实现的。

完备的房地产法规体系应当包括：土地征用、土地批租、房地产企业的开发经营、交易以及租赁抵押、产权登记、房地产估价、房地产金融、房地产售后服务和中介服务等内容。《宪法》、《民法》以及其他一些法律中具有适用于房地产业的法律条款也应包括在内。

由于我国实行的是中央和地方二级立法体制，中央主要制定房地产业方面最基本最重要的法律规范，如《土地法》、《土地管理法》、《房地产法》、《房地产管理法》、《城市规划法》、《住宅法》、《土地增值税法》等。地方各级人民代表大会和政府根据中央有关法律法令等制定适合本地区的地方性法规和地方行政性条例。同时，司法是房地产法律管理的关键，近年来随着房地产交易活动的扩大，涉房经济纠纷大幅上升，加强司法工作，能够及时、准确、公正地解决各种纠纷，有力地打击违法犯罪活动，维护正常的房地产经济运行秩序，促进房地产业发展。

三、行政手段

行政调控手段是房地产行政机关在职权范围内用颁布行政命令、指令、条例、规定和采用其他行政措施对房地产经济活动进行组织、指挥和调节，它是直接的宏观调控手段。相对于其他行业来说，房地产业的行政管理和计划管理更为重要。第一，房地产开发与城市建设的发展关系极为密切，盲目开发会导致城市布局结构失衡，由于房地产是不动产，位置固定，调整极为困难，所费代价很大，所以必须由政府出面进行统一的城市规划，制定必要的规章制度加以严格管理；第二，土地是稀缺资源，城市土地的合理利用和开发是直接关系到城市建设乃至国民经济可持续发展的重大问题，只有政府通过行政手段统一管理土地，加强土地规划，才能保证土地资源配置的高效率。

行政手段具有权威性、强制性和垂直性，对于一些全局性以及特殊紧迫的问题可以运用行政手段迅速而有效的贯彻下去。行政调控手段主要分为计划、规划和管理三个方面。

1. 制定房地产开发计划，协调与国民经济发展的关系

各级政府和相关部门根据实际情况，制定房地产开发建设计划，把房地产投资纳入社会总投资规模之中，控制投资增长速度和开发建设规模，以适应国民经济发展的要求。计划手段主要突出战略性、宏观性和政策性。包括中长期计划和年度计划。长期计划是战略性计划，主要提出发展的战略目标、重点和步骤；中期计划是阶段性计划，主要对计划期内的发展目标以及实现的条件进行预测，并提出相应的政策措施；年度计划包括年度建设用地计划和年度信贷计划。

2. 严格执行规划，保证房地产开发符合城市发展的方向

规划包括国土规划、区域规划、土地利用总体规划和城市规划四个层次。规划从全局出发才能达到经济效益、社会效益和环境效益的统一。通过规划，对房地产开发进行控制，使房地产开发服从于规划，才能达到用地的合理布局，优化城市内部资源的配置，为城市创造良好环境。

3. 充分发挥行政职能管理手段

管理手段包括房地产产权产籍管理，房地产企业资格审查，投资程序审批，估价师、经纪人等资格审查、考试与注册管理等。其中房地产产权产籍管理是政府进行房地产行政管理的核心，是政府对房地产业进行宏观调控的基础性工作。

四、启发引导手段

启发引导调控手段是指运用信息、社会舆论等方式对房地产市场主体行为施加影响，从而达到调控房地产市场的目的。

信息影响着人们的最终决策，政府通过发布信息，影响市场主体的决策。如定期公布基准地价、房地产交易价格、政府关于调控房地产市场的政策，公布一定时期的土地供应总量和结构、贷款利率、税种和税率等。信息引导增强了市场供求信息的透明度，引导房地产理性投资和消费。

复习思考题

1. 为什么说房地产业是国民经济的基础性产业和先导性产业？
2. 房地产业要成为国民经济的支柱产业需要具备哪些基本条件？
3. 房地产业在国民经济发展中有哪些作用？
4. 房地产经济宏观调控的必要性何在？
5. 对房地产经济实施宏观调控的目标是什么？
6. 房地产经济宏观调控的主要手段有哪些？

附录 复利因子

4% 复利因子

N	一次支付		等额多次支付				N
	F/P	P/F	F/A	P/A	A/F	A/P	
1	1.0400	0.9615	1.0000	0.9615	1.0000	1.0400	1
2	1.0816	0.9246	2.0400	1.8861	0.4902	0.5302	2
3	1.1249	0.8890	3.1216	2.7751	0.3202	0.3603	3
4	1.1699	0.8548	4.2465	3.6299	0.2355	0.2755	4
5	1.2167	0.8219	5.4163	4.4518	0.1846	0.2246	5
6	1.2653	0.7903	6.6330	5.2421	0.1508	0.1908	6
7	1.3159	0.7599	7.8983	6.0021	0.1266	0.1666	7
8	1.3686	0.7307	9.2142	6.7327	0.1085	0.1485	8
9	1.4233	0.7026	10.5828	7.4353	0.0945	0.1345	9
10	1.4802	0.6756	12.0061	8.1109	0.0833	0.1233	10
11	1.5395	0.6496	13.4863	8.7605	0.0741	0.1141	11
12	1.6010	0.6246	15.0258	9.3851	0.0666	0.1066	12
13	1.6651	0.6006	16.6268	9.9856	0.0601	0.1001	13
14	1.7317	0.5775	18.2919	10.5631	0.0547	0.0947	14
15	1.8009	0.5553	20.0236	11.1184	0.0499	0.0899	15
16	1.8730	0.5339	21.8245	11.6523	0.0458	0.0858	16
17	1.9479	0.5134	23.6975	12.1657	0.0422	0.0822	17
18	2.0258	0.4936	25.6454	12.6593	0.0390	0.0790	18
19	2.1068	0.4746	27.6712	13.1339	0.0361	0.0761	19
20	2.1911	0.4564	29.7781	13.5903	0.0336	0.0736	20
21	2.2788	0.4388	31.9692	14.0292	0.0313	0.0173	21
22	2.3699	0.4220	34.2480	14.4511	0.0292	0.0692	22
23	2.4647	0.4057	36.6179	14.8568	0.0273	0.0673	23
24	2.5633	0.3901	39.0826	15.2470	0.0256	0.0656	24
25	2.6658	0.3751	41.6459	15.6221	0.0240	0.0640	25
26	2.7725	0.3607	44.3117	15.9828	0.0226	0.0626	26
27	2.8834	0.3468	47.0842	16.3296	0.0212	0.0612	27
28	2.9987	0.3335	49.9676	16.6631	0.0200	0.0600	28
29	3.1187	0.3207	52.9663	16.9837	0.0189	0.0589	29
30	3.2434	0.3083	56.0849	17.2920	0.0178	0.0578	30
35	3.9461	0.2534	73.6522	18.6646	0.0136	0.0536	35
40	4.8010	0.2083	95.0255	19.7928	0.0105	0.0505	40
45	5.8412	0.1712	121.029	20.7200	0.0083	0.0483	45
50	7.1067	0.1407	152.667	21.4822	0.0066	0.0466	50
55	8.6464	0.1157	191.159	22.1086	0.0052	0.0452	55
60	10.5196	0.0951	237.991	22.6235	0.0042	0.0442	60
65	12.7987	0.0781	294.968	23.0467	0.0034	0.0434	65
70	15.5716	0.0642	364.290	23.3945	0.0027	0.0427	70
75	18.9452	0.0528	448.631	23.6804	0.0022	0.0422	75
80	23.0498	0.0434	551.245	23.9154	0.0018	0.0418	80
85	28.0436	0.0357	676.090	24.1085	0.0015	0.0415	85
90	34.1193	0.0293	827.98	24.2673	0.0012	0.0412	90
95	41.5113	0.0241	1012.78	24.3978	0.0010	0.0410	95
100	50.5049	0.0198	1237.62	24.5050	0.0008	0.0408	100
∞				25.0000		0.0400	∞

5% 复利因子

	一次支付		等额多次支付				
N	F/P	P/F	F/A	P/A	A/F	A/P	N
1	1.0500	0.9524	1.0000	0.9524	1.0000	1.0500	1
2	1.1025	0.9070	2.0500	1.8594	0.4878	0.5378	2
3	1.1576	0.8636	3.1525	2.7232	0.3172	0.3672	3
4	1.2155	0.8227	4.3101	3.5460	0.2320	0.2820	4
5	1.2763	0.7835	5.5256	4.3295	0.1810	0.2310	5
6	1.3401	0.7462	6.8019	5.0757	0.1470	0.1970	6
7	1.4071	0.7107	8.1420	5.7864	0.1228	0.1728	7
8	1.4775	0.6768	9.5491	6.4632	0.1047	0.1547	8
9	1.5513	0.6446	11.0266	7.1078	0.0907	0.1407	9
10	1.6289	0.6139	12.5779	7.7217	0.0795	0.1295	10
11	1.7103	0.5847	14.2068	8.3064	0.0704	0.1204	11
12	1.7959	0.5568	15.9171	8.8633	0.0628	0.1128	12
13	1.8856	0.5303	17.7130	9.3936	0.0565	0.1065	13
14	1.9799	0.5051	19.5986	9.8986	0.0510	0.1010	14
15	2.0789	0.4810	21.5786	10.3797	0.0463	0.0963	15
16	2.1829	0.4581	23.6575	10.8378	0.0423	0.0923	16
17	2.2920	0.4363	25.8404	11.2741	0.0387	0.0887	17
18	2.4066	0.4155	28.1324	11.6896	0.0355	0.0855	18
19	2.5269	0.3957	30.5390	12.0853	0.0327	0.0827	19
20	2.6533	0.3769	33.0659	12.4622	0.0302	0.0802	20
21	2.7860	0.3589	35.7192	12.8212	0.0280	0.0780	21
22	2.9253	0.3418	38.5052	13.1630	0.0260	0.0760	22
23	3.0715	0.3256	41.4305	13.4886	0.0241	0.0741	23
24	3.2251	0.3101	44.5020	13.7986	0.0225	0.0725	24
25	3.3864	0.2953	47.7271	14.0939	0.0210	0.0710	25
26	3.5557	0.2812	51.1134	14.3752	0.0196	0.0696	26
27	3.7335	0.2678	54.6691	14.6430	0.0183	0.0683	27
28	3.9201	0.2551	58.4026	14.8981	0.0171	0.0671	28
29	4.1161	0.2429	62.3227	15.1411	0.0160	0.0660	29
30	4.3219	0.2314	66.4388	15.3725	0.0151	0.0651	30
35	5.5160	0.1813	90.3203	16.3742	0.0111	0.0611	35
40	7.0400	0.1420	120.800	17.1591	0.0083	0.0583	40
45	8.9850	0.1113	159.700	17.7741	0.0063	0.0563	45
50	11.4674	0.0872	209.348	18.2559	0.0048	0.0548	50
55	14.6356	0.0683	272.713	18.6335	0.0037	0.0537	55
60	18.6792	0.0535	353.584	18.9293	0.0028	0.0528	60
65	23.8399	0.0419	456.798	19.1611	0.0022	0.0522	65
70	30.4264	0.0329	588.528	19.3427	0.0017	0.0517	70
75	38.8327	0.0258	756.653	19.4850	0.0013	0.0513	75
80	49.5614	0.0202	971.228	19.5965	0.0010	0.0510	80
85	63.2543	0.0158	1245.09	19.6838	0.0008	0.0508	85
90	80.7304	0.0124	1594.61	19.7523	0.0006	0.0506	90
95	103.035	0.0097	2040.69	19.8059	0.0005	0.0505	95
100	131.501	0.0076	2610.02	19.8479	0.0004	0.0504	100
∞				20.0000		0.5000	∞

6% 复利因子

	一次支付		等额多次支付				
N	F/P	P/F	F/A	P/A	A/F	A/P	N
1	0.0600	0.9434	1.0000	0.9434	1.0000	1.0600	1
2	1.1236	0.8900	2.0600	1.8334	0.4854	0.5454	2
3	1.1910	0.8396	3.1836	2.6730	0.3141	0.3741	3
4	1.2625	0.7921	4.3746	3.4651	0.2286	0.2886	4
5	1.3382	0.7473	5.6371	4.2124	0.1774	0.2374	5
6	1.4185	0.7050	6.9753	4.9173	0.1434	0.2034	6
7	1.5036	0.6651	8.3938	5.5824	0.1191	0.1791	7
8	1.5938	0.6274	9.8975	6.2098	0.1010	0.1610	8
9	1.6895	0.5919	11.4913	6.8017	0.0870	0.1470	9
10	1.7908	0.5584	13.1808	7.3601	0.0759	0.1359	10
11	1.8983	0.5268	14.9716	7.8869	0.0668	0.1268	11
12	2.0122	0.4970	16.8699	8.3838	0.0593	0.1193	12
13	2.1329	0.4688	18.8821	8.8527	0.0530	0.1130	13
14	2.2609	0.4423	21.0151	9.2950	0.0476	0.1076	14
15	2.3966	0.4173	23.2760	9.7122	0.0430	0.1030	15
16	2.5404	0.3936	25.6725	10.1059	0.0390	0.0990	16
17	2.6928	0.3714	28.2129	10.4773	0.0354	0.0954	17
18	2.8543	0.3503	30.9056	10.8726	0.0324	0.0924	18
19	3.0256	0.3305	33.7600	11.1581	0.0296	0.0896	19
20	3.2071	0.3118	36.7856	11.4699	0.0272	0.0872	20
21	3.3996	0.2942	39.9927	11.7641	0.0250	0.0850	21
22	3.6035	0.2775	43.3923	12.0416	0.0230	0.0830	22
23	3.8197	0.2618	46.9958	12.3034	0.0213	0.0813	23
24	4.0489	0.2470	50.8155	12.5504	0.0197	0.0797	24
25	4.2919	0.2330	54.8645	12.7834	0.0182	0.0782	25
26	4.5494	0.2198	59.1563	13.0032	0.0169	0.0769	26
27	4.8223	0.2074	63.7057	13.2105	0.0157	0.0757	27
28	5.1117	0.1956	68.5281	13.4062	0.0146	0.0746	28
29	5.4184	0.1846	73.6397	13.5907	0.0136	0.0736	29
30	5.7435	0.1741	79.0581	13.7648	0.0126	0.0726	30
35	7.6861	0.1301	111.435	14.4982	0.0090	0.0690	35
40	10.2857	0.0972	154.762	15.0463	0.0065	0.0665	40
45	13.7646	0.0727	212.743	15.4558	0.0047	0.0647	45
50	18.4201	0.0543	290.336	15.7619	0.0034	0.0634	50
55	24.6503	0.0406	394.172	15.9905	0.0025	0.0625	55
60	32.9876	0.0303	533.128	16.1614	0.0019	0.0619	60
65	44.1449	0.0227	719.082	16.2891	0.0014	0.0614	65
70	59.0758	0.0169	967.931	16.3845	0.0010	0.0610	70
75	79.0568	0.0126	1300.95	16.4558	0.0008	0.0608	75
80	105.796	0.0095	1746.60	16.5091	0.0006	0.0606	80
85	141.579	0.0071	2342.98	16.5489	0.0004	0.0604	85
90	189.464	0.0053	3141.07	16.5787	0.0003	0.0603	90
95	253.546	0.0039	4209.10	16.6009	0.0002	0.0602	95
100	339.301	0.0029	5638.36	16.6175	0.0002	0.0602	100
∞				18.182		0.0600	∞

8% 复利因子

	一次支付		等额多次支付				
N	F/P	P/F	F/A	P/A	A/F	A/P	N
1	1.0800	0.9259	1.0000	0.9259	1.0000	1.0800	1
2	1.1664	0.8573	2.0800	1.7833	0.4808	0.5608	2
3	1.2597	0.7938	3.2464	2.5771	0.3080	0.3880	3
4	1.3605	0.7350	4.5061	3.3121	0.2219	0.3019	4
5	1.4693	0.6806	5.8666	3.9927	0.1705	0.2505	5
6	1.5869	0.6302	7.3359	4.6229	0.1363	0.2163	6
7	1.7138	0.5835	8.9228	5.2064	0.1121	0.1921	7
8	1.8509	0.5403	10.6366	5.7466	0.0940	0.1740	8
9	1.9990	0.5002	12.4876	6.2469	0.0801	0.1601	9
10	2.1589	0.4632	14.4866	6.7101	0.0690	0.1490	10
11	2.3316	0.4289	16.6455	7.1390	0.0601	0.1401	11
12	2.5182	0.3971	18.9771	7.5361	0.0527	0.1327	12
13	2.7196	0.3677	21.4953	7.9038	0.0465	0.1265	13
14	2.9372	0.3405	24.2149	8.2442	0.0413	0.1213	14
15	3.1722	0.3152	27.1521	8.5595	0.0368	0.1168	15
16	3.4269	0.2919	30.3243	8.8514	0.0330	0.1130	16
17	3.7000	0.2703	33.7502	9.1216	0.0296	0.1096	17
18	3.9960	0.2502	37.4502	9.3719	0.0267	0.1067	18
19	4.3157	0.2117	41.4463	9.6036	0.0241	0.1041	19
20	4.6610	0.2145	45.7620	9.8181	0.0219	0.1019	20
21	5.0338	0.1987	50.4229	10.0168	0.0198	0.0998	21
22	5.4365	0.1839	55.4567	10.2007	0.0180	0.0980	22
23	5.8715	0.1703	60.8933	10.3711	0.0164	0.0964	23
24	6.3412	0.1577	66.7647	10.5288	0.0150	0.0950	24
25	6.8485	0.1460	73.1059	10.6748	0.0137	0.0937	25
26	7.3964	0.1352	79.9544	10.8100	0.0125	0.0925	26
27	7.9881	0.1252	87.3507	10.9352	0.0114	0.0914	27
28	8.6271	0.1159	95.3388	11.0511	0.0105	0.0905	28
29	9.3173	0.1073	103.966	11.1584	0.0096	0.0896	29
30	10.0627	0.0994	113.283	11.2578	0.0088	0.0888	30
35	14.7853	0.0676	172.317	11.6546	0.0058	0.0858	35
40	21.7245	0.0460	259.056	11.9246	0.0039	0.0839	40
45	31.9204	0.0313	386.506	12.1084	0.0026	0.0826	45
50	46.9016	0.0213	573.770	12.2335	0.0017	0.0817	50
55	68.9138	0.0145	848.923	12.3186	0.0012	0.0812	55
60	101.257	0.0099	1253.21	12.3766	0.0008	0.0808	60
65	148.780	0.0067	1847.25	12.4160	0.0005	0.0805	65
70	218.606	0.0046	2720.08	12.4428	0.0004	0.0804	70
75	321.204	0.0031	4002.55	12.4611	0.0002	0.0802	75
80	471.955	0.0021	5886.93	12.4735	0.0002	0.0802	80
85	693.456	0.0014	8655.71	12.4820	0.0001	0.0801	85
90	1018.92	0.0010	12723.9	12.4877	a	0.0801	90
95	1497.12	0.0007	18071.5	12.4917	a	0.0801	95
100	2199.76	0.0005	27484.5	12.4943	a	0.0800	100
∞				12.5000		0.0800	∞

$a < 0.0001$

10% 复利因子

	一次支付		等额多次支付				
N	F/P	P/F	F/A	P/A	A/F	A/P	N
1	1.1000	0.9091	1.0000	0.9091	1.0000	1.1000	1
2	1.2100	0.8264	2.1000	1.7355	0.4762	0.5762	2
3	1.3310	0.7513	3.3100	2.4869	0.3012	0.4021	3
4	1.4641	0.6830	4.6410	3.1699	0.2155	0.3155	4
5	1.6105	0.6209	6.1051	3.7908	0.1638	0.2638	5
6	1.7716	0.5645	7.7156	4.3553	0.1296	0.2296	6
7	1.9487	0.5132	9.4872	4.8684	0.1054	0.2054	7
8	2.1436	0.4665	11.4359	5.3349	0.0874	0.1874	8
9	2.3579	0.4241	13.5795	5.7590	0.0736	0.1736	9
10	2.5937	0.3855	15.9374	6.1446	0.0627	0.1627	10
11	2.8531	0.3505	18.5312	6.4951	0.0540	0.1540	11
12	3.1384	0.3186	21.3843	6.8137	0.0468	0.1468	12
13	3.4523	0.2897	24.5227	7.1034	0.0408	0.1408	13
14	3.7975	0.2633	27.9750	7.3667	0.0357	0.1357	14
15	4.1772	0.2394	31.7725	7.6061	0.0315	0.1315	15
16	4.5950	0.2176	35.9497	7.8237	0.0278	0.1278	16
17	5.0545	0.1978	40.5447	8.0216	0.0247	0.1247	17
18	5.5599	0.1799	45.5992	8.2014	0.0219	0.1219	18
19	6.1159	0.1635	51.1591	8.3649	0.0195	0.1195	19
20	6.7275	0.1486	57.2750	8.5136	0.0175	0.1175	20
21	7.4002	0.1351	64.0025	8.6487	0.0156	0.1156	21
22	8.1403	0.1228	71.4027	8.7715	0.0140	0.1140	22
23	8.9543	0.1117	79.5430	8.8832	0.0126	0.1126	23
24	9.8494	0.1015	88.4973	8.9847	0.0113	0.1113	24
25	10.8347	0.0923	98.3470	9.0770	0.0102	0.1102	25
26	11.9182	0.0839	109.182	9.1609	0.0092	0.1092	26
27	13.1100	0.0763	121.100	9.2372	0.0083	0.1083	27
28	14.4210	0.0693	134.210	9.3066	0.0075	0.1075	28
29	15.8631	0.0630	148.631	9.3696	0.0067	0.1067	29
30	17.4494	0.0573	164.494	9.4269	0.0061	0.1061	30
35	28.1024	0.0356	271.024	9.6442	0.0037	0.1037	35
40	45.2592	0.0221	442.592	9.7791	0.0023	0.1033	40
45	72.8904	0.0137	718.905	9.8628	0.0014	0.1024	45
50	117.391	0.0085	1163.91	9.9148	0.0009	0.1019	50
55	189.059	0.0053	1880.59	9.9471	0.0005	0.1005	55
60	304.481	0.0033	3034.81	9.9672	0.0003	0.1003	60
65	490.370	0.0020	4893.71	9.9796	0.0002	0.1002	65
70	789.746	0.0013	7887.47	9.9873	0.0001	0.1001	70
75	1271.89	0.0008	12708.9	9.9921	a	0.1001	75
80	2048.40	0.0005	20474.0	9.9951	a	0.0000	80
85	3298.97	0.0003	32979.7	9.9970	a	0.1000	85
90	5313.02	0.0002	53120.2	9.9981	a	0.1000	90
95	8556.67	0.0001	85556.7	9.9988	a	0.1000	95
100	13780.6	a	137796	9.9993	a	0.1000	100
∞				10.0000		0.1000	∞

12% 复利因子

	一次支付		等额多次支付				
N	F/P	P/F	F/A	P/A	A/F	A/P	N
1	1.1200	0.8929	1.0000	0.8929	1.0000	1.1200	1
2	1.2544	0.7972	2.1200	1.6901	0.4717	0.5917	2
3	1.4049	0.7118	3.3744	2.4018	0.2963	0.4163	3
4	1.5735	0.6355	4.7793	3.0373	0.2092	0.3292	4
5	1.7623	0.5674	6.3528	3.6048	0.1574	0.2774	5
6	1.9738	0.5066	8.1152	4.1114	0.1232	0.2432	6
7	2.2107	0.4523	10.0890	4.5638	0.0991	0.2191	7
8	2.4760	0.4039	12.2997	4.9676	0.0813	0.2013	8
9	2.7731	0.3606	14.7757	5.3282	0.0677	0.1877	9
10	3.1058	0.3220	17.5487	5.6502	0.0570	0.1770	10
11	3.4785	0.2875	20.6546	5.9377	0.0484	0.1684	11
12	3.8960	0.2567	24.1331	6.1944	0.0414	0.1614	12
13	4.3635	0.2292	28.0291	6.4235	0.0357	0.1557	13
14	4.8871	0.2046	32.3926	6.6282	0.0309	0.1509	14
15	5.4736	0.1827	37.2797	6.8109	0.0268	0.1468	15
16	6.1304	0.1631	42.7533	6.9740	0.0234	0.1434	16
17	6.8660	0.1456	48.8837	7.1196	0.0205	0.1405	17
18	7.6900	0.1300	55.7497	7.2497	0.0179	0.1379	18
19	8.6128	0.1161	63.4397	7.3658	0.0158	0.1358	19
20	9.6463	0.1037	72.0524	7.4694	0.0139	0.1339	20
21	10.8038	0.0926	81.6987	7.5620	0.0122	0.1322	21
22	12.1003	0.0826	92.5026	7.6446	0.0108	0.1308	22
23	13.5523	0.0738	104.603	7.7184	0.0096	0.1296	23
24	15.1786	0.0659	118.155	7.7843	0.0085	0.1285	24
25	17.0001	0.0588	133.334	7.8431	0.0075	0.1275	25
26	19.0401	0.0525	150.334	7.8957	0.0067	0.1267	26
27	21.3249	0.0469	169.374	7.9426	0.0059	0.1259	27
28	23.8839	0.0419	190.699	7.9844	0.0052	0.1252	28
29	26.7499	0.0374	214.583	8.0218	0.0047	0.1247	29
30	29.9599	0.0334	241.333	8.0552	0.0041	0.1241	30
35	52.7996	0.0189	431.663	8.1755	0.0023	0.1223	35
40	93.0509	0.0107	767.091	8.2438	0.0013	0.1213	40
45	163.988	0.0061	1358.23	8.2825	0.0007	0.1207	45
50	289.002	0.0035	2400.02	8.3045	0.0004	0.1204	50
55	509.320	0.0020	4236.00	8.3170	0.0002	0.1202	55
60	897.596	0.0011	7471.63	8.3240	0.0001	0.1201	60
65	1581.87	0.0006	13173.9	8.3281	a	0.1201	65
70	2787.80	0.0004	23223.3	8.3303	a	0.1200	70
75	4913.05	0.0002	40933.8	8.3316	a	0.1200	75
80	8658.47	0.0001	72145.6	8.3324	a	0.1200	80
∞				8.333		0.1200	∞

15% 复利因子

	一次支付		等额多次支付				
N	F/P	P/F	F/A	P/A	A/F	A/P	N
1	1.1500	0.8696	1.0000	0.8696	1.0000	1.1500	1
2	1.3225	0.7561	2.1500	1.6257	0.4651	0.6151	2
3	1.5209	0.6575	3.4725	2.2832	0.2880	0.4380	3
4	1.7490	0.5718	4.9934	2.8550	0.2003	0.3503	4
5	2.0114	0.4972	6.7424	3.3522	0.1483	0.2983	5
6	2.3131	0.4323	8.7537	3.7845	0.1142	0.2642	6
7	2.6600	0.3759	11.0668	4.1604	0.0904	0.2404	7
8	3.0579	0.3269	13.7268	4.4873	0.0729	0.2229	8
9	3.5179	0.2843	16.7858	4.7716	0.0596	0.2096	9
10	4.0456	0.2472	20.3037	5.0188	0.0493	0.1993	10
11	4.6524	0.2149	24.3493	5.2337	0.0411	0.1911	11
12	5.3502	0.1869	29.0017	5.4206	0.0345	0.1845	12
13	6.1528	0.1625	34.3519	5.5831	0.0291	0.1791	13
14	7.0757	0.1413	40.5047	5.7245	0.0247	0.1747	14
15	8.1371	0.1229	47.5804	5.8474	0.0210	0.1710	15
16	9.3576	0.1069	55.7175	5.9542	0.0179	0.1679	16
17	10.7613	0.0929	65.0751	6.0072	0.0154	0.1654	17
18	12.3755	0.0808	75.8363	6.1280	0.0132	0.1632	18
19	14.2318	0.0703	88.2118	6.1982	0.0113	0.1613	19
20	16.3665	0.0611	102.444	6.2593	0.0098	0.1598	20
21	18.8215	0.0531	118.810	6.3125	0.0084	0.1584	21
22	21.6447	0.0462	137.632	6.3587	0.0073	0.1573	22
23	24.8915	0.0402	159.276	6.3988	0.0063	0.1563	23
24	28.6252	0.0349	184.168	6.4338	0.0054	0.1554	24
25	32.9189	0.0304	212.793	6.4641	0.0047	0.1547	25
26	37.8568	0.0264	245.712	6.4906	0.0041	0.1541	26
27	43.5353	0.0230	283.569	6.5135	0.0035	0.1535	27
28	50.0656	0.0200	327.104	6.5335	0.0031	0.1531	28
29	57.5754	0.0174	377.170	6.5509	0.0027	0.1527	29
30	66.2118	0.0151	434.745	6.5660	0.0023	0.1523	30
35	133.176	0.0075	881.170	6.6166	0.0011	0.1511	35
40	267.863	0.0037	1779.09	6.6418	0.0006	0.1506	40
45	538.769	0.0019	3585.13	6.6543	0.0003	0.1503	45
50	1083.66	0.0009	7217.71	6.6605	0.0001	0.1501	50
55	2179.62	0.0005	14524.1	6.6636	a	0.1501	55
60	4384.00	0.0002	29220.0	6.6651	a	0.1500	60
65	8817.78	0.0001	58778.5	6.6659	a	0.1500	65
70	17735.7	a	118231	6.6663	a	0.1500	70
75	35672.8	a	237812	6.6665	a	0.1500	75
80	71750.8	a	478332	6.6666	a	0.1500	80
∞				0.667		0.1500	∞

20% 复利因子

	一次支付		等额多次支付				
N	F/P	P/F	F/A	P/A	A/F	A/P	N
1	1.2000	0.8333	1.0000	0.8333	1.0000	1.2000	1
2	1.4400	0.6944	2.2000	1.5278	0.4545	0.6545	2
3	1.7280	0.5787	3.6400	2.1065	0.2747	0.4747	3
4	2.0736	0.4823	5.3680	2.5887	0.1863	0.3863	4
5	2.4883	0.4019	7.4416	2.9906	0.1344	0.3344	5
6	2.9860	0.3349	9.9299	3.3255	0.1007	0.3007	6
7	3.5832	0.2791	12.9159	3.6046	0.0774	0.2774	7
8	4.2998	0.2326	16.4991	3.8372	0.0606	0.2606	8
9	5.1598	0.1938	20.7989	4.0310	0.0481	0.2481	9
10	6.1917	0.1615	25.9587	4.1925	0.0385	0.2385	10
11	7.4301	0.1346	32.1504	4.3271	0.0311	0.2311	11
12	8.9161	0.1122	39.5805	4.4392	0.0253	0.2253	12
13	10.6993	0.0935	48.4966	4.5327	0.0206	0.2206	13
14	12.8392	0.0779	59.1959	4.6106	0.0169	0.2169	14
15	15.4070	0.0649	72.0351	4.6755	0.0139	0.2139	15
16	18.4884	0.0541	87.4421	4.7296	0.0114	0.2114	16
17	22.1861	0.0451	105.931	4.7746	0.0094	0.2094	17
18	26.6233	0.0376	128.117	4.8122	0.0078	0.2078	18
19	31.9480	0.0313	154.740	4.8435	0.0065	0.2065	19
20	38.3376	0.0261	186.688	4.8696	0.0054	0.2054	20
21	46.0051	0.0217	225.026	4.8913	0.0044	0.2044	21
22	55.2061	0.0181	271.031	4.9094	0.0037	0.2037	22
23	66.2474	0.0151	326.237	4.9245	0.0031	0.2031	23
24	79.4968	0.0126	392.484	4.9371	0.0025	0.2025	24
25	95.3962	0.0105	471.981	4.9476	0.0021	0.2021	25
26	114.475	0.0087	567.377	4.9563	0.0018	0.2018	26
27	137.371	0.0073	681.853	4.9636	0.0015	0.2015	27
28	164.845	0.0061	819.233	4.9697	0.0012	0.2012	28
29	197.814	0.0051	984.068	4.9747	0.0010	0.2010	29
30	237.376	0.0042	1181.88	4.9789	0.0008	0.2008	30
35	590.668	0.0017	2948.34	4.9915	0.0003	0.2003	35
40	1469.77	0.0007	7343.85	4.9966	0.0001	0.2001	40
45	3657.26	0.0003	18281.3	4.9986	a	0.2001	45
50	9100.43	0.0001	45497.2	4.9995	a	0.2000	50
55	22644.8	a	113219	4.9998	a	0.2000	55
60	56347.5	a	281732	4.9999	a	0.2000	60
∞				5.0000		0.2000	∞

25% 复利因子

	一次支付		等额多次支付				
N	F/P	P/F	F/A	P/A	A/F	A/P	N
1	1.2500	0.8000	1.0000	0.8000	1.0000	1.2500	1
2	1.5625	0.6400	2.2500	1.4400	0.4444	0.6944	2
3	1.9531	0.5120	3.8125	1.9520	0.2623	0.5123	3
4	2.4414	0.4096	5.7656	2.3616	0.1734	0.4234	4
5	3.0518	0.3277	8.2070	2.6893	0.1218	0.3718	5
6	3.8147	0.2621	11.2588	2.9514	0.0888	0.3388	6
7	4.7684	0.2097	15.0735	3.1611	0.0663	0.3163	7
8	5.9605	0.1678	19.8419	3.3289	0.0504	0.3004	8
9	7.4506	0.1342	25.8023	3.4631	0.0388	0.2888	9
10	9.3132	0.1074	33.2529	3.5705	0.0310	0.2801	10
11	11.6415	0.0859	42.5661	3.6564	0.0235	0.2735	11
12	14.5519	0.0687	54.2077	3.7251	0.0184	0.2684	12
13	18.1899	0.0550	68.7596	3.7801	0.0145	0.2645	13
14	22.7374	0.0440	86.9495	3.8241	0.0115	0.2615	14
15	28.4217	0.0352	109.687	3.8593	0.0091	0.2591	15
16	35.5271	0.0281	138.109	3.8874	0.0072	0.2572	16
17	44.4089	0.0225	173.636	3.9099	0.0058	0.2558	17
18	55.5112	0.0180	218.045	3.9279	0.0046	0.2546	18
19	69.3889	0.0144	273.556	3.9424	0.0037	0.2537	19
20	86.7362	0.0115	342.945	3.9539	0.0029	0.2529	20
21	108.420	0.0092	429.681	3.9631	0.0023	0.3523	21
22	135.525	0.0074	538.101	3.9705	0.0019	0.2519	22
23	169.407	0.0059	673.626	3.9764	0.0015	0.2515	23
24	211.758	0.0047	843.033	3.9811	0.0012	0.2512	24
25	264.698	0.0038	1054.79	3.9849	0.0009	0.2509	25
26	330.872	0.0030	1319.49	3.9879	0.0008	0.2508	26
27	413.590	0.0024	1650.36	3.9903	0.0006	0.2506	27
28	516.988	0.0019	2063.95	3.9923	0.0005	0.2505	28
29	646.235	0.0015	2580.94	3.9938	0.0004	0.2504	29
30	807.794	0.0012	3227.17	3.9950	0.0003	0.2503	30
35	2465.19	0.0004	9856.76	3.9984	0.0001	0.2501	35
40	7523.16	0.0001	30088.7	3.9995	a	0.2500	40
45	22958.9	a	91831.5	3.9998	a	0.2500	45
50	70064.9	a	280256	3.9999	a	0.2500	50
∞				4.0000		0.2500	∞

30% 复利因子

	一次支付		等额多次支付				
N	F/P	P/F	F/A	P/A	A/F	A/P	N
1	1.3000	0.7692	1.000	0.769	1.0000	1.3000	1
2	1.6900	0.5917	2.300	1.361	0.4348	0.7348	2
3	2.1970	0.4552	3.990	1.816	0.2506	0.5506	3
4	2.8561	0.3501	6.187	2.166	0.1616	0.4616	4
5	3.7129	0.2693	9.043	2.436	0.1106	0.4106	5
6	4.8268	0.2072	12.756	2.643	0.0784	0.3784	6
7	6.2749	0.1594	17.583	2.802	0.0569	0.3569	7
8	8.1573	0.1226	23.858	2.925	0.0419	0.3419	8
9	10.604	0.0943	32.015	3.019	0.0312	0.3312	9
10	13.786	0.0725	42.619	3.092	0.0235	0.3235	10
11	17.922	0.0558	56.405	3.147	0.0177	0.3177	11
12	23.298	0.0429	74.327	3.190	0.0135	0.3135	12
13	30.287	0.0330	97.625	3.223	0.0102	0.3102	13
14	39.374	0.0254	127.91	3.249	0.0078	0.3078	14
15	51.186	0.0195	167.29	3.268	0.0060	0.3060	15
16	66.542	0.0150	218.47	3.283	0.0046	0.3046	16
17	86.504	0.0116	285.01	3.295	0.0035	0.3035	17
18	112.46	0.0089	371.52	3.304	0.0027	0.3027	18
19	146.19	0.0068	483.97	3.311	0.0021	0.3021	19
20	190.05	0.0053	630.16	3.316	0.0016	0.3016	20
21	247.06	0.0040	820.21	3.320	0.0012	0.3012	21
22	321.18	0.0031	1067.3	3.323	0.0009	0.3009	22
23	417.54	0.0024	1388.5	3.325	0.0007	0.3007	23
24	542.80	0.0018	1806.0	3.327	0.0005	0.3005	24
25	705.64	0.0014	2348.8	3.329	0.0004	0.3004	25
26	917.33	0.0011	3054.4	3.330	0.0003	0.3003	26
27	1192.5	0.0008	3971.8	3.331	0.0003	0.3003	27
28	1550.3	0.0006	5164.3	3.331	0.0002	0.3002	28
29	2015.4	0.0005	6714.6	3.332	0.0002	0.3002	29
30	2620.0	0.0004	8730.0	3.332	0.0001	0.3001	30
31	3406.0	0.0003	11350.0	3.332	a	0.3001	31
32	4427.8	0.0002	14756.0	3.333	a	0.3001	32
33	5756.1	0.0002	19184.0	3.333	a	0.3001	33
34	7483.0	0.0001	24940.0	3.333	a	0.3000	34
35	9727.8	0.0001	32423.0	3.333	a	0.3000	35
∞				3.333		0.3000	∞

40% 复利因子

	一次支付		等额多次支付				
N	F/P	P/F	F/A	P/A	A/F	A/P	N
1	1.4000	0.7134	1.000	0.714	1.000	1.4000	1
2	1.9600	0.5102	2.400	1.224	0.4167	0.8167	2
3	2.7440	0.3644	4.360	1.589	0.2294	0.6294	3
4	3.8416	0.2603	7.104	1.849	0.1408	0.5408	4
5	5.3782	0.1859	10.946	2.035	0.0934	0.4914	5
6	7.5295	0.1328	16.324	2.168	0.0163	0.4613	6
7	10.541	0.0949	23.853	2.263	0.0419	0.4419	7
8	14.758	0.0678	34.395	2.331	0.0291	0.4291	8
9	20.661	0.0484	49.153	2.379	0.0203	0.4203	9
10	28.925	0.0346	69.814	2.414	0.0143	0.4143	10
11	40.496	0.0247	98.739	2.438	0.0101	0.4101	11
12	56.694	0.0176	139.23	2.456	0.0072	0.4072	12
13	79.371	0.0126	195.93	2.469	0.0051	0.4051	13
14	111.12	0.0090	275.30	2.478	0.0036	0.4036	14
15	155.57	0.0064	386.42	2.484	0.0026	0.4026	15
16	217.80	0.0046	541.99	2.489	0.0018	0.4019	16
17	304.91	0.0033	759.78	2.492	0.0013	0.4013	17
18	426.88	0.0023	1064.7	2.494	0.0009	0.4009	18
19	597.63	0.0017	1491.6	2.496	0.0007	0.4007	19
20	836.68	0.0012	2089.2	2.497	0.0005	0.4005	20
21	1171.4	0.0009	2925.9	2.498	0.0003	0.4003	21
22	1639.9	0.0006	4097.2	2.498	0.0002	0.4002	22
23	2295.9	0.0004	5737.1	2.499	0.0002	0.4002	23
24	3214.2	0.0003	8033.0	2.499	0.0001	0.4001	24
25	4499.9	0.0002	11247.0	2.499	a	0.4001	25
26	6299.8	0.0002	15747.0	2.500	a	0.4001	26
27	8819.8	0.0001	22047.0	2.500	a	0.4000	27
28	12348.0	0.0001	30867.0	2.500	a	0.4000	28
29	17287.0	0.0001	43214.0	2.500	a	0.4000	29
30	24201.0	a	60501.0	2.500	a	0.4000	30
∞				2.500		0.4000	∞

50% 复利因子

	一次支付		等额多次支付				
N	F/P	P/F	F/A	P/A	A/F	A/P	N
1	1.5000	0.6667	1.000	0.667	1.0000	1.5000	1
2	2.2500	0.4444	2.500	1.111	0.4000	0.9000	2
3	3.3750	0.2963	4.750	1.407	0.2101	0.7105	3
4	5.0625	0.1975	8.125	1.605	0.1231	0.6231	4
5	7.5938	0.1317	13.188	1.737	0.0758	0.5758	5
6	11.391	0.0878	20.781	1.824	0.0481	0.5481	6
7	17.086	0.0585	32.172	1.883	0.0311	0.5311	7
8	25.629	0.0390	49.258	1.992	0.0203	0.5203	8
9	38.443	0.0260	74.887	1.948	0.0134	0.5134	9
10	57.665	0.0173	113.33	1.965	0.0088	0.5088	10
11	86.498	0.0116	171.00	1.977	0.0059	0.5059	11
12	129.75	0.0077	257.49	1.985	0.0039	0.5039	12
13	194.62	0.0051	387.24	1.990	0.0026	0.5026	13
14	291.93	0.0034	591.86	1.993	0.0017	0.5017	14
15	437.89	0.0023	873.79	1.995	0.0011	0.5011	15
16	656.84	0.0015	1311.7	1.997	0.0008	0.5008	16
17	985.26	0.0010	1968.5	1.998	0.0005	0.5005	17
18	1477.9	0.0007	2953.8	1.999	0.0003	0.5003	18
19	2216.8	0.0005	4431.7	1.999	0.0002	0.5002	19
20	3325.3	0.0003	6648.5	1.999	0.0002	0.5002	20
21	4987.9	0.0002	9973.8	2.000	0.0001	0.5001	21
22	7481.8	0.0001	14962.0	2.000	a	0.5001	22
23	11223.0	0.0001	22443.0	2.000	a	0.5000	23
24	16834.0	0.0001	33666.0	2.000	a	0.5000	24
25	25251.0	a	505000.	2.000	a	0.5000	25
∞				2.000		0.5000	∞

参 考 文 献

1. 简德三,王洪卫主编.房地产经济学.上海:上海财经大学出版社,2004
2. 张红编著.房地产经济学讲义.北京:清华大学出版社,2004
3. 张永岳,陈伯庚主编.房地产经济学.沈阳:辽宁大学出版社,2000
4. 肖云著.《资本论》与市场经济问题研究.北京:中国财政经济出版社,2002
5. 王全民主编,王来、刘秋雁副主编.房地产经济学.大连:东北财经大学出版社,2002
6. 严星,林增杰主编.城市地产评估(修订本).北京:中国人民大学出版社,1999
7. 张洪力主编.房地产经济学.北京:机械工业出版社,2004
8. 沈建忠主编.房地产权属法律法规.北京:中国物价出版社,2000
9. 国土资源管理理论与实践编委会编.国土资源管理理论与实践.北京:中国大地出版社,2003
10. 张跃庆,丁芸编著.房地产经济学.北京:中国建材工业出版社,2004
11. 王斌主编.财务管理.北京:北京中央广播电视大学出版社,2002
12. 华伟主编.房地产金融学.上海:复旦大学出版社,2004
13. 董藩主编.房地产营销与管理.大连:东北财经大学出版社,1999
14. 马洪波主编.房地产销售代表培训教程.北京:中信出版社,2002
15. 王智勇主编.百姓购房必读.北京:中国建筑工业出版社,2000
16. 高鸿业主编.西方经济学.北京:中国人民大学出版社,2001
17. 上海财经大学投资研究所编.2004中国投资发展报告——持续发展中的房地产投资.上海:上海财经大学出版,2004
18. 王霞,尤建新编著.城市土地经济学.上海:复旦大学出版社,2004
19. 邓宇主编.房地产全程营销与策划.银川:宁夏人民出版社,2005
20. 杨瑞龙,陈秀山,张宇著.社会主义经济理论.北京:中国人民大学出版社,2001
21. 吴老二撰写.中国房地产业宏观调控政策选择.武汉:华中师范大学硕士毕业论文,2003
22. 董藩,刘正山编著.新编房地产投资学.大连:东北财经大学出版社,2004
23. 王春生主编.房地产经济学.大连:大连理工大学出版社,1998
24. 陈锡璞主编.工程经济.北京:机械工业出版社,1999
25. 于立君主编.建筑技术经济分析.北京:中国建筑工业出版社,2002